COLABORAÇÃO PREMIADA
APLICADA AO PROCEDIMENTO
DO TRIBUNAL DO JÚRI

MÁRCIO AUGUSTO FRIGGI DE CARVALHO

Prefácio
Pedro Henrique Demercian

COLABORAÇÃO PREMIADA APLICADA AO PROCEDIMENTO DO TRIBUNAL DO JÚRI

Belo Horizonte

2022

© 2022 Editora Fórum Ltda.

É proibida a reprodução total ou parcial desta obra, por qualquer meio eletrônico, inclusive por processos xerográficos, sem autorização expressa do Editor.

Conselho Editorial

Adilson Abreu Dallari	Floriano de Azevedo Marques Neto
Alécia Paolucci Nogueira Bicalho	Gustavo Justino de Oliveira
Alexandre Coutinho Pagliarini	Inês Virgínia Prado Soares
André Ramos Tavares	Jorge Ulisses Jacoby Fernandes
Carlos Ayres Britto	Juarez Freitas
Carlos Mário da Silva Velloso	Luciano Ferraz
Cármen Lúcia Antunes Rocha	Lúcio Delfino
Cesar Augusto Guimarães Pereira	Marcia Carla Pereira Ribeiro
Clovis Beznos	Márcio Cammarosano
Cristiana Fortini	Marcos Ehrhardt Jr.
Dinorá Adelaide Musetti Grotti	Maria Sylvia Zanella Di Pietro
Diogo de Figueiredo Moreira Neto (*in memoriam*)	Ney José de Freitas
Egon Bockmann Moreira	Oswaldo Othon de Pontes Saraiva Filho
Emerson Gabardo	Paulo Modesto
Fabrício Motta	Romeu Felipe Bacellar Filho
Fernando Rossi	Sérgio Guerra
Flávio Henrique Unes Pereira	Walber de Moura Agra

FÓRUM
CONHECIMENTO JURÍDICO

Luís Cláudio Rodrigues Ferreira
Presidente e Editor

Coordenação editorial: Leonardo Eustáquio Siqueira Araújo
Aline Sobreira de Oliveira

Rua Paulo Ribeiro Bastos, 211 – Jardim Atlântico – CEP 31710-430
Belo Horizonte – Minas Gerais – Tel.: (31) 2121.4900
www.editoraforum.com.br – editoraforum@editoraforum.com.br

Técnica. Empenho. Zelo. Esses foram alguns dos cuidados aplicados na edição desta obra. No entanto, podem ocorrer erros de impressão, digitação ou mesmo restar alguma dúvida conceitual. Caso se constate algo assim, solicitamos a gentileza de nos comunicar através do *e-mail* editorial@editoraforum.com.br para que possamos esclarecer, no que couber. A sua contribuição é muito importante para mantermos a excelência editorial. A Editora Fórum agradece a sua contribuição.

Dados Internacionais de Catalogação na Publicação (CIP) de acordo com ISBD

C331c　　Carvalho, Márcio Augusto Friggi de
　　　　　Colaboração premiada aplicada ao procedimento do Tribunal do Júri / Márcio Augusto Friggi de Carvalho. - Belo Horizonte : Fórum, 2022.

　　　　　250 p. ; 14,5cm x 21,5cm.

　　　　　ISBN: 978-65-5518-450-1

　　　　　1. Direito. 2. Direito Processual Penal. 3. Justiça penal negociada. 4. Transação penal. 5. Suspensão condicional do processo. 6. Acordo de não persecução penal. 7. Colaboração premiada. 8. Procedimento do Tribunal do Júri. 9. Crimes dolosos contra a vida. 10. Crime de mando de homicídio. 11. Homicídio mercenário. 12. Grupos de extermínio. 13. Organizações criminosas. I. Título.

2022-2276　　　　　　　　　　　　　　　　　　　　　　　　CDD 341.43
　　　　　　　　　　　　　　　　　　　　　　　　　　　　　CDU 343.1

Elaborado por Vagner Rodolfo da Silva - CRB-8/9410

Informação bibliográfica deste livro, conforme a NBR 6023:2018 da Associação Brasileira de Normas Técnicas (ABNT):

CARVALHO, Márcio Augusto Friggi de. *Colaboração premiada aplicada ao procedimento do Tribunal do Júri*. Belo Horizonte: Fórum, 2022. 250 p. ISBN 978-65-5518-450-1.

Aos meus amados pais, Márcio e Sílvia, pela confiança e apoio incondicionais. Obrigado por compartilharem comigo os valores que compõem parte indissociável da construção do meu caráter.

Ao meu amigo e orientador, Pedro Henrique Demercian, agradeço pelo exemplo acadêmico e de Ministério Público, pelos conselhos para a vida e o trabalho, bem como pela confiança e pelas oportunidades abertas.

Às minhas queridas assistentes Fernanda dos Reis Vieira e Anaclara Pedroso Fernandes Valentim da Silva, pelo inestimável suporte e fundamental dedicação. Espero que o trabalho lhes seja útil.

O homem medíocre é uma sombra projetada pela sociedade; é, por essência, imitativo e está perfeitamente adaptado para viver em rebanho, refletindo as rotinas, pré-juízos e dogmatismos reconhecidamente úteis para a domesticidade. Assim como o inferior herda a 'alma da espécie', o medíocre adquire a 'alma da sociedade'. Sua característica é imitar a quantos o rodeiam: pensar com a cabeça dos outros e ser incapaz de formar ideais próprios.

INGENIEROS, José. *O homem medíocre*. Tradução de Lycurgo de Castro Santos. 2. ed. São Paulo: Ícone, 2012, p. 55.

SUMÁRIO

PREFÁCIO
Pedro Henrique Demercian 13

CAPÍTULO 1
INTRODUÇÃO 17

CAPÍTULO 2
JUSTIÇA CRIMINAL NEGOCIAL 23
2.1 Aspectos gerais 23
2.2 Apontamentos de direito estrangeiro 36
2.2.1 Modelo italiano 36
2.2.2 Modelo português 41
2.2.3 Modelo espanhol 47
2.2.4 Modelo estadunidense 49
2.3 Direito convencional 53
2.4 Sistema penal negocial brasileiro 55
2.4.1 Transação penal e composição civil dos danos 55
2.4.2 Suspensão condicional do processo 61
2.4.3 Acordo de leniência 64
2.4.4 Acordo de não persecução penal 71
2.4.5 Colaboração premiada 77

CAPÍTULO 3
COLABORAÇÃO PREMIADA NO BRASIL 79
3.1 Histórico 79
3.2 Constitucionalidade 87
3.3 Natureza jurídica 95
3.4 Antinomias e possíveis soluções 105
3.5 Prêmios: rol, limites legais e critérios para a escolha no caso concreto 111
3.6 Imunidade 118

3.7	Possibilidade de se identificar limites materiais..................	122
3.8	Procedimento pré-acordo: fase de tratativas e termo de confidencialidade	125
3.9	Acordo de colaboração premiada	130
3.9.1	Pressuposto de existência: regularidade formal................	130
3.9.2	Pressuposto de validade: voluntariedade	132
3.9.3	Pressuposto de eficácia: homologação judicial....................	136
3.9.4	Legitimidade: agentes do Estado que podem negociar colaboração	141
3.9.5	Oportunidade: momento adequado para a celebração do ajuste..	144
3.9.6	Rescisão *lato sensu*	148
3.9.7	Sigilo	153
3.9.8	Limites legais à atividade jurisdicional derivados do acordo	157
3.9.9	Direitos e deveres do colaborador	163

CAPÍTULO 4
COLABORAÇÃO PREMIADA APLICADA AO PROCEDIMENTO DO TRIBUNAL DO JÚRI 171

4.1	Apontamentos de caráter geral sobre o Tribunal do Júri: breves indicações sobre institutos de justiça penal negocial contextualizados no procedimento especial.........	171
4.2	Legislação de regência: eventual conexão com o delito de organização criminosa	177
4.3	A vida humana como epicentro do sistema de proteção jurídico-penal: limites materiais à negociação.....................	183
4.4	Oportunidade para a celebração de acordo de colaboração e sua respectiva homologação: questões de competência e discussões próprias do Júri..	191
4.5	Ordem dos atos processuais e dos julgamentos em Plenário diante da regra prevista no art. 4º, §10-A, da Lei n. 12.850/2013	196
4.6	Competência do Juiz Presidente: a homologação do acordo e as limitações à atividade jurisdicional ambientadas ao procedimento especial................................	199

4.7 Competência do Conselho de Sentença: decisão acerca da eficácia da colaboração e seus desdobramentos no questionamento aos jurados 206
4.8 Soberania dos veredictos e negativa de reconhecimento da eficácia da colaboração: implicações recursais 217

CAPÍTULO 5
CONCLUSÕES 225

REFERÊNCIAS 231

PREFÁCIO

Foi com enorme alegria e honra que recebi – e, de pronto, aceitei – a extrema responsabilidade de prefaciar a obra do doutor Márcio Augusto Friggi de Carvalho, versando sobre a *colaboração premiada aplicada ao procedimento do Tribunal de Júri*. Como costumo dizer nessas ocasiões, não há novidade na constatação de que o destino reserva a alguns homens benesses superiores a seus méritos. Foi com esse paradoxal sentimento de orgulho e preocupação que ousei escrever sobre o trabalho que ora é disponibilizado aos estudiosos do processo penal.

Antes de falar sobre os méritos do trabalho, penso que é de suma importância uma breve apresentação do seu autor. O doutor Márcio Augusto Friggi de Carvalho é Promotor de Justiça no Estado de São Paulo, onde atua no II Tribunal do Júri da Capital. Tratase de profissional trabalhador, competente e intimorato. Ficou nacionalmente conhecido por enfrentar com maestria e coragem, dentre outros tantos casos complexos, o famigerado julgamento do Carandiru, do qual se saiu exitoso.

Tive o privilégio de acompanhar a carreira acadêmica do autor, como seu orientador no pós-graduação *stricto sensu* da Pontifícia Universidade Católica de São Paulo. O doutor Márcio Friggi é professor-concursado nos cursos de graduação e pós-graduação *lato sensu* da PUC/SP, onde leciona Direito Penal. Esteta do verbo, professor atencioso e admirado pelos alunos, transita com a mesma facilidade e fluência pelos domínios do Direito Penal e do Processo Penal.

O presente trabalho teve origem na sua tese de doutorado, versando sobre a colaboração premiada e sua aplicação aos crimes dolosos contra vida, no julgamento pelo Tribunal do Júri.

Um trabalho com tanta densidade e complexidade exigiria uma banca examinadora à altura. Foi o que se verificou: dela fizeram parte os professores-doutores Antonio Carlos da Ponte,

Antonio Sérgio Cordeiro Piedade, Alexandre Rocha Almeida de Moraes e Marco Antonio Ferreira Lima, com reconhecidos atributos acadêmicos e práticos na área específica.

O trabalho foi aprovado com o selo de distinção e nota máxima, demonstrando a excelência da pesquisa e, acima de tudo, o inegável alcance prático, com uma contribuição insofismável e de grande importância à escassa produção científica existente sobre o tema.

O autor explora, com maestria, as bases do Tribunal do Júri e dos princípios constitucionais que o conformam, buscando, dessa forma, compatibilizar o instituto da colaboração premiada e a regra da soberania dos veredictos. Esta intrincada questão está longe de conseguir unanimidade na doutrina. O autor, no entanto, sempre competente e intimorato, não obviou e tampouco tangenciou a solução da controvérsia, enfrentando-a de maneira clara e objetiva, com argumentos e construções consistentes.

Fica evidente pela leitura do texto – bastante fluido – o absoluto senhorio sobre a arte da interpretação jurídica e a compreensão das regras que compõem o vasto universo do direito, notadamente no Tribunal do Júri.

Como destaca o autor em uma das belas passagens da sua obra, *o enfrentamento da criminalidade moderna passou a exigir a remodelação do aparato punitivo à altura dos nossos desafios e da complexidade do mundo de rede. A colaboração premiada exsurge como importante instrumento, não apenas para a solução de crimes do colarinho branco, mas também para demandas penais afetas ao procedimento do Tribunal do Júri, a exemplo do assassinato mercenário e dos grupos de extermínio.*

Como já se disse alhures, quem permanece na superfície dos textos legislativos jamais poderá compreender a substância dos fenômenos jurídicos. É indispensável, portanto, a reflexão sobre os princípios, que dão coerência e sentido ao Direito, daí a importância do trabalho que não se limita a um livro de notas. Trata-se de um trabalho de fôlego no qual a jurista medita sobre as bases da sua ciência. Entretanto, frases enigmáticas, tecnicismo estéril, erudição fingida – nada disso o leitor encontrará nesta obra. Esse, por sinal, é um dos grandes méritos do autor: habilidade para exprimir com clareza suas ideias, sem perda da sutileza do raciocínio e da argumentação.

Em outras palavras, pela segurança, clareza e autoridade, o autor nos revela de forma bem "heideggeriana" o próprio "ser" do tema analisado, atingindo plenamente seus objetivos, quais sejam: (a) o estudo do Tribunal do Júri; (b) a exata compreensão da colaboração premiada; (c) o alcance e elastério dos espaços de consenso no processo penal; e (d) a apresentação de propostas concretas, compatibilizando o instituto da colaboração premiada e o Tribunal do Júri, marcado pela íntima convicção e soberania constitucional de seus julgamentos.

De fato, em meio a tantas coisas fugazes que marcam a existência humana, a amizade desponta como uma poderosa proteção. Agradeço ao professor Márcio Augusto Friggi de Carvalho o privilégio de fazer essa breve apresentação da sua obra, que, não tenho dúvida, será de consulta necessária e obrigatória para aqueles que pretendam aprimoramento científico no vasto e complexo universo da Justiça Penal Negociada, da Colaboração Premiada e o Procedimento do Júri.

Pedro Henrique Demercian
Professor Assistente-Doutor nos Cursos de Graduação e Pós-graduação da Pontifícia Universidade Católica de São Paulo (PUC-SP). Procurador de Justiça Criminal em São Paulo.

CAPÍTULO 1

INTRODUÇÃO

Os tempos mudaram. Há cerca de dez anos, o combate à criminalidade organizada se resumia, em grande medida, às interceptações telefônicas, em maior ou menor escala, as quais se revelaram instrumentos essenciais, inclusive para fins de inteligência criminal[1] – aspecto secundário, por certo, diante dos pressupostos legais exigidos para sua autorização judicial. Nesse contexto, os órgãos de persecução do Estado não apenas combateram, em que pesem as evidentes dificuldades, mas também conheceram melhor os novos mecanismos criminais, a complexidade das estruturas que afloraram a partir da década de 1990, como também se deram conta da impossibilidade de enfrentá-los adequadamente com base nas ferramentas de investigação existentes à época.

É certo que a colaboração premiada não é instituto neófito. A bem da verdade, há resquícios da ferramenta no Livro V, das Ordenações Filipinas, assunto que será abordado mais adiante. Contudo, diante do pouco uso prático no Brasil e da falta de regulamentação processual adequada, o instituto da colaboração premiada permaneceu dormitando até o advento da Lei n. 12.850/2013.

Não é viável proceder a desenho causal definitivo quanto às razões que levaram a colaboração premiada à posição de principal ferramenta de combate ao crime organizado no Brasil, especialmente a partir dos bem-sucedidos desdobramentos da Operação Lava Jato.

---

[1] Tema negligenciado e até tratado com certo preconceito pelo universo jurídico, como bem abordado por Joanisval Brito Gonçalves ao definir a atividade de inteligência como "[...] um produto sob a forma de conhecimento, informação elaborada". GONÇALVES, Joanisval de Brito. *Atividade de inteligência e legislação correlata*. Niterói: Impetus, 2009, p. 5-6.

No entanto, ao menos um fator certamente foi fundamental para despertar o Estado brasileiro quanto à necessidade de melhor aparelhar-se normativamente para fins de persecução das formas contemporâneas de criminalidade: o advento das inovadoras e disruptivas tecnologias de comunicação[2].

Por certo, as interceptações telefônicas perderam efetividade após a migração massiva dos meios de comunicação à rede de informações de dados[3]. Ainda que se possa falar em interceptação de dados telemáticos, sabe-se que a captação dessa natureza demanda estrutura técnica de difícil implementação, ainda que se trate de troca cotidiana de mensagens de texto ou de áudio e de vídeos compartilhados, em modo reservado ou através de grupos, por meio do aplicativo *WhatsApp* ou similares. Assim como as próprias relações humanas foram profundamente alteradas com as novas tecnologias, as quais se tornam cada dia mais acessíveis por *smartphones* e redes de dados com maior cobertura e velocidade, é fato que, para o bem e para o mal, exigiu-se dos desenvolvedores de *softwares* adequado cuidado com a privacidade dos usuários – talvez esse seja o principal valor a ser considerado pela indústria de tecnologia –, cenário que, se não inviabilizou, certamente dificultou sobremaneira a captação de dados telemáticos para efeitos de persecução penal. Criptografia ponto a ponto e tecnologia *Knox*[4] de encriptação de informações no próprio aparelho celular – dentre outros itens de segurança cibernética –, associadas ao fato de as

---

[2] Como bem pontuado por Alexandre Rocha Almeida de Moraes, a pós-modernidade "[...] e seus novos paradigmas, seja sob a ótica do Estado, seja sob a ótica da própria orientação do homem contemporâneo está sendo construída e moldada através da revolução tecnológica e dos meios de comunicação". MORAES, Alexandre Rocha Almeida de. *Direito penal racional*: propostas para a construção de uma teoria da legislação e para uma atuação criminal preventiva. Curitiba: Juruá, 2016, p. 125.

[3] Caminhamos em direção ao *dataísmo*, um "[...] mundo que não gira em torno de desejos e experiências de seres humanoides [...]", mas centrado na informação. "A religião mais interessante que emerge disso tudo é o dataísmo, que venera nem deuses e nem o homem – venera dados". HARARI, Yuval Noah. *Homo deus*: uma breve história do amanhã. Tradução de Paulo Geiger. São Paulo: Companhia das Letras, 2016, p. 6.332-6.333 (*e-book*).

[4] A tecnologia *Knox* protege dispositivos e aparelhos conectados implementando uma arquitetura de segurança com suporte de *hardware* desde o momento em que ele é ligado. Atua com criptografia e isolamento de dados de nível militar. SAMSUNG KNOX. Disponível em: https://www.samsungknox.com/. Acesso em: 17 nov. 2020.

sedes das grandes empresas de tecnologia do mundo estarem fora do Brasil, tornaram a interceptação ferramenta menos útil sob o aspecto essencialmente prático.

Não por acaso, poucos anos após a popularização das novas tecnologias de comunicação, surgiu a Lei n. 12.850/2013, a qual, pela primeira vez, cunhou procedimento para a colaboração premiada, conferindo segurança jurídica para a aplicação do instituto em larga escala. A jurisprudência construída sobre o tema, em especial em razão das questões atinentes à Operação Lava Jato levadas a debate no Plenário do Supremo Tribunal Federal, consolidou a aludida ferramenta como a principal e mais efetiva arma jurídica à disposição do Estado para combater as formas mais complexas de atividades delituosas.

Quando se discute o enfrentamento às organizações criminosas e às novas formas de criminalidade, intuitivamente vem à mente o delito de tráfico de drogas, atrelado, em regra, às espécies criminosas que se valem da violência e da intimidação como instrumentos para atingir sua finalidade principal: o lucro; bem como os delitos de colarinho branco, como o peculato, a corrupção e a lavagem de dinheiro, muito destacados em processos de competência originária dos Tribunais Superiores no Brasil. O escopo é o mesmo: dinheiro. Os caminhos são distintos. Por alguma razão, embora a colaboração premiada tenha conquistado o destaque já revelado, poucas luzes foram jogadas sobre o tema da sua aplicabilidade nos crimes de sangue, em especial, no que se refere à persecução dos delitos dolosos contra a vida. Entenda-se por aplicação, notadamente, a extensão dos efeitos do instituto e eventuais limites de natureza material e processual.

A pertinência teórica do questionamento é revelada pelas dificuldades de se compatibilizar as regras processuais da colaboração ao procedimento do Tribunal do Júri, como consabido, órgão jurisdicional competente para decidir acerca de crimes desse jaez. Não só, mas também se pondera quanto à existência de limites materiais à imunidade penal ou ao perdão judicial ao assassino reconhecidamente culpado.

De outra parte, não há dúvidas de que o instituto pode traduzir ferramenta importante também no combate à criminalidade de sangue, com mais razão quando inserida em contexto de associação, como os grupos de extermínio, mas também para revelar possíveis mandantes de homicídio, responsáveis por clínicas de aborto, indivíduos implicados por manter *sites* de difusão de informação apta a incentivar o suicídio, dentre inúmeras possibilidades de se descortinar a identidade de homens de trás, financiadores e demais envolvidos no encadeamento dos atentados contra a vida.

Diante das mudanças próprias da era da informação, e a partir da moderna facilidade prática nos sistemas de articulação do crime, surge cristalina a necessidade de releitura e de aprimoramento do ordenamento jurídico, o qual, por certo, deve se adequar às especificidades de cada momento histórico.

O direito é o conjunto de normas voltadas a regular a vida em sociedade. Ao direito penal, ramo no qual afloram mais intensas as perspectivas de ingerência do Estado nos direitos fundamentais do cidadão, cumpre a missão precípua de proteger os valores mais caros ao corpo social, sejam eles atrelados naturalmente à própria existência humana, como a vida, a liberdade e a dignidade, ou descortinados em determinado período histórico-cultural. Ao seu lado, o direito processual penal deve fornecer ao Estado e ao próprio acusado, no exercício do seu direito de defesa, o aparato capaz de viabilizar a reprodução possível da realidade de fato de acordo com a linguagem do processo, qual seja, as provas.

As regras próprias do sistema punitivo, portanto, devem ser adaptadas de modo a garantir a máxima efetividade no âmbito de tutela dos direitos fundamentais, sem prejuízo de se encontrar o perfeito equilíbrio entre esse escopo e a proibição de excessivo ingresso na esfera particular do indivíduo com base em critérios de proporcionalidade.

Se existe uma ciência jurídica, ela há de ser uma ciência prática, conforme frisa Karl Engisch[5]. Não se concebe, no aspecto pragmático, uma estrutura normativa alheia à realidade social. Embora a leitura do cientista do direito sobre seu objeto de

---

[5] "Pelo contrário, constitui um privilégio quase exclusivo da ciência jurídica, entre outras ciências da cultura, o facto de ela não abrir caminho ao lado ou atrás do Direito, mas, antes, poder afeiçoar o Direito mesmo e a vida que nele e sob sua égide decorre. Havendo uma ciência jurídica, esta há de ser uma ciência prática". ENGISCH, Karl. *Introdução ao pensamento jurídico*. Tradução de J. Baptista Machado. 9. ed. Lisboa: Fundação Calouste Gulbenkian, 1997, p. 13.

estudo se concretize em esfera axiológica, diante de valoração anterior levada a cabo pelo legislador, não descabe refletir quanto à viabilidade de interpretação a reconduzir o sistema punitivo, com equilíbrio entre a eficiência e o garantismo, aos trilhos que o levam a cumprir sua missão.

Essa a mola mestra do presente texto. Ainda que se trate de proposta acadêmica, o escopo central é trazer algum conteúdo com efetiva aplicabilidade prática. Com respeito absoluto a quem possa divergir desse ponto de vista, espera-se da academia alguma contribuição concreta para aprimorar as regras jurídicas, seja ao encaminhar propostas de reforma legislativa ou ao indicar caminhos de interpretação do direito posto. A abstração certamente tem seu espaço, mas não nesta pesquisa.

O texto não se propõe a qualquer estudo de direito comparado, restringindo-se à breve referência de direito estrangeiro e convencional como componente introdutório do sistema de justiça negocial brasileiro. O objeto de estudo é a legislação nacional, tanto no que diz respeito à colaboração premiada, quanto ao Tribunal do Júri propriamente, cujo procedimento no Brasil se tornou um caso à parte no mundo por conta das idiossincrasias parlamentares e do seu produto legislativo[6].

---

[6] Nesse sentido, com base no apanhado comparativo levado adiante por Paulo Rangel, verifica-se que os modelos de júri anglo-saxões se baseiam no amplo debate entre os jurados para a obtenção do veredicto *guilty* ou *not quilty*, por unanimidade ou por maioria qualificada, como ocorre nos Estados Unidos da América e na Inglaterra, relegando-se ao Juiz as questões de direito. Na Inglaterra, apenas 1% a 2% dos casos criminais são julgados pelo Tribunal do Júri, ao contrário do sistema norte-americano, com ampla competência inclusive para o julgamento de demandas cíveis. Por outro lado, na Europa continental prevalece o sistema de escabinato, em que juízes togados e leigos decidem as questões de fato e de direito, seja por meio de votação de quesitos, como na França, ou por votação nominal e em voz alta, como acontece na Espanha, por vezes com o dever de declarar os motivos da sua decisão, como no exemplo de Portugal. Na Itália, o escabinato decide as questões de fato, de direito e "[...] todas as que dizem respeito ao processo". RANGEL, Paulo. *Tribunal do júri*: visão linguística, histórica, social e jurídica. 5. ed. São Paulo: Atlas, 2015, p. 44-55. O Tribunal do Júri brasileiro, a partir da reforma promovida pela Lei n. 11.689/2008, adotou um sistema híbrido: de uma parte, americanizado, no que diz respeito à decisão afeta apenas aos jurados, com pergunta obrigatória no modelo *guilty* ou *not guilty* ("o jurado absolve o acusado?" – art. 484, III, do Código de Processo Penal), cabendo ao Juiz de Direito a dosimetria da pena, em caso de condenação, ou a proclamação da decisão absolutória, além de decidir as demais questões essencialmente jurídicas. De outro lado, europeizado, ao condicionar a decisão do colegiado leigo à resposta a quesitos com votação individual e secreta, semelhante ao modelo francês. O júri na França, entretanto, por se formatar no modelo de escabinato, tem competência para as questões de fato e de direito, principais e subsidiárias, inclusive a aplicação da pena. Nessa toada, o Tribunal do

Em grande medida, a construção do pensamento jurídico brasileiro acerca da colaboração premiada é derivada da leitura emprestada ao tema em jurisprudência consolidada especialmente no Supremo Tribunal Federal. Nessa toada, ainda que menos comum em textos acadêmicos, do trabalho consta elevado número de referências a julgados que, ao lapidar a legislação, conferem a compreensão majoritária sobre o instituto.

Sem perder de vista as apontadas premissas, anote-se que a colaboração premiada é tema inserido no gênero conhecido como justiça criminal negocial, a partir do qual o estudo partirá. Em sequência, o texto se propõe a discutir com a profundidade exigível o cabedal normativo referente ao instituto particularizado. Ao final, a tese efetivamente se desenha no capítulo 4, quando se pretende apontar em que medida a colaboração premiada se compatibiliza com o procedimento do Tribunal do Júri e a quais resultados é possível chegar, sem fazer rosto ao aspecto pragmático compreendido nos limites da moldura legislativa em vigor.

Júri no Brasil sofre de verdadeira crise de identidade, tornando-se um sistema de lógica mista, talvez único no mundo, de maneira a tornar o método comparativo inadequado para se jogar luzes às questões próprias do nosso procedimento, nelas se incluindo a necessária adaptação aos desdobramentos oriundos da aplicação da colaboração premiada.

CAPÍTULO 2

JUSTIÇA CRIMINAL NEGOCIAL

2.1 Aspectos gerais

A justiça criminal negocial ganhou musculatura no Brasil, em épocas recentes, em decorrência da utilização do instituto da colaboração premiada em operações de combate à corrupção e ao crime organizado, como também em razão da produção legislativa atinente ao tema a partir da promulgação e da entrada em vigor da Lei n. 12.850/2013 e do intitulado Pacote Anticrime. No entanto, a existência de espaços de consenso no ordenamento jurídico-penal brasileiro não é inovação trazida por esses movimentos de combate à macrocriminalidade, uma vez que a previsão de instrumentos como a transação penal e a suspensão condicional do processo já constavam do ordenamento jurídico desde 1995, com a entrada em vigor da Lei n. 9.099, que instituiu e regulamentou o funcionamento dos Juizados Especiais Criminais.

A justiça criminal negocial tem como escopo essencial conferir maior eficiência à aplicação do direito/dever de punir estatal[7], uma vez que a utilização de instrumentos baseados em uma relação consensual abreviaria a duração do processo penal[8], demovendo a

---

[7] Os projetos nesse sentido tratam da funcionalização do processo penal visando assegurar sua eficiência como instrumento de concretização do poder punitivo do Estado por meio de opção pela primazia de interesses penais frente ao respeito de direitos e garantias fundamentais. Sobre o tema: FERNANDES, Fernando. *O processo penal como instrumento de política criminal*. Coimbra: Almedina, 2001, p. 73-77; DIAS, Jorge de Figueiredo. *Acordos sobre a sentença em processo penal*. O "fim" do Estado de Direito ou um novo "princípio"? Porto: Conselho Distrital do Porto, 2011, p. 37-39.

[8] Segundo pesquisa de Renato Tavares de Paula, "[...] conclui-se, portanto, que o processo penal brasileiro na justiça comum demanda 67 meses, ao passo que o alemão por volta de 03

então indispensável instrução probatória, o que acarretaria economia por parte do Poder Público, na medida em que os gastos estruturais e a necessidade de material humano seriam reduzidos[9].

Cabe destacar que as propostas de ampliação dos espaços de consenso na justiça criminal, sob a perspectiva de mitigar a formalidade do processo legal, não deve se erguer sobre o esvaziamento dos direitos individuais, constitucionalmente protegidos, como reclamam parte da doutrina e alguns operadores do direito, os quais se posicionam de forma desfavorável a essa construção que redefine o exercício do poder punitivo do Estado[10]. Ainda assim,

---

meses; o italiano, 12 meses. Ou seja: o processo penal brasileiro demora aproximadamente 22 vezes mais que o germânico e 05 vezes mais que o italiano". PAULA, Renato Tavares de. A justiça criminal negocial nos crimes de média gravidade no Brasil. Reforço efetivo de política criminal e incremento funcional da eficiência do processo. *Boletim do IBCCrim*, São Paulo, ano 26, n. 314, p. 9, jan. 2019.

[9] Nesse sentido, tem-se a afirmação de Rodrigo da Silva Brandalise: "[...] é um acordo voluntário acerca do exercício de direitos processuais e que determina o encurtamento do procedimento, na medida em que leva a uma sentença de forma mais acelerada (e que tende a ser mais benéfica ao acusado, já que o réu deixa de utilizar direitos processuais). Além da voluntariedade, devem estar presentes a inteligência/compreensão de seus termos, um substrato fático e a efetiva assistência de um advogado/defensor para sua efetivação (em prol do direito de defesa)". BRANDALISE, Rodrigo da Silva. *Justiça penal negociada*: negociações de sentença criminal e princípios processuais relevantes. Curitiba: Juruá, 2016, p. 29. No mesmo sentido, apontam FABRETTI, Humberto Barrionuevo; SILVA, Virgínia Gomes de Barros e. O sistema de justiça negociada em matéria criminal: reflexões sobre a experiência brasileira. *Revista de Direito UFMS*, Campo Grande, v. 4, n. 1, p. 283, 2018. "Os principais fundamentos da aplicação da barganha no processo penal, portanto, se referem à celeridade e à economia processual. Busca-se abreviar o rito como forma de garantir-se mais eficiência ao sistema de justiça. São essas as justificativas que fizeram da negociação da sentença uma prática cotidiana nos Estados Unidos e que despertam o entusiasmo dos juristas que buscam naquele país a inspiração para um modelo mais célere de justiça processual".

[10] Sobre as críticas feitas à justiça criminal negocial: FABRETTI, Humberto Barrionuevo; SILVA, Virgínia Gomes de Barros e. O sistema de justiça negociada em matéria criminal: reflexões sobre a experiência brasileira. *Revista de Direito UFMS*, Campo Grande, v. 4, n. 1, p. 284, 2018. "A todos os pressupostos apresentados são feitas ponderações ou críticas por parte da doutrina. Sob o argumento de economia e celeridade processual, suprimem-se direitos fundamentais do réu, que, diante da possibilidade de ver-se submetido a uma pena desproporcional em caso de rejeição do acordo, aceita os termos propostos. Não se trata sempre de confessar um fato criminoso, mas de ratificar a acusação. Mesmo que ele seja inocente, o medo de uma condenação injusta pode levá-lo a encurtar o sofrimento que o processo gera e declarar-se culpado como forma de evitar um mal maior, sobretudo se estiver preso ou submetido a outras medidas cautelares". No mesmo sentido: LOPES JUNIOR, Aury. *Direito processual penal*. 14. ed. São Paulo: Saraiva, 2017, p. 784-785. "A tese de que as formas de acordo são um resultado lógico do 'modelo acusatório' e do 'processo de partes' é totalmente ideológica e mistificadora, como qualificou Ferrajoli, para quem esse sistema é fruto de uma confusão entre o modelo teórico acusatório – que consiste na separação entre juiz e acusação, na igualdade entre acusação e defesa, na oralidade e publicidade do juízo – e as características concretas do sistema acusatório americano,

deve-se reconhecer a existência natural da oposição entre a aplicação imediata de uma reprimenda e os princípios constitucionais da culpabilidade, do devido processo legal, da ampla defesa e da não autoincriminação.

Por certo, é viável harmonizar-se a ordem jurídico-constitucional e a justiça criminal negocial nos mais diversos aspectos, conforme observa José Joaquim Gomes Canotilho[11] ao atribuir à norma constitucional duas facetas concomitantes: a de garantia de direitos fundamentais e a de restrição e limitação dessa garantia. Diante dessa premissa, depreende-se que na prática negocial haverá a coexistência dos valores constitucionais por meio da aplicação do princípio da proporcionalidade que, limitando – mas não extinguindo – os direitos e garantias individuais, assegurará que se lhes confira eficácia. A afirmação encontra respaldo na percepção de Rodrigo da Silva Brandalise[12], para quem a aceitação ou a recusa do suposto benefício trazido pela prática negocial por parte do sujeito integrante do polo passivo da demanda penal se submete a diversos princípios processuais penais, uma vez que a discussão envolve interesses múltiplos. Assim, a aplicação do princípio da proporcionalidade também atuaria em favor do réu, porquanto não se viabilizaria o ajuste em casos a ele prejudiciais.

Observa-se a concretização dessa ponderação ao se notar a formalidade processual: não se pretende aniquilar a forma em favor da celeridade e da economia processual, na medida em que é

---

algumas das quais, como a discricionariedade da ação penal e o acordo, não têm relação alguma com o modelo teórico. [...] O pacto no processo penal é um perverso intercâmbio, que transforma a acusação em um instrumento de pressão, capaz de gerar autoacusações falsas, testemunhos caluniosos por conveniência, obstrucionismo ou prevaricações sobre a defesa, desigualdade de tratamento e insegurança. O furor negociador da acusação pode levar à perversão burocrática, em que a parte passiva não disposta ao 'acordo' vê o processo penal transformar-se em uma complexa e burocrática guerra". E VASCONCELLOS, Vinicius Gomes de. *Barganha e justiça criminal negocial*: análise das tendências de expansão dos espaços de consenso no processo penal brasileiro. 2. ed. Belo Horizonte: D'Plácido, 2018, p. 168. "[...] o requisito da voluntariedade na aceitação da barganha é falacioso, pois o funcionamento dos mecanismos se dá por ameaça, que causa a impossibilidade de qualquer escolha livre da defesa, atestando problemática que, por certo, intensifica-se diante do panorama de desigualdade social brasileiro, o qual já é permeado por insuficiência na assistência jurídica penal".

[11] CANOTILHO, José Joaquim Gomes. *Direito constitucional e teoria da Constituição*. Coimbra: Almedina, 2007, p. 788.
[12] BRANDALISE, Rodrigo da Silva. *Justiça penal negociada*: negociação de sentença criminal e princípios processuais relevantes. Curitiba: Juruá, 2016, p.130.

por meio dela que o indivíduo exerce o seu direito de defesa, mas fazer com que o consenso sobre a aplicação da sentença obedeça parâmetros legais rígidos de sua forma peculiar. Já no que tange à prevalência do direito à liberdade, dito como garantido pela sentença penal oriunda de um processo tradicional, com a submissão do agente a uma sanção menor através da aplicação da política premial, restariam reduzidos os efeitos deletérios de uma pena que eventualmente seria imposta. Nesse diapasão, prevaleceria um direito de valor superior sem que os demais fossem prejudicados.

Logo, é possível notar que a ampliação das margens de consenso no processo penal brasileiro respeita o núcleo fundamental e basilar do ordenamento jurídico, em outras palavras, alicerça-se na sua norma hipotética fundamental, qual seja, a dignidade da pessoa humana. Com o resguardo desse núcleo axiológico, é possível flexibilizar a legalidade processual concomitantemente à defesa de bens jurídicos e à estabilização da normal penal por meio da prática negocial.

Nessa quadra, imperiosa a abordagem dos aspectos gerais da justiça negocial criminal, os quais permitem dinamizar e otimizar a convivência do negócio penal e dos direitos e garantias fundamentais.

Alguns aspectos da justiça negocial criminal são justamente aqueles que permitem seu êxito, uma vez que tornam possível atingir os objetivos de celeridade e de economia processual e permitem o exercício do direito/dever de punir do Estado conforme a sua conveniência em face da proteção dos bens jurídicos penalmente tutelados.

Dentre eles identifica-se o devido processo legal, que traduz o arcabouço de garantias advindas da Constituição Federal, as quais asseguram a possibilidade de as partes exercerem suas faculdades processuais indispensáveis para o efetivo exercício da jurisdição, limitando o poder de atuação estatal[13] e preservando direitos públicos subjetivos do réu. Demais disso, o princípio do *due process of law* serve como instrumento de proteção do próprio processo penal, salvaguardando a correta aplicação dos demais princípios

---

[13] CASTRO, Carlos Roberto de Siqueira. *O devido processo legal e a razoabilidade das leis na nova Constituição do Brasil*. Rio de Janeiro: Forense, 1989, p. 26.

constitucionais, da norma penal e processual penal, bem como da garantia de liberdade que é desdobramento da dignidade da pessoa humana – fundamento de um Estado Democrático de Direito.

Se, por um lado, o devido processo legal é o garantidor do exercício de defesa por parte do réu, uma vez que é durante o desenrolar do processo que o imputado concretiza o contraditório e a ampla defesa, o princípio mencionado também faz as vezes de penalizador do indivíduo. Ainda que tecnicamente não se possa falar em pena antes de uma condenação transitada em julgado, não se pode olvidar que a submissão do sujeito à ritualística processual, assim como a espera de uma definição sobre a possível restrição de sua liberdade, também afeta sobremaneira o acusado. Por mais que o devido processo legal, dentro da principiologia e da ordem normativa-constitucional, atue como fator legitimador do exercício da jurisdição e, por isso, em prol da liberdade individual, o processo moroso e sem celeridade impõe desnecessário constrangimento ao imputado.

É diante dessa perspectiva que a supressão do rito e a modificação da leitura atribuível ao devido processo legal, com a inexistência de audiências de instrução, debates e julgamento, pode – ao invés de violar a principiologia constitucional – harmonizar direitos e garantias fundamentais com a prática negocial por meio da antecipação do julgamento da lide[14]. O excogitado evento se deve ao fato de que o negócio penal poderia tomar lugar quando se percebesse a inutilidade da produção delongada de provas e, consequentemente, a desnecessidade da audiência mencionada, trazendo o exercício da ampla defesa e do contraditório para o momento da atividade consensual[15].

---

[14] ALBUQUERQUE, Paulo Sérgio Pinto de. *Comentário do Código de Processo Penal*: à luz da Constituição da República e da Convenção Europeia dos Direitos do Homem. 4. ed. Lisboa: Universidade Católica, 2011, p. 886.

[15] Paulo Sérgio Pinto de Albuquerque afirma: "A funcionalidade do processo penal não exige apenas a melhor organização possível da fase preparatória do processo e a simplificação da audiência de julgamento. Ela exige mesmo que se prescinda da audiência de julgamento em certos casos. O programa de 'desjudicialização' corresponde a uma estratégia para contrariar a diminuição da 'função de advertência de uma audiência de julgamento' (*Warnfunktion einer Hauptverhandlung*). Assim, quanto maior o número de factos criminosos de pequena gravidade resolvidos fora da audiência de julgamento, maior é a disponibilidade de capacidade do aparelho judiciário para combater a criminalidade grave. Por outro lado, quanto maior o número de factos criminosos resolvidos fora da

Ao haver previsão legal dando conta da possibilidade de julgamento antecipado da lide, existirá também a previsão de uma nova configuração do processo penal, reformulando-se a ordem representativa do devido processo legal. A experiência invocada, atualmente, pode ser também observada na Lei n. 9.099/1995, ao estabelecer a possibilidade de transação penal e de suspensão condicional do processo, nos recentes ajustes de não persecução penal ou, ainda, nos acordos de colaboração premiada, os quais por vezes podem evitar a própria instalação do processo criminal em desfavor do agente colaborador. Não existe qualquer violação ao devido processo legal, mesmo com a ausência de previsão da tradicional audiência de instrução e julgamento nos casos em que a lide penal tem por solução um acordo como os indicados. Nesses moldes, os princípios garantistas da ampla defesa e do contraditório – desdobramentos naturais do devido processo legal[16] – são concentrados na atividade consensual, tornando mais efetiva a prestação jurisdicional penal.

Essa aglutinação, na mesma medida, assegura a igualdade processual entre as partes[17], estabelecendo a paridade de armas durante a etapa negocial, uma vez que faculta a aceitação do acordo ao respeito à aplicação antecipada da pena, como também no que tange aos termos dessa sentença. Isso porque, mesmo com a supressão do rito processual e a consequente abreviação da instrução, não se excluem a oposição e o conflito de perspectivas, demandando atuação exacerbada por parte do defensor a fim de identificar, de fato, as opções mais favoráveis ao investigado ou acusado. A justiça negocial penal não nega ao réu o exercício da ampla defesa e do contraditório, porquanto lhe abre portas para dissentir da proposta

---

audiência de julgamento, mais importante se torna para comunidade e para os sujeitos processuais a audiência de julgamento em relação aos factos que lhe são submetidos". ALBUQUERQUE, Paulo Sérgio Pinto de. *Comentário do Código de Processo Penal*: à luz da Constituição da República e da Convenção Europeia dos Direitos do Homem. 4. ed. Lisboa: Universidade Católica, 2011, p. 757.

[16] FERNANDES, Fernando. *O processo penal como instrumento de política criminal*. Coimbra: Livraria Almedina, 2001, p. 280.

[17] O direito de ação não se justifica pela mera solenidade do rito em si, mas sim como princípio que se ergue na perspectiva de garantir a paridade de armas entre as partes litigantes. SOUZA, Motauri Ciocchetti de. *Ministério Público e o princípio da obrigatoriedade*: ação civil pública. São Paulo: Método, 2007, p. 67.

de ajuste, cenário que acarretará o encaminhamento da demanda ao rito indicado em lei sem solução antecipatória da lide[18].

Portanto, o espaço de consenso aberto durante a persecução penal permite que a defesa analise e apresente alternativas para que a lide seja encerrada de forma abreviada e faculta a escolha por parte do réu de aderir ou não ao acordo apresentado[19]. A indicada atividade dialética demonstra de forma cristalina a concentração do contraditório na justiça negocial criminal, ainda que em uma modalidade diferente da tradicional. Demais disso, pode-se afirmar que o espaço de consenso na esfera penal, além de não violar os direitos e as garantias fundamentais e os princípios materiais e processuais de base constitucional, pelas razões há pouco invocadas, também enseja o exercício da autodeterminação por parte do investigado ou do acusado, o qual poderá avaliar e deliberar pela aceitação da proposta, cenário que lhe garantiria *prima facie* sanção de menor severidade.

Para haver real possibilidade de se firmar um acordo sobre a antecipação da sentença, é necessária a apresentação clara e inequívoca de um arcabouço fático que sustente a acusação de forma delimitada. Dessa feita, é possível que a imputação seja admitida pelo juízo, além de permitir ao réu conhecer os fatos que lhe são irrogados e as provas que conferem justa causa à pretensão acusatória.

Na hipótese de se firmar um acordo sobre a antecipação do julgamento, a defesa do réu se resigna com a ausência de instrução processual e manifesta sua aderência aos termos da pena acordada por meio da confissão, colocando-se à disposição do Poder Judiciário para cumprir a reprimenda penal, que continua a atingir apenas os mesmos direitos que o seriam pela sanção aplicada após o término do julgamento tradicional. Isto significa que a prática negocial não é capaz de violar os direitos individuais do investigado ou do acusado

---

[18] Nesse sentido, tem-se: "Contraditório, elemento integrante da compreensão de defesa, pode ser relativizado, na medida do confronto prático entre ele e o resultado prático que se pode obter com a política premial". BRANDALISE, Rodrigo da Silva. *Justiça penal negociada*: negociação de sentença criminal e princípios processuais relevantes. Curitiba: Juruá, 2016, p 207.

[19] NOVAIS, Jorge Reis. *Direitos fundamentais*: trunfos contra a maioria. Coimbra: Coimbra, 2006, p. 279-281.

ou de mitigar a aplicação dos princípios penais e processuais penais constitucionais.

Como consequência da supressão do rito em razão da antecipação da sentença, pode-se notar mais uma das características marcantes da justiça negocial criminal, que é a celeridade, tornando o processo penal dinâmico e, portanto, mais adaptado a atender às demandas da sociedade contemporânea[20]. O fato de o processo penal ter uma duração menor faz com que os anseios sociais de uma resposta estatal às violações dos bens jurídicos tutelados ou das expectativas de manutenção da ordem sejam atendidos de maneira a se incrementar a sensação de segurança.

A massificação de demandas judiciais impede que o Estado responda de forma eficiente a todas as violações perpetradas a bens jurídicos penalmente relevantes e, consequentemente, dificulta a estabilização das expectativas sociais em torno da segurança que deveria ser assegurada[21]. É nesse diapasão que surgem propostas legislativas para a variação de ritos processuais[22] que têm como objetivo primário solucionar conflitos em um diminuto lapso temporal por meio de uma simplificação da ritualística[23]. As alternativas à persecução penal regular buscam alcançar a efetividade da tutela estatal sem deixar perecer direitos e garantias processuais, os quais devem se harmonizar e se equilibrar[24]. Assim, é possível coadunarem-se a celeridade processual e a garantia de

---

[20] MIRANDA, Acácio; SILVA, Leonardo Henriques da. *Juizados especiais criminais*. São Paulo: Saraiva, 2013, p. 18.

[21] "O novo Código de Processo Penal Italiano, ao contemplar procedimentos especiais de diversão (*procedimenti differenziati, applicazione della pena su richiesta*), identificou pressuposto lógico na constatação de que é totalmente irracional e não econômico enfrentar toda a forma de criminalidade mediante o esquema do processo unitário". PAOLIZZI, Giovanni. I meccanismi di semplificazione del giudizio di primo grado. In: *Questioni nuove di procedura penale*. Padova: Cedam, 1989, p. 38-39.

[22] Julio Fabbrini Mirabete menciona a necessidade de que a "resposta jurídica" adequada a cada conduta desviada deve ser, ao mesmo tempo, "justa e útil". MIRABETE, Julio Fabbrini. *Juizados especiais criminais*. São Paulo: Atlas, 1996, p. 16.

[23] BRANDALISE, Rodrigo da Silva. *Justiça penal negociada*: negociação de sentença criminal e princípios processuais relevantes. Curitiba: Juruá, 2016, p. 45.

[24] Nesse escólio, Kai Ambos afirma: [...] as restrições jurídicas, próprias do Estado de Direito, que acompanham a abreviação e aceleração do procedimento, em especial limitações à proteção jurídica, devem ser equilibradas e proporcionalmente compensadas". AMBOS, Kai. Procedimentos abreviados en el proceso penal alemán y en los proyectos de reforma sudamericanos. *Revista de Derecho Procesal*, Madrid, 1997, p. 551.

não exclusão da apreciação do Poder Judiciário de lesão ou ameaça a direito[25].

No mais, não se pode olvidar que uma resposta célere por parte do Poder Judiciário torna o acesso à justiça mais democratizado, ao passo que será possível atender um maior número de cidadãos que aguardam o deslinde de suas demandas[26]. De outro lado, a agilidade do Poder Judiciário também beneficia o réu[27]. Nas palavras de Francesco Carnelutti[28], na justiça dos homens "[...] não apenas se faz sofrer as pessoas porque são culpadas, mas também para saber se são culpadas". Isso significa dizer que o próprio processo penal, ao seguir o seu rito tradicional – e consequente delonga no desfecho –, faz sofrer aquele que figura no polo passivo da persecução penal judicializada, agravando de forma significativa a futura sanção aplicada, uma vez que o réu estará purgando a sua falta em dobro[29]: ao aguardar a decisão sobre a sua responsabilidade e reviver a reconstrução da história vezes sem fim e ao cumprir a pena imposta quando da sua condenação[30].

---

[25] BRASIL. *Constituição Federal (1988)*, Art. 5º. Todos são iguais perante a lei, sem distinção de qualquer natureza, garantindo-se aos brasileiros e aos estrangeiros residentes no País a inviolabilidade do direito à vida, à liberdade, à igualdade, à segurança e à propriedade, nos termos seguintes: XXXV – a lei não excluirá da apreciação do Poder Judiciário lesão ou ameaça a direito.

[26] MIRANDA, Acácio; SILVA, Leonardo Henriques da. *Juizados especiais criminais*. São Paulo: Saraiva, 2013, p. 18.

[27] A respeito do tema, deve-se analisar as anotações de Rogério Lauria Tucci: "[...] tendo-se na devida conta as graves consequências psicológicas (no plano subjetivo), sociais (no objetivo), processuais, e até mesmo pecuniárias, resultantes da persecução penal para o indivíduo nela envolvido, imperiosa torna-se a agilização do respectivo procedimento, a fim de que elas, tanto quanto possível, se minimizem, pela sua conclusão num prazo razoável". TUCCI, Rogério Lauria. *Direitos e garantias individuais no processo penal brasileiro*. 4. ed. São Paulo: RT, 2011, p. 217-218.

[28] CARNELUTTI, Francesco. *As misérias do processo penal*. 2. ed. Campinas: Bookseller, 2002, p. 49.

[29] Sobre a duração razoável do processo, Pedro Bertolino assegura: "[...] el limite que la garantia del 'debido proceso (penal)' importa se proyecta hacia un continuo temporal. En suma, no es en modo alguno razonable que el enjuiciamento penal se prolongue más allá de lo necesario para el cumplimiento de sus fines propios, alongamiento que, en definitiva, incide sobre el imputado y respecto a sus legítimos derechos a que se defina su situación frente a la función penal del Estado". BERTOLINO, Pedro J. *El debido proceso penal*. La Plata: Platense, 1986, p. 79.

[30] Nesse sentido, Francesco Carnelutti afirma: "Há casos em que fica claro que o processo, ou melhor, aquela parte voltada para a reconstrução da história, com todos os seus sofrimentos, com todas as suas angústias, com todas as suas vergonhas, basta para assegurar o porvir do acusado, no sentido de que ele compreendeu o seu erro, e não só o compreendeu como ainda o expiou com aquele peso de sofrimento de angústia, de

Entretanto, urge ressalvar que a expansão do espaço consensual na justiça penal não deve e nem pode atender a uma lógica puramente econômica, não se confundindo efetividade com produtividade. Ou seja, ao mesmo tempo que se busca a celeridade do processo penal – pela supressão de atos processuais ordinários e substituição do rito –, também é devida a busca da verdade. Apenas com o atingimento de ambos os objetivos é que realmente se poderá falar em eficiência do sistema judiciário estatal[31]. Nessa linha de pensamento, indica-se que o conceito de eficiência da justiça penal não se relaciona com a quantidade de decisões proferidas, mas com a concretização de seus fins: a proteção de bens jurídicos e a construção de percepção de paz e de segurança social.

Não se descarta e nem se menospreza a economia gerada pelo menor tempo gasto com cada processo e com material humano – a supressão do rito reduziria consideravelmente o trabalho do Poder Judiciário e do Órgão Ministerial. O que se condena é a mercantilização[32] da suposta justiça, uma linha de produção de julgamentos e decisões, conforme aponta Robert Bohm – o sistema penal não pode se equiparar a uma rede de *fast food* que produz respostas jurisdicionais em escala industrial: a eficiência não transparecerá pela eliminação das longas filas de espera pelo deslinde da demanda jurídica e redução dos gastos, mas pela promoção da justiça[33].

Conforme já apontado, a justiça criminal consensual é capaz de solucionar os problemas de violações a bens jurídicos sem adentrar em uma lógica estabelecida e tradicional de conflito. Os resultados possíveis desse método também merecem destaque,

---

vergonha. Sob tal ótica, todo o restante do processo, todo o seu prolongamento, com a sentença condenatória e a execução, outra coisa não é se não perda total para o indivíduo e para a sociedade". CARNELUTTI, Francesco. *As misérias do processo penal*. 2. ed. Campinas: Bookseller, 2002, p. 67.

[31] PRADEL, Jean. *Procédure pénale*. 10. ed. Paris: Cujas, 2000, p. 300 *apud* FERNANDES, Antônio Scarance. O equilíbrio entre a eficiência e o garantismo e o crime organizado. *Revista Brasileira de Ciências Criminais*, ano 16, n. 70, p. 233, jan.-fev. 2008.

[32] SCHÜNEMANN, Bernd. Do templo ao mercado? Como a justiça penal aparentemente transforma a teoria econômica do direito em prática, governo em governança e soberania em cooperação. *In*: SCHÜNEMANN, Bernd; GRECO, Luís (coord.). *Estudos de direito penal, direito processual penal e filosofia do direito*. São Paulo: Marcial Pons, 2013, p. 309.

[33] BOHM, Robert M. "Mc Justice": on the McDonaldization of criminal justice. *Justice Quarterly*, v. 23, n. 1, mar. 2006.

porque ao antecipar a prolação da sentença, deixa-se de submeter o réu à angústia do desenrolar moroso do processo penal, além de evitar a estigmatização gerada não só pela própria condenação, mas também pelo fato de manter o indivíduo na incerteza sobre o seu futuro. Esses benefícios, por si só, já poderiam ser suficientes para estimular a utilização de um espaço negocial na seara da justiça penal, haja vista a preservação da dignidade da pessoa humana. Todavia, não se deve olvidar que também existe a possibilidade de haver acordos que deixem de aplicar a pena privativa de liberdade, o que elimina a incidência dos efeitos deletérios do cárcere, tão amplamente conhecidos e debatidos.

O primeiro passo para concretizar a justiça negocial criminal como ferramenta alternativa à prestação costumeira é abolir o conceito de que apenas esta última é capaz de ser justa e compatível com um Estado Democrático de Direito. A referida premissa é falaciosa, uma vez que a alteração da ritualística processual e a ausência de determinados atos não são incompatíveis, como já observado, com os direitos e garantias fundamentais. Há de se viabilizar um ponto de equilíbrio[34] entre a prestação jurisdicional eficiente (célere e justa) e a liberdade do arguido, onde se posiciona Luigi Ferrajoli[35] ao dizer que não se pode engessar as formas do processo sob um argumento conservador, mas também não há espaço para a conivência com a mitigação de garantias em prol da celeridade.

Em seguida, não se deve presumir que a punição aplicada antecipadamente seja sempre mais gravosa do que aquela que seria definida ao final da instrução processual ordinária ou, ainda, que tal reprimenda seja logicamente injusta por prescindir da fase probatória ou que tenha anulado a possibilidade de ampla defesa do arguido. De forma alguma os acordos sobre a sentença relegam a punição a segundo plano ou ignoram a forma sob a qual o processo deve se desenvolver.

---

[34] ROXIN, Claus. *Sobre el concepto global para una reforma procesal penal*. Universitas, v. XXIV, n. 4, p. 413, 1987; ROXIN, Claus. Introducción a la ley procesal penal alemana de 1877. Tradução de Juan-Luiz Gomez Colomer. *Cuadernos de Política Criminal*, Madrid, n. 16, p. 173, 1982.

[35] FERRAJOLI, Luigi. Patteggiamento e crisi della giurisdizione. *Questione Giustizia*, Milano, n. 2, p. 374, 1989.

Em verdade, a antecipação da sanção penal orienta-se pelo fato de se chegar a um consenso sobre a intensidade da punição de forma a minorar gastos e tempo, por meio da economia processual, relegando à atividade jurisdicional ordinária estrutura, material e tempo preciosos para as situações em que o negócio jurídico se revelou inviável.

É verdade que a expansão do espaço negocial dentro da justiça penal encontra maior clareza no que tange à solução de conflitos de pequena e de média lesividade, de maneira a permanecer os demais sob a égide do ordinário rito processual[36]. No entanto, a atividade consensual relacionada aos acordos de colaboração premiada tem outra característica: não é a complexidade ou a gravidade do crime fator capaz de inviabilizar a aplicação do consenso como instrumento de solução penal, mas justamente o contrário, ainda que possam ser identificadas limitações materiais específicas a depender do ilícito cometido.

Notadamente, diante da possível estrutura criminosa organizada ou de crimes econômicos de larga escala, a colaboração do infrator se revelou importante instrumento de negócio jurídico processual penal apto a gerar relevantes reflexos na demanda penal. Nesse aspecto, não se trata de abreviar o processo, mas de trocar a colaboração por benefício de natureza penal.

De qualquer forma, resta claro que a pena oriunda da atividade negocial terá utilidade ao réu, que não sofrerá demasiado com a tardança do fim do processo ou, no caso de colaboração, receberá prêmio convencionado ao final. Da mesma maneira, será útil à sociedade, que se beneficiará com a eficiência e a economia processual obtidas de forma secundária[37], revelando-se, nesse compasso, pena absolutamente legítima.

Outro aspecto a se discutir consiste no exame da culpabilidade do agente. Em estrutura analítica do delito, infere-se a culpabilidade

---

[36] Sobre esses aspectos: HÜNDERFELD, Peter. A pequena criminalidade e o processo penal. *Revista de Direito e Economia*, Coimbra, ano IV, n. 1, p. 25, 1978.

[37] Em Brandy v. United States, assentou-se que "o reconhecimento de culpabilidade (*guilty plea*) beneficia ambas as partes ao evitar responsabilidades e despesas no julgamento". *In*: VASCONCELLOS, Vinicius Gomes de. *Barganha e justiça criminal negocial:* análise das tendências de expansão dos espaços de consenso no processo penal brasileiro. 2. ed. Belo Horizonte: D'Plácido, 2018.

como juízo de reprovabilidade[38] do autor do injusto penal, ao lado de outros sentidos jurídicos que lhe possam ser atribuídos, como o próprio princípio constitucional da culpabilidade, que impõe o reconhecimento de dolo ou de culpa para legitimar a construção em abstrato da conduta incriminada e impede a responsabilidade penal objetiva, ou a culpabilidade como circunstância judicial para balizamento da pena privativa de liberdade.

Em um processo penal de natureza contenciosa, a fixação da sanção dá-se por meio do exercício de uma atividade discricionária do magistrado[39] que, diante do caso concreto, se incumbirá de verificar a existência das circunstâncias judiciais elencadas no art. 59, *caput*, do Código Penal[40] – capazes de majorar a pena-base –, além da ocorrência das circunstâncias legais (agravantes, atenuantes, causas de aumento e/ou de diminuição), presentes tanto na Parte Geral quanto na Parte Especial do Estatuto Repressivo.

De outra sorte, no plano negocial, o Juiz não atuará na aplicação da pena diretamente, porquanto se trata de objeto a ser pactuado entre as partes. Nessa hipótese, o cotejo da culpabilidade do agente se dará mediante a não contestação da imputação que lhe é feita ou mesmo de sua confissão[41] acerca dos fatos expostos na peça exordial e embasados por um arcabouço probatório produzido na fase inquisitorial. Esses elementos servirão para aferir a culpabilidade e deverão constar na sentença antecipada que, sem os quais, perderá legitimidade e fundamento. Opondo-se o réu aos termos da punição – quer seja sobre a (in)existência de culpabilidade ou de responsabilidade, quer seja a respeito da intensidade da reprovabilidade –, e na impossibilidade da conciliação entre as partes, não é possível prosseguir com a diversificação processual, impondo-se o desenrolar da lide penal pelo rito ordinário.

---

[38] DIAS, Jorge de Figueiredo. *Direito penal português* – parte geral II. As consequências jurídicas do crime. Lisboa: Aequitas, 1993, p. 218.
[39] LUISI, Luiz. *Os princípios constitucionais penais*. 2. ed. Porto Alegre: Sergio Antonio Fabris, 2003, p. 38.
[40] BRASIL. *Código Penal (1940)*. Art. 59. O juiz, atendendo à culpabilidade, aos antecedentes, à conduta social, à personalidade do agente, aos motivos, às circunstâncias e consequências do crime, bem como ao comportamento da vítima, estabelecerá, conforme seja necessário e suficiente para reprovação e prevenção do crime.
[41] FERNANDES, Fernando. *O processo penal como instrumento de política criminal*. Coimbra: Livraria Almedina, 2001, p. 811.

Sob esse mesmo regramento é que se asilam os institutos negociais que não tratam da antecipação da punição, mas apenas da não análise do mérito processual. Tanto na transação penal quanto na suspensão condicional do processo, o demandado não reconhece e confessa a sua responsabilidade no feito – ele se submete a determinadas condições estabelecidas em juízo para que a persecução penal seja interrompida ou suspensa: em caso de total adimplemento do acordo, será declarada a extinção da punibilidade, sem que o agente padeça com incidência de qualquer dos possíveis efeitos de uma condenação. De lado oposto, no de descumprimento injustificado, a atividade persecutória será retomada em moldes tradicionais.

Em linhas finais, conforme apontou Danni Sales Silva[42], a atividade negocial na seara penal reflete o estágio em que se encontra uma sociedade no que diz respeito à evolução legislativa. Não se pretende, evidentemente, substituir ou suprimir a política criminal classificada como convencional, mas utilizar novos mecanismos que viabilizem, com equilíbrio, algum incremento nos aparatos estatais para se garantir a entrega da prestação jurisdicional com eficiência e justeza.

2.2 Apontamentos de direito estrangeiro

2.2.1 Modelo italiano

A justiça criminal negociada foi introduzida na Itália como produto de profundas modificações em sua estrutura processual penal[43]. Nesse contexto, foi inserido o instituto do *patteggiamento*,

---

[42] "[...] A pena, antes de ser flagelo, é uma instituição social que reflete a medida do estágio cultural de um povo e, ainda, o regime político a que está submetido. [...] As aspirações punitivas de um Estado tornam transparente o nível de evolução moral e espiritual atingido por determinada sociedade. Os acordos sobre sentença são, nesse plano, patente evolução do direito processual penal. Se, de um lado, só o dissenso social pode gerar a pena, nada impede o 'consenso' sobre a 'justa medida da pena'". SILVA, Danni Sales. *Justiça penal negociada*. Dissertação (Mestrado em Ciências Jurídico-Criminais) – Faculdade de Direito da Universidade de Lisboa, Lisboa, 2016, p. 89-90.

[43] BRANDALISE, Rodrigo da Silva. *Justiça penal negociada*: negociação da sentença criminal e princípios processuais relevantes. Curitiba: Juruá, 2016, p. 94-95. No mesmo sentido, posiciona-se Márcio Nogueira: "O Código de Processo Penal Italiano de 1930 (conhecido

que traduz a possibilidade de solução de um conflito com fulcro no consenso entre as partes envolvidas acerca de uma antecipação da aplicação de uma pena[44]. Por meio do instrumento, as partes firmam um acordo que estabelece os termos da punição e requer a sua aplicação por um Juiz.

Com o *pattegiamento*, o sistema punitivo italiano busca dar celeridade e eficiência ao processo penal[45]. É por meio do consenso entre as partes que se tem a oportunidade de aplicar uma punição àquele que cometeu um ilícito de forma rápida e precisa, de maneira que essa reprimenda – ainda de natureza penal – possua efeitos mais contundentes no que diz respeito à reprovação e à prevenção de delitos[46]. A celeridade tem como pedra fundamental a diversificação do processo penal ordinário, com a eliminação de fases do procedimento tradicional[47].

Como já discutido em sede de generalidades da justiça penal negocial, o *pattegiamento* não implica violação ao contraditório, já que há um controle jurisdicional do procedimento e espaço para que a parte adversa exponha os seus anseios e a necessidade na negociação. O Juiz, de outra parte, não figura como mero espectador do ajuste consensual[48]: verifica a proporcionalidade entre a pena

---

como Código Rocco) '[...] foi sofrendo, ao longo do tempo, inúmeras modificações, até mesmo por força da mudança do regime. Transformou-se, por isso, numa verdadeira colcha-de-retalhos. Nos últimos tempos pregava-se a necessidade de uma total reforma do sistema processual penal italiano. Essa reforma veio com o Código de Processo Penal Italiano de 1989, introduzindo um processo tipicamente acusatório [...]'". NOGUEIRA, Márcio Franklin. *Transação penal*. São Paulo: Malheiros, 2003, p. 84-85.

[44] TORRÃO, Fernando. *A relevância político-criminal da suspensão provisória do processo*. Lisboa: Almedina, 2000, p. 175-176; DÍEZ, Luís Alfredo Diego. *Justicia criminal consensuada* (algunos modelos del derecho comparado en los EEUU, Italia y Portugal). Servicio de Publicaciones Universidad de Cadiz, 1999, p. 124.

[45] TORRÃO, Fernando. *A relevância político-criminal da suspensão provisória do processo*. Lisboa: Almedina, 2000, p. 172-173.

[46] Segundo Rodrigo da Silva Brandalise: "[...] é possível dizer-se que a pena decorrente do *patteggiamento* deve atender às finalidades de prevenção geral, com a prontidão e a certeza de sua aplicação, mas com os limites impostos pela gravidade do fato e a culpabilidade do agente que determinariam os limites máximos da pena a ser imposta, com a possibilidade de redução se as razões de prevenção especial (reinserção) assim exigirem". BRANDALISE, Rodrigo da Silva. *Justiça penal negociada*: negociação da sentença criminal e princípios processuais relevantes. Curitiba: Juruá, 2016, p. 97

[47] NOGUEIRA, Márcio Franklin. *Transação penal*. São Paulo: Malheiros, 2003, p. 88.

[48] LANGER, Máximo. From legal transplants to legal translations: the globalization of plea bargaining and the amerizanization thesis in criminal procedure. *In*: THAMAN, Sthephen C. (org.). *World plea bargaining*: consensual procedures and the avoidance

negociada e o ato ilícito praticado, confere o rito diversificado e a qualificação jurídica dos fatos, além de examinar a possibilidade de absolver o réu (art. 129 do Código de Processo Penal italiano).

Entretanto, ainda que haja controle jurisdicional, não cabe ao magistrado interferir no conteúdo do acordo[49], que está subordinado às suas atribuições constitucionais (art. 101, II, da Constituição italiana)[50], ainda que se obrigue a averiguar se há a necessidade de punição naquele caso concreto e a proporcional intensidade dessa reprimenda

No mais, o Juiz apenas se manifestará acerca da aceitação ou da rejeição do acordo apresentado – de forma justificada e fundamentada –, ocasião em que encaminhará os autos de volta ao Ministério Público para adequação da proposta feita[51] que, se não ocorrer, ensejará na retomada do processo penal tradicional até o julgamento final.

Urge destacar que o conteúdo do acordo de *patteggiamento* não poderá ser utilizado como elemento de convicção para condenar o autor dos fatos. A assunção da responsabilidade se deu no âmbito de uma negociação entre as partes, que tinha como elemento propulsor o interesse do implicado na diversificação da situação processual e de aplicação de pena – que com a rejeição do acordo deixou de existir[52]. Dessa feita, em verdade, o Juiz atuará apenas como contenção do poder discricionário do Órgão Ministerial sobre o mérito da ação penal[53].

---

of the full criminal trial. Durham: Carolina Academic Press, 2010, p. 3- 80. No mesmo sentido, Márcio Franklin Nogueira: "O juiz, no entanto, não atua automaticamente, como mero homologador do acordo. Tem, ao contrário, uma série de faculdades de controle (arts. 444-446 do Código). Assim, de ofício, pode examinar a presença de causas de extinção da punibilidade, examinar se a qualificação jurídica do fato e a valoração das circunstâncias foram formuladas corretamente pelo órgão acusador e, por último, verificar a voluntariedade do imputado". NOGUEIRA, Márcio Franklin. *Transação penal*. São Paulo: Malheiros, 2003, p. 93.

[49] BRANDALISE, Rodrigo da Silva. *Justiça penal negociada*: negociações de sentença criminal e princípios processuais relevantes. Curitiba: Juruá, 2016, p. 98.

[50] PIZZI, William; MONTAGNA, Mariangela. The battle to establish an adversarial trial system in Italy. *Michigan Journal of International Law*, Ann Harbor, v. 25, p. 444, 2004.

[51] ANGELINI, Roberto. *A negociação das penas no direito italiano (o chamado patteggiamento)*. Coimbra: Julgar, 2013, p. 224.

[52] TONINI, Paolo. *Manuale di procedura penale*. Milão: Giuffrè, 2012, p. 756.

[53] FERNANDES, Antonio Scarance. *O processo penal como instrumento de política criminal*. Coimbra: Almedina, 2001, p. 215.

Segundo Paolo Tonini[54], no ordenamento jurídico italiano existem duas modalidades de *patteggiamento*:
1) o tradicional: no qual o acordo prevê a substituição da pena privativa de liberdade por multa, ou ainda na aplicação de uma pena privativa de liberdade de, no máximo, 2 anos – ainda que cumulada com uma pena pecuniária (art. 444, I, do Código de Processo Penal italiano), que poderá ser reduzida de até 1/3 – nessa hipótese haverá também a dispensa do pagamento das custas processuais e a impossibilidade de serem aplicadas penas e medidas de segurança acessórias[55]; e
2) o expandido: no qual o acordo prevê a aplicação de uma pena privativa de liberdade superior a 2 anos, mas inferior a 5 anos – contabilizando a diminuição da pena de 1/3, podendo a restrição de liberdade ser cumulada com pena de multa (art. 44, I, do Código de Processo Penal italiano, após a modificação introduzida em 2003).

A decisão judicial decorrente do acordo de *patteggiamento* tem efeitos similares à de uma sentença condenatória[56], conforme prevê o art. 445, n. 1-bis, do Código de Processo Penal italiano. De fato, parece razoável a equiparação, uma vez que, durante o controle jurisdicional do ajuste proposto, há uma análise valorativa dos elementos colhidos durante a investigação realizada pelo Ministério Público que pode, inclusive, levar à absolvição do agente ou ao reconhecimento da não ocorrência do crime[57]. De mais a mais, as Cortes Italianas têm se posicionado no sentido de que no *patteggiamento* há reconhecimento da responsabilidade por parte do arguido e que só por essa razão é possível aplicar uma punição, ainda que antecipada[58]. Assim, ocorre de fato uma verdadeira renúncia

---

[54] TONINI, Paolo. *Manuale di procedura penale*. Milão: Giuffrè, 2012, p. 750.
[55] BRANDALISE, Rodrigo da Silva. *Justiça penal negociada*: negociações de sentença criminal e princípios processuais relevantes. Curitiba: Juruá, 2016, p. 99; DÍEZ, Luís Alfredo Diego. *Justicia criminal consensuada* (algunos modelos del derecho comparado en los EEUU, Italia y Portugal). Servicio de Publicaciones Universidad de Cadiz, 1999, p. 129.
[56] AMODIO, Ennio. I procedimenti speciali nel labirinto dela giustizia costituzionale. *Revista Processo Penale e Giustizia*. Roma, 2012, p. 115.
[57] AMODIO, Ennio. I procedimenti speciali nel labirinto dela giustizia costituzionale. *Revista Processo Penale e Giustizia*. Roma, 2012, p. 115.
[58] TONINI, Paolo. *Manuale di procedura penale*. Milão: Giuffrè, 2012, p. 761.

da condição de inocente e a produção de efeitos conhecidamente de natureza condenatória, como a produção de antecedentes criminais[59].

Ao lado do *pattegiamento*, interessa também consignar que a justiça criminal negocial italiana introduziu o *pentitismo*, ferramenta que se assemelha à colaboração premiada brasileira.

A colaboração processual italiana ganhou musculatura em momento de emergência em que o país lutava contra o terrorismo e as organizações mafiosas, conforme destaca Leonardo Costa Dantas[60].

Em resumo, de acordo com o levantamento de Francisco Simões Pacheco Savoia, a colaboração com a justiça no sistema penal italiano define três figuras fundamentais: o *pentito*, o *dissociato* e o *collaboratore*[61].

Inicialmente, como observa Luigi Ferrajoli, o processo de emergência estabeleceu uma relação perversa entre a colaboração e o emprego de prisões cautelares, as quais serviriam como instrumento para se obter confissões ou a própria colaboração do investigado ou acusado[62].

Entre erros e acertos, especialmente diante dos importantes resultados alcançados pela Itália durante a *Operazione Mani Pulite*[63],

---

[59] DÍEZ, Luís Alfredo Diego. *Justicia criminal consensuada* (algunos modelos del derecho comparado en los EEUU, Italia y Portugal). Servicio de Publicaciones Universidad de Cadiz, 1999, p. 168.

[60] COSTA, Leonardo Dantas. *Delação premiada*: a atuação do Estado e a relevância da voluntariedade do colaborador com a justiça. Curitiba: Juruá, 2017, p. 35.

[61] SAVOIA, Francisco Simões. *Colaboração premiada e princípio da imparcialidade*. Curitiba: Juruá, 2018, p. 55. 1) O *pentito*, indicado pelo art. 1º da Lei n. 304/1982, que corresponde ao concorrente que, antes da sentença, dá azo à dissolução da organização criminosa; retira-se dela e presta informações sobre a sua estrutura, impedindo o cometimento de novos delitos; ou, ainda, comete o crime de favorecimento com relação a outro membro da organização, mas fornece às autoridades todas as informações sobre o ilícito praticado; 2) O *dissociato*, previsto no art. 2º da Lei n. 304/1982, que corresponde ao concorrente confesso tomador de medidas capazes de diminuir as consequências dos crimes cometidos ou a ocorrência de novos delitos; 3) O *collaboratore*, indicado no art. 3º da Lei n. 304/1982, que confessa os ilícitos praticados, bem como auxilia as autoridades policiais e judiciárias a obter provas no sentido da identificação de membros da organização criminosa ou do esclarecimento de fatos.

[62] FERRAJOLI, Luigi. Emergenza penale e crisi dela giurisdizione. *Dei delitti e delle pene*: revista de studi sociali, storici e giuridici sulla questione criminale, Bologna, v. 2, n. 2, p. 277-278, maio-ago. 1984.

[63] Nesse sentido, Sergio Fernando Moro: "[...] prisões, confissões e a publicidade conferida às informações obtidas geraram um círculo virtuoso, consistindo na única explicação possível para a magnitude dos resultados obtidos pela operação *mani pulite*". MORO,

o sistema jurídico italiano alterou sua estrutura de colaboração processual, diante do uso das prisões como instrumento para obter a colaboração e o problema advindo de falsos *pentiti*. Dentre as mudanças mais significativas, indicam-se a limitação temporal de 180 dias para a colheita de informações do *pentito*; a adequação da colaboração com os direitos e as garantias fundamentais, como o contraditório, a ampla defesa e o direito ao silêncio; a restrição ao uso de entrevistas investigativas no âmbito penitenciário, evitando-se eventual constrangimento para haver colaboração; e o impedimento à liberdade provisória ou à substituição da prisão por medida menos gravosa logo após a colaboração[64].

2.2.2 Modelo português

Também em Portugal foi necessário reformular o ordenamento processual penal[65] para introduzir procedimentos especiais, que representassem inovações de espaço consensual para solucionar conflitos, a fim de propiciar maior celeridade e eficiência ao sistema penal na resposta à criminalidade de pequeno e médio potencial lesivo. Para tanto, o Código Processual de 1987 trouxe em seu bojo a previsão do instituto da suspensão provisória do processo e a adoção de procedimento sumaríssimo, ambas opções passíveis de evitar o rito ordinário – mais longo e dispendioso[66]. Os institutos citados inovam no ordenamento jurídico português ao utilizarem espaço de consenso para uma resposta célere nas persecuções penais de menor gravidade. De outro lado, traduziram uma maneira de mitigar o princípio da obrigatoriedade da ação penal, consolidando-se como instrumentos de política criminal para tratar a pequena delinquência[67].

Sergio Fernando. Considerações sobre a Operação *Mani Pulite*. *Revista CEJ*, Brasília, n. 26, p. 56-62, jul.-set. 2004, p. 59.

[64] COSTA, Leonardo Dantas. *Delação premiada*: a atuação do Estado e a relevância da voluntariedade do colaborador com a justiça. Curitiba: Juruá, 2017, p. 45-47.

[65] DÍEZ, Luís Alfredo Diego. *Justicia criminal consensuada* (algunos modelos del derecho comparado en los EEUU, Italia y Portugal). Servicio de Publicaciones Universidad de Cadiz, 1999, p. 168.

[66] NOGUEIRA, Márcio Franklin. *Transação penal*. São Paulo: Malheiros, 2003, p. 96.

[67] GARCÍA, Nicolás Rodriguez. *La justicia penal negociada*. Experiencias de derecho comparado. Salamanca: Universidad de Salamanca, 1997, p. 266.

A suspensão provisória do processo é uma conciliação entre o Ministério Público, o acusado e a vítima para suspender o curso da persecução penal em troca do cumprimento de condições diversas da privação de liberdade por parte do arguido[68]. A faculdade ministerial para o oferecimento do ajuste depende da ocorrência de requisitos cumulativos expressos no Código Penal português: a) ser o crime punido com pena privativa de liberdade não superior a 5 anos ou com sanção diversa da prisão; b) requerimento do acordo por parte do Órgão Ministerial, do arguido ou da vítima; c) concordância do arguido, da vítima e do magistrado; d) ausência de antecedentes criminais por parte do agente e ausência de aplicação anterior de suspensão provisória do processo por crime da mesma natureza; e) não ser aplicável medida de segurança de internação; f) caráter diminuto da culpa; e g) que o cumprimento das condições impostas no art. 281, §2º, do Código de Processo Penal, sejam suficientes para prevenir crimes.

Com a aplicação do instituto da suspensão provisória do processo, antecipa-se a imposição de pena para a fase administrativa do procedimento penal – de investigação, através da aplicação do princípio da economia processual e, com isso, desoprime-se o sistema judiciário[69]. De lado a evidente utilidade para o Estado, a ferramenta é benéfica para o averiguado, uma vez que serão evitados os efeitos deletérios do encarceramento e a consequente estigmatização[70].

As condições impostas para haver a suspensão processual possuem natureza diversa da pena[71], sem qualquer conteúdo de censura e, por isso, podem ser denominadas de "sanções especiais não penais"[72] ou "sanções consentidas por seu destinatário"[73], que

---

[68] GARCÍA, Nicolás Rodriguez. *La justicia penal negociada*. Experiencias de derecho comparado. Salamanca: Universidad de Salamanca, 1997, p. 271.

[69] GONÇALVES, Manoel Lopes Maia. *Código de Processo Penal*: anotado e comentado. Coimbra: Almedina, 1998, p. 528.

[70] DÍEZ, Luís Alfredo Diego. *Justicia criminal consensuada* (algunos modelos del derecho comparado en los EEUU, Italia y Portugal). Servicio de Publicaciones Universidad de Cadiz, 1999, p. 191.

[71] BRANDALISE, Rodrigo da Silva. *Justiça penal negociada*: negociações de sentença criminal e princípios processuais relevantes. Curitiba: Juruá, 2016, p. 112.

[72] COSTA ANDRADE, Manuel da. *Bruscamente no verão passado, a reforma do Código de Processo Penal*: observações críticas sobre uma lei que podia e devia ter sido diferente. Coimbra: Coimbra, 2009, p. 353.

[73] PALERMO, Pablo Galain. Formas de consenso que permiten la suspensión del proceso penal en Alemania y Portugal. Algunos lineamientos que podrían ser considerados por el

em momento algum assume culpa pelos atos praticados e, portanto, permanece em estado de inocência[74].

Não obstante tenha o Ministério Público a prerrogativa de promover o pacto junto ao acusado e à vítima, ao apresentar requerimento fundamentado do qual conste as obrigações a serem cumpridas para a suspensão do processo, para que este surta efeitos é imprescindível a homologação por parte do juízo responsável pela instrução processual, que deverá verificar a presença de pressupostos indispensáveis e de causas de que dependam o seguimento da ação penal[75].

Cumpridas as obrigações constantes do acordo de suspensão provisória do processo, considera-se a ação penal encerrada e será determinado o arquivamento definitivo do feito[76]. De outro lado, o inadimplemento por parte do arguido dará ensejo ao prosseguimento do processo em rito ordinário a partir do momento em que foi suspenso[77].

Por sua vez, a adoção do procedimento sumaríssimo está prevista nos arts. 392 e seguintes do Código de Processo Penal português e pretende implementar um exercício célere do poder-dever de punir estatal concomitantemente à manutenção das garantias processuais protetoras do acusado[78]. Ou seja, por meio de uma atividade negociada entre o órgão acusador e o imputado – em se tratando de procedimento que dependa de acusação particular, deverá ainda contar com a anuência da vítima –, será requerida a aplicação antecipada de uma punição não restritiva de liberdade[79].

---

legislador nacional, considerando la necesidad de una urgente reforma del proceso penal urugayo. *Revista do Ministério Público*, Lisboa, n. 106, p. 846, 2010.
[74] PALERMO, Pablo Galain. Formas de consenso que permiten la suspensión del proceso penal en Alemania y Portugal. Algunos lineamientos que podrían ser considerados por el legislador nacional, considerando la necesidad de una urgente reforma del proceso penal urugayo. *Revista do Ministério Público*, Lisboa, n. 106, p. 847, 2010.
[75] COSTA ANDRADE, Manuel da. *Bruscamente no verão passado, a reforma do Código de Processo Penal*: observações críticas sobre uma lei que podia e devia ter sido diferente. Coimbra: Coimbra, 2009, p. 75.
[76] CORREIA, João Conde. Concordância judicial à suspensão condicional do processo: equívocos que persistem. *Revista do Ministério Público*, Lisboa, n. 117, p. 101, 2007.
[77] TORRÃO, Fernando. *A relevância político-criminal da suspensão provisória do processo*. Lisboa: Almedina, 2000, p. 231-232.
[78] NOGUEIRA, Márcio Franklin. *Transação penal*. São Paulo: Malheiros, 2003, p. 100.
[79] FIDALGO, Sônia. O processo sumaríssimo na revisão do Código de Processo Penal. *Revista do Centro de Estudos Judiciários*, Lisboa, n. 9, p. 306-307, 2008.

Os requisitos que concedem a faculdade ao Ministério Público para formular o pedido de adoção do rito especial estão previstos no artigo 392 do Código de Processo Penal português: a) que a pena privativa de liberdade aplicada não seja superior a 03 (três) anos ou seja de multa; b) que o Ministério Público entenda que no caso concreto seja suficiente a aplicação apenas de pena de multa ou de uma medida diversa da privação de liberdade; e c) que haja concordância do arguido e, se necessário, da vítima.

Considerando a interpretação literal do dispositivo legal em questão, depreende-se que a adoção do procedimento especial depende de opção do Órgão Ministerial diante do caso apresentado. Se inadequadas ou insuficientes as possibilidades sancionatórias do rito simplificado, observando-se as finalidades de reprimir e de prevenir a criminalidade, o acusador poderá optar por prosseguir o feito de acordo com o rito ordinário. Entretanto, optando pela diversificação processual, deverá apresentar de forma fundamentada as razões pelas quais entende não dever ser aplicada qualquer medida detentiva ao acusado, assim como a medida alternativa indicada.

Em face da solicitação apresentada, caberá ao Juiz aceitar o requerimento e notificar o acusado para que se manifeste sobre a anuência à proposta, que gerará a aplicação da sanção proposta. Poderá, ainda, rejeitá-lo e reenviar o processo para seguir o rito considerado mais adequado ou, ainda, modificar a medida alternativa proposta pelo Ministério Público, que deverá manifestar sua concordância acerca da alteração[80].

Ao contrário do que propõe a suspensão provisória do processo, a adoção do procedimento sumaríssimo trata de verdadeira antecipação do juízo de valoração da culpabilidade do agente[81]. Assim, tem-se a avaliação do mérito da ação penal e a prolação de uma sentença condenatória, a qual, diversamente do rito ordinário, ocorrerá em um momento processual anterior e produzirá todos os efeitos de uma pena.

---

[80] SILVA, Germano Marques da. Bufos, infiltrados, provocadores e arrependidos. *Revista Direito e Justiça*, Lisboa, v. 8, p. 23-24,1994.
[81] GOMES, Luiz Flávio. Tendências político-criminais quanto à criminalidade de bagatela. *Revista Brasileira de Ciências Criminais*, São Paulo: RT, n. 12, p. 88-109, dez. 1992, p. 104.

Para além das previsões presentes no Código de Processo Penal, ainda é possível localizar outros instrumentos de justiça negociada criminal no ordenamento jurídico português. É o caso da colaboração processual, presente no Decreto-Lei n. 15/1993, destinado ao combate da criminalidade exercida no âmbito de grupos, organizações ou associações e desenvolvida por meio da contribuição de um agente envolvido nas ações ilícitas, que reconhece sua participação e atua no recolhimento de provas essenciais para identificar e responsabilizar os demais envolvidos. Como compensação, o acusado poderá se beneficiar com a elisão ou a atenuação da pena. A colaboração processual ainda é prevista na Lei n. 36/1994, que versa sobre combate à corrupção e à criminalidade econômico-financeira, tendo como prêmio a atenuação da pena diante da cooperação do agente. Nos mesmos moldes, o instituto consta da Lei n. 52/2003, a qual disciplina em Portugal o combate ao terrorismo.

Em qualquer das situações indicadas, "[...] há uma aplicação de pena a menor ao réu que, após cometer uma conduta reprovada, faz uma nova atuação conforme o direito, reforçando-o, o que justifica a diminuição da punição que poderia ser imposta"[82].

A análise da relevância das informações e das provas fornecidas pelo acusado será feita em momento posterior, cabendo ao magistrado realizar o juízo de valor no que tange ao reconhecimento da culpa, definir a pena a ser aplicada e aferir a voluntariedade do pacto[83]. No mais, o acordo de colaboração processual só surtirá efeitos na hipótese de a atuação do arguido ter efetivamente contribuído para investigar, avaliar e esclarecer a autoria do crime[84].

Por fim, merece menção a mediação penal de adultos, regulamentada pela Lei n. 21/2007, regida pelos princípios do consentimento informado (todos os envolvidos devem participar de livre e espontânea vontade); da confidencialidade (não havendo

---

[82] BRANDALISE, Rodrigo da Silva. *Justiça penal negociada*: negociação de sentença criminal e princípios processuais relevantes. Curitiba: Juruá, 2016, p.126.
[83] LEITE, Inês Ferreira. Arrependido: a colaboração processual do co-arguido na investigação criminal. *In*: (coord.) PALMA, Maria Fernanda; DIAS, Augusto Silva; MENDES, Paulo Sousa. *2º Congresso de Investigação Criminal*. Coimbra: Almedina, 2010, p. 393-394.
[84] RIVA, Carlo Ruga. *Il premio per la collaborazione processuale*. Milão: Giuffrè, 2002, p. 448.

êxito na conciliação, nenhum elemento debatido no âmbito consensual poderá ser utilizado posteriormente); da informalidade; e da pessoalidade (os envolvidos deverão comparecer pessoalmente a todos os atos conciliatórios)[85]. A principal característica da mediação penal portuguesa está na relação exigida entre a vítima e o ofensor, pautada pelo interesse de assumir a responsabilidade e de reparar o dano causado.

A aplicação dessa modalidade de consenso na justiça criminal só será permitida quando as ações penais dependam de queixa ou acusação particular e tiverem como objeto crimes contra a pessoa ou contra o patrimônio. Existe vedação expressa no art. 2º da lei lusitana, quando a pena aplicada for superior a 5 anos; o crime for contra a liberdade ou a autodeterminação sexual, em casos de peculato, de corrupção ou de tráfico de influência; quando o ofendido for menor de 16 anos; ou ainda se for possível adotar procedimento sumário ou sumaríssimo[86].

Na mediação penal, o ofendido renuncia ao direito de queixa diante da reparação do dano causado e do cumprimento de outras condições acordadas entre as partes, desde que distintas da privação de liberdade, não ofensivas à dignidade da pessoa do acusado e nem de duração superior a 6 meses[87].

Diversamente dos demais institutos de justiça penal consensual, a mediação não passa pelo crivo jurisdicional. O ente legitimado para aceitar o acordo firmado entre as partes é o Ministério Público[88] – titular da ação penal –, haja vista que a dinâmica negocial ocorre em fase pré-processual.

---

[85] MORÃO, Helena. Justiça restaurativa e crimes patrimoniais. In: PALMA, Maria Fernanda; SILVA DIAS, Augusto; SOUSA MENDES, Paulo. (coord.) *Direito penal econômico e financeiro*. Coimbra: Coimbra, 2012, p. 271-275.
[86] PIZZARRO DE ALMEIDA, Carlota. A mediação perante os objetivos do direito penal. In: PELIKAN, Christa; LÁZARO, Frederico Moyano Marques e João; VILALONGA, José Manuel et al. (coord.) *A introdução da mediação vítima – agressor no ordenamento jurídico português*. Colóquio da Faculdade de Direito da Universidade do Porto. Lisboa: Almedina, 2005, p. 396.
[87] BELEZA, Tereza Pizarro; MELO, Helena Pereira. *A mediação penal em Portugal*. Coimbra: Almedina, 2002, p. 97.
[88] PALERMO, Pablo Galain. Formas de consenso que permiten la suspensión del proceso penal en Alemania y Portugal. Algunos lineamientos que podrían ser considerados por el legislador nacional, considerando la necesidad de una urgente reforma del proceso penal uruguayo. *Revista do Ministério Público*, Lisboa, n. 106, p. 852-853, 2010.

2.2.3 Modelo espanhol

A partir de 1988, a Espanha modificou seu ordenamento jurídico penal e processual penal a fim de poder dispensar tratamento mais adequado às mais diversas formas de criminalidade: estabeleceu um rito abreviado para a persecução penal de agentes que praticaram condutas classificadas como de menor e de médio potencial ofensivo e um rito tradicional, destinado a apurar e a julgar delitos de maior gravidade[89]. Conforme observa Nicolás Rodriguez García[90], o objetivo, tal qual em outros países da Europa, era atingir um maior coeficiente de eficácia e de celeridade do sistema judiciário penal.

Tanto é verdade que, a despeito da existência de divergências jurisprudenciais e doutrinárias acerca da natureza jurídica da conformidade, prevalece que se trata de uma modalidade de autocomposição, uma vez que o integrante do polo passivo da demanda penal apenas aceita o pedido da parte adversa[91].

Com a instituição da figura da *conformidade* no rito diversificado, tanto o acusado quanto o seu defensor anuem com a aplicação da pena mais gravosa, introduzindo o conceito de consenso no processo penal espanhol. Cuida-se de declaração de vontade do réu – proferida voluntariamente, de maneira formal e vinculante –, no sentido de assumir responsabilidade pela prática do delito e consentir com a aplicação antecipada da pena mais gravosa constante das acusações formuladas[92], desde que esta não seja superior a 6 anos de privação de liberdade, em troca do encerramento do processo. Nota-se que, diante do início da ação penal determinado pelo seu titular – o Ministério Público –, o acusado se submeterá à prolação de uma sentença de mérito.

A manifestação unilateral do arguido, ratificada por seu defensor, será encaminhada ao juízo que proferirá a sentença. Este – caso entenda necessário – poderá aplicar uma pena mais

---

[89] GOMES, Luiz Flávio. *Suspensão condicional do processo*. São Paulo: RT, 1997, p. 60.
[90] GARCÍA, Nicolás Rodriguez. *La justicia penal negociada*. Experiencias de derecho comparado. Salamanca: Universidad de Salamanca, 1997, p. 107.
[91] GARCÍA, Nicolás Rodriguez. *La justicia penal negociada*. Experiencias de derecho comparado. Salamanca: Universidad de Salamanca, 1997, p. 97.
[92] GOMES, Luiz Flávio. Tendências político-criminais quanto à criminalidade de bagatela. *Revista Brasileira de Ciências Criminais*, São Paulo: RT, n. 12, p. 88-109, dez. 1992, p. 104.

branda do que aquela apontada pelo Ministério Público ou rejeitar a manifestação e determinar o prosseguimento do feito. Logo, não há que se falar na vinculação do juízo ao ajuste firmado entre as partes. A declaração de conformidade poderá ocorrer, em regra, em dois momentos processuais[93]: a) na apresentação da acusação provisória, por meio da propositura de peça processual defensiva; ou b) na sessão de julgamento, quando da abertura da sessão na qual é questionado sobre o desejo de confessar a culpa no delito praticado.

Além do benefício da brevidade da duração do processo, é possível elencar como vantagem para o arguido a obtenção de certeza quanto à sua situação em face da acusação e da pena a ser cumprida. Isso porque, no modelo jurisdicional espanhol, a acusação apresentada pelo *Parquet* no início da persecução penal pode ser modificada durante a fase instrutória, podendo resultar na alteração da qualificação dos atos e em uma reprimenda ainda mais severa no decorrer do processo[94]. Significa dizer que o acusado evita o risco de lhe ser imputado um crime mais grave e aplicada uma pena superior àquela possível no momento em que opta por manifestar sua conformidade com a acusação provisória.

Imperioso apontar que não existe nenhuma regulamentação formal a respeito da negociação em sede de declaração de conformidade. Assim, fica a critério dos operadores do direito a abertura de espaço para a conciliação[95]. A existência da previsão legal da manifestação de conformidade[96], seus pressupostos ou requisitos, apontam para uma inovação compositiva dentro da seara jurisdicional penal.

Em outra medida de justiça criminal negociada, o Código Penal espanhol prevê uma forma de colaboração processual nos arts. 376 e 579, n. 4. Verifica-se que no modelo da Espanha a contribuição premiada do investigado ou do acusado é limitada ao enfrentamento de formas específicas de criminalidade.

---

[93] NOGUEIRA, Márcio Franklin. *Transação penal*. São Paulo: Malheiros, 2003, p. 109.
[94] GARCÍA, Nicolás Rodriguez. *El consenso en el proceso penal español*. (ed.) José Maria Bosch SL. Barcelona, 1997, p. 119-121.
[95] GARCÍA, Nicolás Rodriguez. *El consenso en el proceso penal español*. (ed.) José Maria Bosch SL. Barcelona, 1997, p. 247.
[96] GOMES, Luiz Flávio. *Suspensão condicional do processo*. São Paulo: RT, 1997, p. 60; GARCÍA, Nicolás Rodriguez. *El consenso en el proceso penal español*. (ed.) José Maria Bosch SL. Barcelona, 1997, p. 74-75.

Com efeito, nos termos do art. 376, nos casos de tráfico de entorpecentes, em qualquer de suas formas previstas no Código Penal espanhol, ou nas hipóteses de terrorismo, como aponta o art. 579, n. 4, é possível reduzir a pena do agente que houver abandonado voluntariamente a prática de crimes e tiver, em contraponto, colaborado ativamente com as autoridades estatais para impedir a execução de novos delitos, para obter provas importantes para identificar ou capturar outros concorrentes ou, ainda, para impedir a atuação ou o desenvolvimento de organizações ou associações às quais o colaborador tenha pertencido ou de alguma forma colaborado.

2.2.4 Modelo estadunidense

O direito norte-americano tem servido como inspiração para diversos países que visam modificar seu sistema judicial penal, de forma a evitar o colapso de seus tribunais em razão da alta demanda, principalmente no que tange aos processos penais[97]. Assim, pode-se dizer que os Estados Unidos da América são o berço da justiça negocial criminal, uma vez que desde a introdução formal de mecanismos consensuais no ordenamento jurídico – em 1960, a maioria das condenações ocorrem como fruto de instrumentos de consenso entre a acusação e a defesa[98].

---

[97] NOGUEIRA, Márcio Franklin. *Transação penal*. São Paulo: Malheiros, 2003, p. 69.

[98] O maior número dessas declarações de culpa é consequência de acordos celebrados entre acusado e Ministério Público (*plea bargaining*), chegando a atingir um percentual superior a 90%. "[...] no ano de 1989, do total de 54.643 acusados, 44.524 foram condenados, sendo que 38.681 através das *pleas of guilty* e *nolo contedere*, o que representa o percentual de 86.87%. E, no ano de 1990, para um total de 56.519 acusados, ocorreram 46.725 condenações, sendo 40.452 através daquelas *pleas*, no percentual de 86.57%. Nos anos anteriores, este percentual nunca foi inferior a 80%, chegando a superar este percentual nos anos de 1964 (90.06%) e 1965 (90.14%)". NOGUEIRA, Márcio Franklin. *Transação penal*. São Paulo: Malheiros, 2003, p. 69-70. No mesmo sentido, Rodrigo da Silva Brandalise avalia: "[...] atualmente, a negociação da sentença criminal (*plea bargaining*) mostra-se como o mais frequente método de condenação do sistema americano, fulcrada em valores disponíveis para muitos casos sem julgamento, especialmente porque há a assunção de culpa, vontade de assumir a responsabilidade, equilíbrio entre tal assunção e os motivos correcionais, além de poder atenuar a rigidez estabelecida para as hipóteses de condenação, inclusive nas hipóteses de colaboração com a persecução". BRANDALISE, Rodrigo da Silva. *Justiça penal negociada*: negociação de sentença criminal e princípios processuais relevantes. Curitiba: Juruá, 2016, p. 64.

Nesse formato, o órgão acusador tem total discricionariedade sobre a ação penal, autonomia e liberdade para decidir sobre apresentar ou não a acusação, assim como todos os seus termos – qual o crime e a pena recomendada. Dessa feita, o Ministério Público tem poder de ingerência para solucionar o conflito penal por meio da chamada *plea bargaining*[99], na qual o acusado se declara culpado em troca de obter vantagens, dentre elas, reduzir a pena, excluir acusações, modificar a qualificação dos fatos, recomendar abrandamento ao juízo ou determinar a respeito do tipo de estabelecimento penal no qual deverá ser cumprida a pena[100].

Merece destaque o fato de que, apesar dos esforços da Suprema Corte e do Congresso em regulamentar os procedimentos de declaração de culpa[101], não há uma uniformidade acerca da sua aplicação, quer seja por conta das visões diferenciadas entre os operadores do direito estadunidenses, quer seja pela existência de diversos ordenamentos jurídicos penais e processuais penais pelo país, já que cada estado norte-americano tem sua própria legislação[102]. Ainda assim, as negociações ocorrerão exclusivamente entre o Promotor e o Defesa, não havendo qualquer interferência judicial nesse momento. A Corte tem como função no *plea bargaining* apenas validar o acordo[103].

---

[99] Diversos autores se prestaram a definir o *plea bargaining*. Luís Alfredo Diego Díez assegura: "[...] es el acto del reo mediante el cual, manifestando su conformidad con los cargos que se le imputan, renuncia a su derecho al juicio oral y perde voluntariamente la posibilidad que los causes procesuales le oferecen de ser absuelto". DÍEZ, Luís Alfredo Diego. *Justicia criminal consensuada* (algunos modelos del derecho comparado en los EEUU, Italia y Portugal). Servicio de Publicaciones Universidad de Cadiz, 1999, p. 35. Por sua vez, Nicolás Rodriguez García se refere a ele como "[...] el proceso de negociación que conlleva discusiones entre la acusación y la defensa em orden a obtener um acuerdo por el cual el acusado se declarará culpable, evitando así la celebración del juicio, a cambio de uma redución en los cargos o de una recomendación por parte del Ministerio Público". GARCÍA, Nicolás Rodriguez. *La justicia penal negociada*: experiencias de derecho comparado. Salamanca: Universidade de Salamanca, Salamanca, 1997, p. 116-117. Nas palavras de Paul Bergman e Sara Berman-Barret: "[…] plea bargaining is an agreement between the defense and the prosecutor in which the defendant agrees to plead guilty or no contest in exchange for an agreement by the prosecution to drop some charges, reduce a charge to a less serious charge or recommend to the judge a specific sentence acceptable to the defense". BERGMAN, Paul; BERMAN-BARRET, Sara. *The criminal lawhandbook*. New York: Nolo, 2000, p. 20-23.

[100] NOGUEIRA, Márcio Franklin. *Transação penal*. São Paulo: Malheiros, 2003, p. 76-77.

[101] SUBIN, Harry I.; MIRSKY, Chester L.; WEINSTEIN, Ian. *The criminal process* – prosecution and defense functions. Saint Paul, Minnesota: West Group, 1993, p. 131.

[102] GARCÍA, Nicolás Rodriguez. *La justicia penal negociada* – experiencias de derecho comparado. Salamanca: Universidade Salamanca, 1997, p. 27.

[103] SUBIN, Harry I.; MIRSKY, Chester L.; WEINSTEIN, Ian. *The criminal process* – prosecution and defense functions. Saint Paul, Minnesota: West Group, 1993, p. 131. GARCÍA, Nicolás

Das tratativas entre o acusador e o acusado podem resultar 3 resultados diversos: a) a declaração de inocência; b) a declaração de *nolo contedere*; e c) a declaração de culpa. Na primeira conjectura, o arguido não aceita nenhuma proposta feita pelo Representante Ministerial e nem assume qualquer responsabilidade pelos fatos que lhe são imputados; por isso, terá início o processo penal no *the due process model*, de embate entre as partes[104] – quer seja com a formação de um Júri ou com a opção pelo julgamento por um Juiz unipessoal[105].

Por sua vez, no segundo cenário, o réu se abstém de contestar as acusações formuladas contra si; ele não confessa a prática do crime ou mesmo assume qualquer tipo de responsabilidade explicitamente, apenas renuncia ao seu direito a um julgamento com produção de material probatório e permite que lhe seja aplicada a sanção pelo órgão jurisdicional[106]. Nesse cenário, o arguido também renuncia ao direito de apresentar recurso às Cortes Superiores.

Por fim, havendo a manifestação do acusado no sentido de se declarar culpado, sua declaração deverá ser objeto de análise por um Juiz quanto à veracidade e à voluntariedade[107], que, ao considerá-la livre de coação, confirmando o pleno entendimento das consequências e do significado da declaração por parte do acusado, fixará data para prolatar a sentença e fixar a pena[108]. Por estar sujeito a controle judicial, salienta-se que existem possibilidades de o acordo não ser validado pela Corte: não estando presentes os requisitos necessários (voluntariedade, pleno entendimento do alcance e das consequências do instituto e exatidão da declaração)[109] ou em desacordo com a

---

Rodriguez. *La justicia penal negociada* – experiencias de derecho comparado. Salamanca: Universidad Salamanca, 1997, p. 133-134.

[104] SUBIN, Harry I.; MIRSKY, Chester L.; WEINSTEIN, Ian. *The criminal process* – prosecution and defense functions. Saint Paul, Minnesota: West Group, 1993, p. 66.

[105] DÍEZ, Luís Alfredo Diego. *Justicia criminal consensuada* (algunos modelos del derecho comparado en los EEUU, Italia y Portugal). Servicio de Publicaciones Universidad de Cadiz, 1999, p. 39.

[106] DÍEZ, Luís Alfredo Diego. *Justicia criminal consensuada* (algunos modelos del derecho comparado en los EEUU, Italia y Portugal). Servicio de Publicaciones Universidad de Cadiz, 1999, p. 40.

[107] GARCÍA, Nicolás Rodriguez. *El consenso en el proceso penal español*. (ed.) José Maria Bosch SL. Barcelona, 1997, p. 43.

[108] SILVA, Marco Antonio Marques da. Organização da justiça norte-americana: o procedimento penal. *Revista dos Tribunais*, São Paulo, n. 736, p. 452, 1997.

[109] SUBIN, Harry I.; MIRSKY, Chester L.; WEINSTEIN, Ian. *The criminal process* – prosecution and defense functions. Minnesota: West Group. St. Paul, 1993, p. 132.

sentença recomendada, a Corte poderá rejeitar a declaração de culpa ou aplicar pena diversa daquela acordada, ainda que mais severa.

Mencionada declaração de culpa importa na abnegação do direito de não depor contra si, de inquirir e contraditar as testemunhas de acusação e de ser julgado por um grupo de jurados não togados[110].

O modelo de *plea bargaining* tem enfrentado críticas nos Estados Unidos, levando a movimentos que defendem sua abolição total ou parcial, ou ao menos que se proceda a uma ampla regulamentação, sugerindo-se maior intervenção e participação judicial nas negociações e proteção dos arguidos em prisão preventiva, conforme indicado por Pedro Soares de Albergaria[111].

É induvidoso, diante do breve apanhado acerca do *plea bargaining* acima desenhado, que em cenário de *common law* existe imensa discricionariedade do *prosecutor* para a barganha e o encerramento da demanda penal, tornando-se "[...] senhor indiscutível e primeiro da *plea bargaining*"[112].

Ao lado dela, apontam-se as *immunities*, instituto de justiça criminal negocial que se aproxima da colaboração premiada. Como instrumento de contribuição processual, a colaboração do investigado no modelo norte-americano pode ensejar contrapartida do Estado, de modo a se afastar a dedução da pretensão de punir em juízo por meio de instrumentos também usados em *plea bargaining*, como o *nolle prosequi, offering no evidence*. A imunidade pode ser total, chamada de *transactional immunity*, ou parcial, a *use immunity*. Na primeira hipótese, a imunidade traduz verdadeira isenção do processo e tem *status* de coisa julgada, na segunda, o colaborador pode ser processado pelos crimes cometidos desde que o conteúdo da colaboração não seja usado como prova apta a incriminá-lo[113].

Por fim, o sistema estadunidense estabelece as *statutory imunities* e a *bargaining for testimonial*. As *statutories* são imunidades

---

[110] CLEAVELAND, Kimberlee A. Criminal procedure project – guilty pleas. Twenty-eight annual review of criminal procedure. *The Georgetown Law Journal*, n. 5, p. 1.433, 1999.
[111] ALBERGARIA, Pedro Soares. *Plea bargaining*: aproximação à justiça negociada nos E.U.A. Coimbra: Almedina, 2007, p. 129-141.
[112] ALBERGARIA, Pedro Soares. *Plea bargaining*: aproximação à justiça negociada nos E.U.A. Coimbra: Almedina, 2007, p. 33.
[113] COSTA, Leonardo Dantas. *Delação premiada*: atuação do Estado e a relevância da voluntariedade do colaborador com a Justiça. Curitiba: Juruá, 2017, p. 52-54.

estabelecidas na própria lei. A *bargaining for testimonial* consiste na contribuição do investigado capaz de gerar uma atenuação da pena e, muitas vezes, implica renúncia ao direito de contestar determinados capítulos da imputação[114].

2.3 Direito convencional

O sistema de justiça penal negocial está inserido no ideal de processo penal funcional, ou seja, aquele que não descura da sua função primária de garantia, mas se aproxima dos objetivos de maior eficiência e funcionalidade ao estreitar os laços entre o processo penal e a política criminal[115].

A Lei n. 9.099/1995 inaugura no ordenamento jurídico brasileiro o modelo de processo penal funcional, no qual, antes de se dar prioridade à repressão pura e simples da delinquência, busca-se implementar uma política criminal inclinada para prevenir a criminalidade[116].

A Lei dos Juizados Especiais Criminais atendeu às diretrizes estabelecidas pelas Regras de Tóquio, as quais integram a Resolução n. 45/110 da Organização das Nações Unidas, aprovadas em assembleia geral aos 14 de dezembro de 1990. De acordo com as referências, apontam-se regras mínimas para a elaboração de medidas não privativas de liberdade e garantias mínimas às pessoas a elas submetidas[117]. Especificamente no item 5.1[118], as regras em comento prescrevem a possiblidade de os órgãos de persecução

---

[114] COSTA, Leonardo Dantas. *Delação premiada*: atuação do Estado e a relevância da voluntariedade do colaborador com a Justiça. Curitiba: Juruá, 2017, p. 54.
[115] FERNANDES, Fernando. *O processo penal como instrumento de política criminal*. Coimbra: Almedina, 2001, p. 53.
[116] FERNANDES, Fernando. *O processo penal como instrumento de política criminal*. Coimbra: Almedina, 2001, p. 54.
[117] Disponível em: https://www.cnj.jus.br/wp-content/uploads/2019/09/6ab7922434499259ffca0729122b2d38-2.pdf. Acesso em: 30 out. 2020.
[118] "Sempre que adequado e compatível com o sistema jurídico, a polícia, o Ministério Público ou outros serviços encarregados da justiça criminal podem retirar os procedimentos contra o infrator se considerarem que não é necessário recorrer a um processo judicial com vistas à proteção da sociedade, à prevenção do crime ou à promoção do respeito pela lei ou pelos direitos das vítimas. Para a decisão sobre a adequação da retirada ou determinação dos procedimentos deve-se desenvolver um conjunto de critérios estabelecidos dentro de cada sistema legal. Para infrações menores, o promotor pode impor medidas não privativas de liberdade, se apropriado" (ONU. *Resolução n. 45/110*. Regras aprovadas em Assembleia Geral aos 14 de dezembro de 1990).

penal evitarem a judicialização de demandas criminais de acordo com os critérios fixados em lei.

As bases legais, portanto, na esteira das anotadas diretrizes internacionais, foram lançadas com a entrada em vigor das medidas despenalizadoras estabelecidas na Lei n. 9.099/1995, as quais serão detalhadas no capítulo seguinte. Recentemente, a Lei n. 13.964/2019 inovou ao instituir no Brasil o acordo de não persecução penal, ferramenta de justiça criminal negocial também apta a impedir a judicialização do problema criminal, na esteira das orientações traçadas pela Assembleia Geral das Nações Unidas.

Além das Regras de Tóquio, o Estado brasileiro se comprometeu a instituir ferramentas de investigação inseridas em espaços de consenso nas Convenções de Palermo e de Mérida.

A primeira, que abriga a Convenção das Nações Unidas contra o Crime Organizado Transnacional, completou o processo de internalização com a publicação do Decreto n. 5.015, de 12 de março de 2004. No art. 26 do diploma internacional, os seus signatários se comprometem a tomar as medidas adequadas para encorajar as pessoas ligadas a organizações criminosas a colaborarem com o sistema de justiça criminal em troca de diminuição de pena ou mesmo de imunidade[119]. Embora já houvesse no Brasil referências legais à colaboração premiada antes do ingresso da Convenção de

---

[119] BRASIL. *Decreto n. 5.015, de 12 de março de 2004*. Art. 26. 1. Cada Estado Parte tomará as medidas adequadas para encorajar as pessoas que participem ou tenham participado em grupos criminosos organizados: a) A fornecerem informações úteis às autoridades competentes para efeitos de investigação e produção de provas, nomeadamente i) A identidade, natureza, composição, estrutura, localização ou atividades dos grupos criminosos organizados; ii) As conexões, inclusive conexões internacionais, com outros grupos criminosos organizados; iii) As infrações que os grupos criminosos organizados praticaram ou poderão vir a praticar; b) A prestarem ajuda efetiva e concreta às autoridades competentes, susceptível de contribuir para privar os grupos criminosos organizados dos seus recursos ou do produto do crime. 2. Cada Estado Parte poderá considerar a possibilidade, nos casos pertinentes, de reduzir a pena de que é passível um argüido que coopere de forma substancial na investigação ou no julgamento dos autores de uma infração prevista na presente Convenção. 3. Cada Estado Parte poderá considerar a possibilidade, em conformidade com os princípios fundamentais do seu ordenamento jurídico interno, de conceder imunidade a uma pessoa que coopere de forma substancial na investigação ou no julgamento dos autores de uma infração prevista na presente Convenção. 4. A proteção destas pessoas será assegurada nos termos do Art. 24 da presente Convenção. 5. Quando uma das pessoas referidas no parágrafo 1 do presente Artigo se encontre num Estado Parte e possa prestar uma cooperação substancial às autoridades competentes de outro Estado Parte, os Estados Partes em questão poderão considerar a celebração de acordos, em conformidade com o seu direito interno, relativos à eventual concessão, pelo outro Estado Parte, do tratamento descrito nos parágrafos 2 e 3 do presente Artigo.

Palermo como norma jurídica interna, suas diretrizes foram observadas – como de fato deveriam ter sido – na estruturação da anotada ferramenta no âmbito da lei específica de repressão à criminalidade organizada (Lei n. 12.850/2013).

Por seu turno, a Convenção de Mérida ou Convenção das Nações Unidas contra a Corrupção ingressou no ordenamento brasileiro com a publicação do Decreto n. 5.687, aos 31 de janeiro de 2006. Assim como assumido por meio da Convenção de Palermo, no art. 37 do Acordo de Mérida, o Brasil se comprometeu a entabular as medidas necessárias para fomentar a contribuição probatória para apurar os crimes atrelados ao combate à corrupção e sinalizados na referida Convenção, ampliando o compromisso do Estado brasileiro na implementação de colaboração premiada, com a diminuição de pena ou mesmo a imunidade penal dos envolvidos em delitos dessa natureza que efetivamente colaborem com o sistema de justiça criminal[120].

2.4 Sistema penal negocial brasileiro

2.4.1 Transação penal e composição civil dos danos

Na língua portuguesa, "transação" se define como "convenção, ajuste, concerto, composição" ou, ainda, "ato ou efeito de transigir, ato pelo qual se transige". De outro lado, no plano jurídico, a

---

[120] BRASIL. *Decreto n. 5.687, aos 31 de janeiro de 2006*. Art. 37. 1. Cada Estado Parte adotará as medidas apropriadas para restabelecer as pessoas que participem ou que tenham participado na prática dos delitos qualificados de acordo com a presente Convenção que proporcionem às autoridades competentes informação útil com fins investigativos e probatórios e as que lhes prestem ajuda efetiva e concreta que possa contribuir a privar os criminosos do produto do delito, assim como recuperar esse produto. 2. Cada Estado Parte considerará a possibilidade de prever, em casos apropriados, a mitigação de pena de toda pessoa acusada que preste cooperação substancial à investigação ou ao indiciamento dos delitos qualificados de acordo com a presente Convenção. 3. Cada Estado parte considerará a possibilidade de prever, em conformidade com os princípios fundamentais da sua legislação interna, a concessão de imunidade judicial a toda pessoa que preste cooperação substancial na investigação ou no indiciamento dos delitos qualificados de acordo com a presente Convenção. 4. A proteção dessas pessoas será, *mutatis mutandis*, a prevista no Art. 32 da presente Convenção. 5. Quando as pessoas mencionadas no parágrafo 1 do presente Artigo se encontrem em um Estado Parte e possam prestar cooperação substancial às autoridades competentes de outro Estado Parte, os Estados Partes interessados poderão considerar a possibilidade de celebrar acordos ou tratados, em conformidade com sua legislação interna, a respeito da eventual concessão, por esse Estado Parte, do trato previsto nos parágrafos 2 e 3 do presente Artigo.

expressão transação tem contornos mais precisos no que diz respeito aos negócios jurídicos realizados na esfera do direito civil. Em primeira medida, trata-se de instituto típico da área cível. Não obstante essa natureza originária, por força da Lei n. 9.099/1995, a transação foi transplantada para a esfera criminal com características e singularidades específicas.

Em direito penal, transação em sentido estrito é um negócio jurídico previsto no art. 76 da Lei n. 9.099/1995, por meio do qual o Ministério Público e o autor do fato têm a oportunidade de, consensualmente, encerrar o conflito iniciado pela ocorrência de fato tipificado no ordenamento jurídico e considerado infração de menor potencial ofensivo. A solução penal acontece por meio de uma proposta que exclui a aplicação de qualquer espécie de pena privativa de liberdade e obriga o averiguado a cumprir condições previstas como penas alternativas, incluindo-se, se o caso, a multa.

Aceitos os termos apresentados, o arguido tem, como contrapartida, a suspensão do procedimento penal durante o período estipulado para adimplir compromissos por ele assumidos no acordo. Nesse compasso, é inerente à transação penal que o suposto autor dos fatos não assume qualquer responsabilidade. Assim como ele não assume a autoria, também não a refuta. Desse modo, o acordo de transação penal não deve constar dos registros de antecedentes do averiguado e não pode ser utilizado como elemento para caracterizar maus antecedentes. Nas palavras de Diogo Restani[121], a decisão que homologa a transação penal pactuada entre as partes "[...] não produz efeitos condenatórios, nem absolutórios, pois não há exame meritório da conduta atribuída ao autor do fato". Também não há que se falar em efeitos civis gerados pelo acordo firmado – se houver interesse por parte de particular em propor ação cível, esta deverá ser ajuizada de maneira independente e não relacionada.

Referido ato só pode ser proposto pelo Órgão Ministerial se presentes os requisitos autorizadores, dentre os quais o não arquivamento do procedimento investigatório, por certo, nas hipóteses em que não se revelar a justa causa para persecução penal. Assim, cabe alertar que a transação penal não é medida alternativa

---

[121] RESTANI, Diogo Alexandre. *Juizados especiais criminais*. Leme: Jhmizuno, 2019, p. 49.

ao arquivamento do termo circunstanciado, mas medida cabível quando ele não ocorrer[122].

A despeito de o oferecimento do acordo ser ato de atribuição do Ministério Público – ao menos nas ações penais de natureza pública –, o ajuste deve ser chancelado e aplicado pelo Juiz, que também é responsável por acompanhar a realização dos termos pactuados. Significa dizer que, em se tratando de ação penal pública condicionada à representação da vítima, esta não terá qualquer poder de condução no oferecimento da transação; a ação penal é de natureza pública, ainda que dependa de condição de procedibilidade[123].

De lado a exigência de enquadramento do ilícito cometido à definição de infração penal de menor potencial ofensivo, nos termos do art. 61 da Lei n. 9.099/1995[124], o agente não poderá se beneficiar da transação quando: a) tiver sido condenado, pela prática de crime, à pena privativa de liberdade, por sentença definitiva; b) tiver sido beneficiado anteriormente, no prazo de 5 anos, com a aplicação de pena restritiva de direitos ou de multa, em transação penal; c) a medida não for considerada necessária e suficiente por conta dos antecedentes, da conduta social e da personalidade do agente, como também dos motivos e das circunstâncias da infração.

Presentes os critérios autorizadores, o Órgão Ministerial está autorizado a propor o ajuste. Apresentados os termos de forma clara, o autor – com o auxílio e a assessoria de seu defensor técnico – poderá optar por aceitar a proposta formulada. Em caso positivo, caberá ao

---

[122] Nesse sentido, os ensinamentos de Ada Pellegrini Grinover: "A proposta de transação penal não é alternativa ao pedido de arquivamento, mas algo que pode ocorrer somente nas hipóteses em que o Ministério Público entenda deva o processo penal ser instaurado". GRINOVER, Ada Pellegrini; GOMES FILHO, Antonio Magalhães; FERNANDES, Antonio Scarance; GOMES, Luiz Flávio. *Juizados especiais criminais*. 5. ed. São Paulo: RT, 2005, p. 130. Na mesma linha: "[...] o promotor de justiça só poderá propor o acordo, repita-se, após a sua convicção da viabilidade da propositura da ação penal, com elementos embasadores de legitimidade de movimentação da jurisdição penal, adquiridos na própria audiência preliminar, dentro da própria dinâmica dos fatos, através do termo circunstanciado e do contato mantido com a vítima". *In*: SOUZA NETTO, José Laurindo de Souza. *Processo penal*: modificações da Lei dos Juizados Especiais Criminais. Curitiba: Juruá, 1999, p. 74.
[123] NOGUEIRA, Márcio Franklin. *Transação penal*. São Paulo: Malheiros, 2003, p. 160.
[124] BRASIL. *Lei n. 9.099/1995*, Art. 61. Consideram-se infrações penais de menor potencial ofensivo, para os efeitos desta Lei, as contravenções penais e os crimes a que a lei comine pena máxima não superior a 2 (dois) anos, cumulada ou não com multa.

Juiz, no papel de fiscal da legalidade e da voluntariedade do acordo, examinar a homologação, estabelecendo as penas restritivas de direito ou de multa, que poderá ser reduzida até a metade. Como se pode constatar, de lado a necessidade de representação nos termos da lei penal, o papel da vítima é secundário nos acordos de transação penal ambientados em ação penal pública.

Por outro lado, discute-se acerca da possibilidade de o particular oferecer transação penal nos casos de crimes de ação penal privada. Atualmente, admite-se essa possibilidade, na medida em que, se o particular tem o direito de deduzir a pretensão em juízo e, por conseguinte, de perseguir a aplicação de pena privativa de liberdade, adotando-se o rito comum, com mais razão deve ter a prerrogativa de propor a aplicação de pena restritiva de direitos ou de multa de forma antecipada. Nesse sentido, o Enunciado n. 26 do VI Encontro Nacional de Coordenadoria de Juizados Especiais Cíveis e Criminais[125] e o entendimento da 11ª Comissão Nacional da Escola Superior da Magistratura[126]. Assim, fracassada a tentativa de acordo civil[127], a vítima poderá propor a transação penal, cenário em que o Ministério Público intervém como fiscal da lei[128].

Apresentados os termos do ajuste, o arguido deve manifestar vontade inequívoca de a ele aderir, além de declarar ciência

---

[125] Enunciado n. 26, do VI Encontro Nacional de Coordenadoria de Juizados Especiais Cíveis e Criminais: "Cabe transação e suspensão condicional do processo também na ação penal privada".

[126] Entendimento da 11ª Comissão Nacional da Escola Superior da Magistratura: "O disposto no art. 76 abrange os casos de ação penal privada". No mesmo sentido, tem-se a decisão da 5ª Turma do STJ, publicada no DJU, 22-11-1999, p.164, ao apreciar o *habeas corpus* n. 8.480-SP.

[127] BRASIL. *Lei n. 9.099/1995*. Art. 74. A composição dos danos civis será reduzida a escrito e, homologada pelo Juiz mediante sentença irrecorrível, terá eficácia de título a ser executado no juízo civil competente. Parágrafo único. Tratando-se de ação penal de iniciativa privada ou de ação penal pública condicionada à representação, o acordo homologado acarreta a renúncia ao direito de queixa ou representação.

[128] Defendem esse posicionamento: GRINOVER, Ada Pellegrini; FILHO, Antonio Magalhães Gomes; FERNANDES, Antonio Scarance; GOMES, Luiz Flávio. *Juizados especiais criminais*. 2. ed. São Paulo: RT, 1997, p. 244-245; BARBIERO, Louri Geraldo. Na ação penal privada cabe a suspensão condicional do processo. *Boletim do IBCCrim*, São Paulo, n. 64, p. 235-236, mar. 1998; GOMES, Luiz Flávio. *Suspensão condicional do processo*. São Paulo: RT, 1997, p. 11; LEWANDOWSKI, Ricardo. Admissibilidade da suspensão condicional do processo na ação penal privada. *Revista dos Tribunais* n. 742, São Paulo: RT, 1998, p. 463-465. Em dissonância: ANTUNES, José Luiz. Lei 9.099/1995 – aplicabilidade do *sursis* processual nos crimes contra a honra. *Boletim do IBCCrim*, São Paulo, n. 39, p. 7, mar. 1996; JESUS, Damásio Evangelista de. *Lei dos Juizados Especiais Criminais anotada*. São Paulo: Saraiva, 2003, p.106; MIRABETE, Júlio Fabbrini. *Juizados Especiais Criminais*. São Paulo: Atlas, 1998, p. 88.

das consequências advindas do seu aceite e de um eventual descumprimento das condições. Apesar da imprescindível presença de um defensor, a aceitação é um ato personalíssimo[129] e, portanto, o suposto autor dos fatos não pode ser substituído por procuradores. A justificativa reside no fato de que o agente "[...] estará transigindo com a sua liberdade, que passará a sofrer restrições. A autodisciplina e o senso de responsabilidade, que fundamentam a transação, exigem o comportamento moral e emocional do autor"[130]. Caso contrário – havendo recusa em submeter-se às condições da transação –, o indigitado autor deve ser demandado via processo penal tradicional, ressalvada razão superveniente que possa conduzir o titular da ação penal a arquivar o termo circunstanciado.

De outro lado, no caso de aceitação, o autor beneficiado deve se sujeitar ao controle jurisdicional do adimplemento das medidas alternativas assumidas. Na hipótese de descumprimento dos termos pactuados, a rescisão da avença implicará o ajuizamento de ação penal em seu desfavor[131]. Na medida em que não há regulamentação legal a respeito das consequências do inadimplemento do acordo pelo beneficiário, há quem sustente, em sentido oposto ao anotado, que a rescisão deveria dar ensejo à conversão das sanções alternativas convencionadas em pena privativa de liberdade[132].

---

[129] Eis o entendimento de Ada Pellegrini Grinover: "[...] A manifestação de vontade do autor do fato é personalíssima, voluntária, absoluta, formal, vinculante e tecnicamente assistida". GRINOVER, Ada Pellegrini; GOMES FILHO, Antonio Magalhães; FERNANDES, Antonio Scarance; GOMES, Luiz Flávio. *Juizados especiais criminais*. 5. ed. São Paulo: RT, 2005, p. 140.

[130] BITENCOURT, Cézar Roberto. *Novas penas alternativas*. São Paulo: Saraiva, 1999, p. 543.

[131] "[...] Conclui-se que a sentença que aplica medida ajustada em sede de transação penal, a exemplo daquela que estabelece as condições de cumprimento do sursis, é sentença processual de natureza interlocutória mista, ou com força de definitiva, que encerra uma etapa do procedimento, sem julgamento do mérito da causa, e sem a produção dos efeitos da coisa julgada material. Por consequência, o não cumprimento da medida ajustada consensualmente em sede de transação penal e estabelecida condicionalmente por sentença enseja a denúncia, a partir da fase em que se encontrava". SOUZA NETTO, José Laurindo de. *Processo penal* – modificações da Lei dos Juizados Especiais Criminais. Curitiba: Juruá, 1999, p. 183. Também a Súmula Vinculante n. 35 do Supremo Tribunal Federal: "A homologação da transação penal prevista no art. 76 da Lei 9.099/1995 não faz coisa julgada material e, descumpridas suas cláusulas, retoma-se a situação anterior, possibilitando-se ao Ministério Público a continuidade da persecução penal mediante oferecimento de denúncia ou requisição de inquérito policial".

[132] Ada Pellegrini Grinover *et al.* sustentam que neste caso a pena restritiva de direitos deve ser convertida em pena privativa de liberdade, ainda que o art. 5º, LIV, da Constituição Federal, estabeleça que "ninguém será privado da liberdade [...] sem o devido processo legal". Referida afirmação encontraria respaldo na própria Carta Magna que em seu art.

De outro lado, em caso de cumprimento integral dos termos do acordo de transação penal, o Juiz deve declarar a extinção da punibilidade do autor, por analogia ao disposto no art. 89, §5º, da Lei n. 9.099/1995[133].

Ao lado da transação penal, a composição civil dos danos foi inserida na Lei n. 9.099/1995 com importantes reflexos penais, no que tange às ações penais privadas e às ações penais públicas condicionadas à representação do ofendido. De acordo com o desenho jurídico na composição civil, inserido no art. 74, *caput*[134], e parágrafo único[135], da Lei dos Juizados Especiais Criminais, o acordo de reparação dos prejuízos causados entre autor do fato e vítima ou seu representante implica renúncia do direito de deduzir queixa-crime ou representação.

Trata-se, portanto, de pressuposto negativo para o prosseguimento da *persecutio criminis* que se traduzirá, na etapa seguinte, em proposta de transação penal pelo órgão acusador, se adimplidos os requisitos legais. A renúncia ao direito de queixa ou de representação acarreta a extinção da punibilidade do autor, por aplicação do art. 107, V, do Código Penal[136]. Ainda que a disposição citada se refira especificamente às situações de extinção da punibilidade por força de renúncia apenas do direito de queixa, é amplamente aceito que a

---

98, I, estipulou que regras especiais devem prevalecer sobre regras gerais, como no caso da transação penal. GRINOVER, Ada Pellegrini; GOMES FILHO, Antonio Magalhães; FERNANDES, Antonio Scarance; GOMES, Luiz Flávio. *Juizados especiais criminais*. 5. ed. São Paulo: RT, 2005, p. 190. No mesmo sentido, a opinião de Cézar Roberto Bittencourt: "[...] as sanções alternativas aplicadas precisam de força coercitiva. E para isso nada melhor do que a previsão da possibilidade de convertê-las em pena privativa de liberdade, representando a espada de Dámocles pairando sobre a cabeça do beneficiado. A finalidade da conversão, em outras palavras, é garantir o êxito das penas alternativas – preventivamente com a ameaça da pena privativa de liberdade e repressivamente com a efetiva conversão no caso concreto". BITENCOURT, Cézar Roberto. *Manual de direito penal* – parte geral. v. 1. São Paulo: Saraiva, 2000, p. 554.

[133] BRASIL. *Lei n. 9.099/1995*. Art. 89, §5º. Expirado o prazo sem revogação, o Juiz declarará extinta a punibilidade.

[134] BRASIL. *Lei n. 9.099/1995*. Art. 74. A composição dos danos civis será reduzida a escrito e, homologada pelo Juiz mediante sentença irrecorrível, terá eficácia de título a ser executado no juízo civil competente.

[135] BRASIL. *Lei n. 9.099/1995*. Art. 74. Parágrafo único. Tratando-se de ação penal de iniciativa privada ou de ação penal pública condicionada à representação, o acordo homologado acarreta a renúncia ao direito de queixa ou representação.

[136] BRASIL. *Código Penal (1940)*. Art. 107. Extingue-se a punibilidade: [...] V – pela renúncia do direito de queixa ou pelo perdão aceito, nos crimes de ação privada.

hipótese se aplica por analogia às condições de renúncia ao direito de representação por força de lei.

Nos casos de infrações de menor potencial ofensivo persequíveis por meio de ação penal pública incondicionada ou condicionada à requisição do Ministro da Justiça, a composição civil dos danos não impede o prosseguimento da persecução penal, mas, em qualquer situação, o acordo homologado forma título executivo judicial apto a ser executado na esfera cível.

Vale lembrar, conforme as lições de Pedro Henrique Demercian e de Jorge Assaf Maluly, que a extinção da punibilidade referida decorre apenas da homologação do acordo e não do seu efetivo cumprimento, restando ao detentor do título judicial a sua execução em caso de inadimplemento. De outro lado, eventual composição obtida extrajudicialmente ou mesmo por via judicial, mas em outro feito, também deve ter como consequência extinguir a punibilidade do autor do fato. Isso porque a Lei dos Juizados Especiais Criminais atribui especial relevância ao papel da vítima e à reparação do dano sofrido, sem se descurar do postulado da informalidade[137]. Urge pontuar, em reforço, que o diploma legal em testilha é expresso ao sinalizar que a busca pela reparação dos danos sofridos pela vítima é objetivo premente dos Juizados Criminais[138], de maneira que a interpretação sistemática deve buscar fomentar o ajuste reparatório, e não o contrário.

2.4.2 Suspensão condicional do processo

Além do instituto da transação penal, a Lei n. 9.099/1995 introduziu no ordenamento jurídico, especificamente em seu art. 89, outra ferramenta de justiça penal negociada: a suspensão condicional do processo. Consiste ela na paralisação do processo diante do cumprimento de condições pactuadas entre o Ministério

---

[137] DEMERCIAN, Pedro Henrique; MALULY, Jorge Assaf. *Curso de processo penal*. 8. ed. São Paulo: Atlas, 2012, p. 423-425.
[138] BRASIL. *Lei n. 9.099/1995*. Art. 62. O processo perante o Juizado Especial orientar-se-á pelos critérios da oralidade, simplicidade, informalidade, economia processual e celeridade, objetivando, sempre que possível, a reparação dos danos sofridos pela vítima e a aplicação de pena não privativa de liberdade.

Público e o denunciado. Caso o último adimpla na totalidade as injunções negociadas durante o período de prova, será beneficiado com o reconhecimento e a declaração de extinção da punibilidade.

Uma vez mais, por meio da suspensão condicional do processo se abre caminho para uma rápida atuação do Estado na solução de infrações penais de reduzido potencial ofensivo, evidenciando-se benefício para ambas as partes envolvidas no processo: a celeridade no funcionamento do sistema penal e sua eficácia no que tange à resposta estatal em face de um comportamento tido como reprovável e ilícito, além da não submissão do denunciado à possível pena privativa de liberdade.

Nos termos da legislação contemplada, para a concessão do benefício da suspensão condicional do processo é indispensável o preenchimento dos seguintes requisitos: a) se tratar de crimes cuja pena mínima cominada seja igual ou inferior a um ano; b) que o acusado não esteja sendo processado ou não tenha sido condenado por outro crime; c) não ser o condenado reincidente em crime doloso; d) a culpabilidade, os antecedentes, a conduta social e a personalidade do agente, bem como os motivos e as circunstâncias autorizem a concessão do benefício; e) não seja indicada ou cabível a conversão da pena privativa de liberdade em restritiva de direito, nos moldes do art. 44 do Código Penal.

Diante da presença dos requisitos taxativamente elencados na Lei n. 9.099/1995, compete ao Ministério Público avaliar o cabimento do benefício ora analisado, não só por causa das condicionantes inseridas no art. 89 da Lei dos Juizados Especiais, mas porque o texto legal utiliza o verbo "poder", de modo a conceder a prerrogativa de escolha ao titular da ação penal; caso não fosse essa a intenção do legislador, teria ele utilizado o verbo "dever", que vincularia a atividade do *Parquet*[139].

---

[139] Nesse sentido: OLIVEIRA, Lucas Pimentel de. *Juizados especiais criminais*. São Paulo: Edipro, 1995, p. 76. Em sentido contrário: GRINOVER, Ada Pellegrini; GOMES FILHO, Antonio Magalhães; FERNANDES, Antonio Scarance; GOMES, Luiz Flávio. *Juizados especiais criminais*: comentários à Lei 9.099, de 26.09.1995. 5. ed. São Paulo: RT, 2005, p. 247, os quais afirmam ser o *sursis* processual um direito público subjetivo do autor, de sorte que, preenchidas as condições legais, não configura a sua proposição uma faculdade do Ministério Público. O Superior Tribunal de Justiça tem jurisprudência no sentido de que a suspensão condicional do processo não é direito subjetivo do réu, mas mera faculdade do órgão da acusação: "Pacificou-se neste Tribunal o entendimento de que o sursis processual

No mais, a despeito da vedação expressa constante do art. 90-A da Lei n. 9.099/1995[140], a respeito da não aplicabilidade da suspensão condicional do processo em crimes de competência da Justiça Militar, não há a mesma limitação temática em delitos previstos no restante da legislação penal, excepcionando-se, como acontece com a transação penal, os casos de incidência da Lei Maria da Penha.

Embora exista o oferecimento de denúncia, na suspensão condicional do processo não se discute a responsabilidade do denunciado e tampouco há instrução ou sentença. Em verdade, instrumentalizou-se uma alternativa político-criminal ao desenrolar da marcha processual, conforme o entendimento de Victor Eduardo Rios Gonçalves e Alexandre Cebrian Araújo Reis[141].

O objetivo do legislador, portanto, no que se refere à persecução penal das infrações que admitem suspensão do processo não é, de fato, punir o agente com a aplicação da pena final, mas permitir que o implicado se reintegre prontamente ao convívio social, afigurando-se a ferramenta telada como verdadeiro "[...] instituto despenalizador indireto"[142].

O momento adequado para analisar o cabimento e a oferta da suspensão condicional do processo é o do ajuizamento da denúncia. Nessa linha de pensamento, o Ministério Público apresentará a

---

não configura um direito subjetivo do acusado, mas uma prerrogativa exclusiva do Ministério Público, que tem a atribuição de propor ou não a suspensão do processo, desde que o faça fundamentadamente". BRASIL. *Superior Tribunal de Justiça*. HC n. 18.003/RS, Rel. Min. Paulo Gallotti, Sexta Turma, j. 24-11-2004, DJe 25-05-2009. Segundo o posicionamento sufragado pelo Supremo Tribunal Federal, a proposta de sursis não consiste em direito subjetivo, pois "[...] a imprescindibilidade do assentimento do Ministério Público está conectada estreitamente à titularidade da ação penal pública, a qual a Constituição lhe confiou privativamente (CF, art. 129, I)". (BRASIL. HC n. 218.785/PA, Rel. Min. Marco Aurélio Bellizze, Quinta Turma, j. 4-9-2012, DJe 11-09-2012). No mesmo sentido: "[...] A transação penal, assim como a suspensão condicional do processo, não se trata de direito público subjetivo do acusado, mas sim de poder-dever do Ministério Público (Precedentes desta e. Corte e do c. Supremo Tribunal Federal)". BRASIL. *Superior Tribunal de Justiça*. AP n. 634/RJ, Rel. Min. Felix Fischer, Corte Especial, j. 21-3-2012, DJe 3-04-2012.
[140] BRASIL. *Lei n. 9.099/1995*. Art. 90-A. As disposições desta Lei não se aplicam no âmbito da Justiça Militar.
[141] GONÇALVES, Victor Eduardo Rios; REIS, Alexandre Cebrian Araújo. *Direito processual penal esquematizado*. São Paulo: Saraiva, 2012, p. 563: "[...] a questão da efetiva responsabilização penal do acusado sequer chega a ser discutida e a ele não se impõe pena, mas meras condições às quais ele próprio se dispõe a cumprir, sendo que, uma vez declarada extinta a punibilidade pelo juiz, nada constará de sua folha de antecedentes".
[142] RANGEL, Paulo. *Direito processual penal*. 18. ed. Rio de Janeiro: Lumen Juris, 2011, p. 334.

peça exordial acusatória e fará a proposta do *sursis*, já indicando as condições que deverão ser cumpridas no caso de aceitação por parte do denunciado. Diante disso, o magistrado deverá, como primeira medida, receber a denúncia ofertada e, só então, determinar a citação do réu para comparecer à audiência designada especialmente para apresentar a oferta[143] e eventual aceitação.

Uma vez manifestado o aceite pelo acusado, ele se compromete a cumprir integralmente as condições ajustadas pelo período de prova, a fim de extinguir a punibilidade. Se houver descumprimento injustificado, revogar-se-á o benefício e o processo será retomado do ponto em que foi suspenso.

2.4.3 Acordo de leniência

O acordo de leniência é instituto de justiça negocial extrapenal. Contudo, em face das suas implicações na esfera criminal, inclusive com a articulação conjunta de esforços dos órgãos de defesa da concorrência e de combate à corrupção privada com os agentes de persecução penal, com vistas à consecução dos melhores resultados em atenção à globalidade dos fatos com repercussão em esferas de apuração distintas, torna-se importante traçar breves linhas sobre a ferramenta para completar o panorama da justiça penal negociada brasileira.

O programa de concessão de leniência no Brasil iniciou-se em 2000, com a edição da Medida Provisória n. 2.055-4/2000[144], a qual foi posteriormente convertida na Lei n. 10.149/2000. Referida legislação alterou a Lei de Defesa da Concorrência ao incluir os

---

[143] "A formalização da suspensão condicional do processo pressupõe o recebimento da denúncia. É nesta etapa que o magistrado examina se a peça acusatória preenche ou não os requisitos normativos para seu adequado processamento. Com isso, permite-se que a proposta de suspensão condicional do processo seja realizada em um cenário de reconhecida legalidade, e evita-se que o acusado venha a aceitar o benefício em casos de inépcia ou de ausência de justa causa para processamento do feito. Reverência ao *due process of law*". BRASIL. *Superior Tribunal de Justiça*. RHC n. 35.724/BA, Rel. Min. Laurita Vaz, Quinta Turma, j. 24-9-2013, DJe 2-10-2013.

[144] Altera e acrescenta dispositivos à Lei n. 8.884, de 11 de junho de 1994, que transforma o Conselho Administrativo de Defesa Econômica (CADE) em autarquia, dispõe sobre a prevenção e repressão às infrações contra a ordem econômica, e dá outras providências. Disponível em: http://www.planalto.gov.br/ccivil_03/MPV/Antigas/2055-4.htm. Acesso em: 11 set. 2020.

arts. 35-B[145] e 35-C[146], que versam especificamente sobre o tema. Dessa forma, passou a existir autorização legal para a Secretaria de Desenvolvimento Econômico celebrar acordo com pessoas físicas e jurídicas que confessassem e colaborassem com a investigação de ilícitos de formação de cartel, em troca da extinção total ou parcial das penalidades aplicáveis à prática, bem como da declaração de extinção da punibilidade em relação aos crimes previstos na Lei n. 8.137/1990 – crimes contra a ordem econômica. No entanto, esses dispositivos legais foram revogados a partir da entrada em vigor da Lei n. 12.529/2011[147], que trouxe outra regulamentação ao instituto nos seus arts. 86[148] e 87[149]. A despeito de a nova legislação prever os mesmos efeitos para a realização do acordo de leniência – extinguir a ação punitiva administrativa ou reduzir a penalidade aplicada –, a normatização foi mais detalhada ao consignar os requisitos necessários para viabilizar a celebração do

---

[145] BRASIL. Lei n. 10.149/2000. Art. 35-B. A União, por intermédio da SDE, poderá celebrar acordo de leniência, com a extinção da ação punitiva da administração pública ou a redução de um a dois terços da penalidade aplicável, nos termos deste artigo, com pessoas físicas e jurídicas que forem autoras de infração à ordem econômica, desde que colaborem efetivamente com as investigações e o processo administrativo e que dessa colaboração resulte: [...]

[146] BRASIL. Lei n. 10.149/2000. Art. 35-C. Nos crimes contra a ordem econômica, tipificados na Lei n. 8.137, de 27 de novembro de 1990, a celebração de acordo de leniência, nos termos desta Lei, determina a suspensão do curso do prazo prescricional e impede o oferecimento da denúncia. Parágrafo único. Cumprido o acordo de leniência pelo agente, extingue-se automaticamente a punibilidade dos crimes a que se refere o *caput* deste artigo.

[147] BRASIL. Lei n. 12.529/2011. Estrutura o Sistema Brasileiro de Defesa da Concorrência; dispõe sobre a prevenção e repressão às infrações contra a ordem econômica; altera a Lei n. 8.137, de 27 de dezembro de 1990, o Decreto-Lei n. 3.689, de 3 de outubro de 1941 – Código de Processo Penal, e a Lei n. 7.347, de 24 de julho de 1985; revoga dispositivos da Lei n. 8.884, de 11 de junho de 1994, e a Lei n. 9.781, de 19 de janeiro de 1999; e dá outras providências.

[148] BRASIL. Lei n. 12.529/2011. Art. 86. O Cade, por intermédio da Superintendência-Geral, poderá celebrar acordo de leniência, com a extinção da ação punitiva da administração pública ou a redução de 1 (um) a 2/3 (dois terços) da penalidade aplicável, nos termos deste artigo, com pessoas físicas e jurídicas que forem autoras de infração à ordem econômica, desde que colaborem efetivamente com as investigações e o processo administrativo e que dessa colaboração resulte: [...].

[149] BRASIL. Lei n. 12.529/2011. Art. 87. Nos crimes contra a ordem econômica, tipificados na Lei n. 8.137, de 27 de dezembro de 1990, e nos demais crimes diretamente relacionados à prática de cartel, tais como os tipificados na Lei n. 8.666, de 21 de junho de 1993, e os tipificados no art. 288 do Decreto-Lei n. 2.848, de 7 de dezembro de 1940 – Código Penal, a celebração de acordo de leniência, nos termos desta Lei, determina a suspensão do curso do prazo prescricional e impede o oferecimento da denúncia com relação ao agente beneficiário da leniência. Parágrafo único. Cumprido o acordo de leniência pelo agente, extingue-se automaticamente a punibilidade dos crimes a que se refere o *caput* deste artigo.

ajuste: a) a empresa deve ser a primeira a se qualificar com respeito à infração noticiada ou sob investigação; b) a empresa participante do acordo deve cessar completamente seu envolvimento na infração comunicada ou que seja objeto de investigação a partir da data de propositura do acordo; c) a Superintendência-Geral não deve dispor de elementos e de provas suficientes para assegurar a condenação da empresa ou pessoa física por ocasião da propositura do acordo; d) a empresa participante deverá confessar sua participação no ilícito e cooperar plena e permanentemente com as investigações e o processo administrativo, comparecendo, sob suas expensas, sempre que solicitada, a todos os atos processuais, até o seu encerramento; e e) as informações prestadas pela empresa participante deverão resultar na identificação dos demais envolvidos na infração e obtenção de documentos que comprovem a materialidade da infração noticiada.

Demais disso, além de instituir o Conselho Administrativo de Defesa Econômica, a legislação em referência também abriu a possibilidade de um candidato que não se qualificar para participar de um acordo de leniência atinente a determinado fato, mas que for capaz de prestar informações sobre outra formação de cartel – e preencher os requisitos exigidos na legislação –, se beneficiar com a leniência em relação a esse segundo fato e, ainda, receber uma redução da penalidade aplicada por conta do primeiro ilícito.

Outra previsão atraente da Lei n. 12.529/2011 é a possibilidade de um candidato à celebração do acordo de leniência ter um prazo de até 30 dias para obter informações e provas sobre os fatos em análise. Trata-se de um sistema em que, diante das informações iniciais prestadas pelo candidato – de cunho pessoal, sobre os participantes do cartel, o tempo de duração da conduta ilícita e sobre os bens afetados –, viabiliza a postergação do benefício sem o risco de perdê-lo[150].

No mais, deve-se lembrar que o acordo de leniência firmado em esfera administrativa tem efeitos restritos: ele não tem o condão de impedir que o celebrante seja instado a reparar os danos causados

---

[150] CADE. *Combate a cartéis e programa de leniência*. Secretaria de Direito Econômico, Ministério da Justiça. 3. ed. 2009. Disponível em: http://www.cade.gov.br/upload/Cartilha%20Leniencia%20SDE_CADE.pdf. Acesso em: 11 set. 2020.

pela conduta ilícita e os efeitos penais se restringem à extinção da punibilidade apenas quanto aos crimes relacionados à prática de cartel – tantos os previstos na Lei n. 8.137/1990, quanto aqueles constantes da Lei n. 8.666/1993.

Além disso, a celebração de ajuste não impede que haja a declaração de inidoneidade das empresas envolvidas no caso, vetando a prestação de serviços ao governo. Nesse escólio, tanto os benefícios quanto as penalidades poderão ser estendidas às pessoas jurídicas pertencentes ao mesmo grupo econômico e seus dirigentes, administradores, funcionários e colaboradores envolvidos nos fatos abarcados pelo acordo de leniência[151].

A ferramenta em debate tem a sua importância sobrelevada no que diz respeito a crimes de grande complexidade e de natureza associativa, que muitas vezes ultrapassam as fronteiras nacionais e necessitam de informações detalhadas acerca do seu funcionamento e dinâmica, que geralmente só podem ser prestadas por quem de fato participou ativamente das condutas ilícitas[152]. Dessa feita, nota-se semelhança entre o acordo de leniência (cuja natureza é própria de direito administrativo sancionador) com o instituto da colaboração premiada (objeto central do presente estudo, na busca de solução de ilícitos complexos e intrincados, incluindo-se a reparação dos danos causados).

Enquanto a Lei n. 12.529/2011 regulamenta o acordo de leniência aplicável às condutas de formação de quartel, a Lei n. 12.846/2013 (Lei Anticorrupção) desenha o mesmo acordo, mas lhe confere aplicabilidade ao cenário de empresas que lesaram a Administração Pública, como também por condutas ilícitas previstas pela Lei n. 8.666/1993, pelas quais poderão ser inteiramente isentadas. Para tanto, deve-se atentar para previsões contidas nos arts. 16[153]

---

[151] BRASIL. *Lei n. 12.529/2011*. Art. 86, §6º. Serão estendidos às empresas do mesmo grupo, de fato ou de direito, e aos seus dirigentes, administradores e empregados envolvidos na infração os efeitos do acordo de leniência, desde que o firmem em conjunto, respeitadas as condições impostas.
[152] FIDALGO, Carolina Barros; CANETTI, Rafaela Coutinho. *In*: SOUZA, Jorge Munhos; QUEIROZ, Ronaldo Pinheiro (org.). *Lei anticorrupção*. Salvador: Juspodivm, 2015, p. 267.
[153] BRASIL. *Lei n. 12.846/2013*. Art. 16. A autoridade máxima de cada órgão ou entidade pública poderá celebrar acordo de leniência com as pessoas jurídicas responsáveis pela prática dos atos previstos nesta Lei que colaborem efetivamente com as investigações e o processo administrativo, sendo que dessa colaboração resulte: [...].

e 17[154] do referido diploma, que versam sobre o assunto e que têm como objetivo principal assegurar o combate à corrupção através de uma cooperação entre o setor público e o privado, a fim de amealhar provas para garantir uma persecução exitosa.

Conforme o arcabouço legislativo em exame, a autoridade máxima de cada órgão ou entidade pública poderá firmar acordo de leniência com a pessoa jurídica responsável pela prática da conduta delituosa, excetuando-se quando o ato lesivo tiver sido praticado contra a Administração Pública Federal, hipótese na qual caberá à Corregedoria-Geral da União celebrar o ajuste negocial[155].

Ainda sobre as regulamentações constantes da Lei Anticorrupção, são estabelecidos os requisitos essenciais para celebrar a avença: a) que a pessoa jurídica seja a primeira a se manifestar sobre seu interesse em cooperar para apurar o ilícito; b) que ela cesse completamente seu envolvimento na infração investigada a partir da data de propositura do acordo; c) que haja assunção, por parte da pessoa jurídica, na participação no ilícito; d) que coopere plena e permanentemente com as investigações e o processo administrativo, comparecendo, sob suas expensas, sempre que solicitada, a todos os atos processuais, até seu encerramento; e e) obtenha informações e provas sobre o cometimento do ilícito.

Em contrapartida, o particular será beneficiado com efeitos previstos no art. 16, §2º, da Lei n. 12.846/2013, os quais englobam a isenção de publicar a decisão condenatória[156], a possibilidade de receber incentivos, subsídios, subvenções, doações ou empréstimos de órgãos ou entidades públicas e de instituições financeiras públicas ou controladas pelo Poder Público[157], redução de até dois terços da

---

[154] BRASIL. *Lei n. 12.846/2013*. Art. 17. A administração pública poderá também celebrar acordo de leniência com a pessoa jurídica responsável pela prática de ilícitos previstos na Lei n. 8.666, de 21 de junho de 1993, com vistas à isenção ou atenuação das sanções administrativas estabelecidas em seus arts. 86 a 88.

[155] Esse caso excepcional foi regulamentado pelo art. 28 do Decreto n. 8.420/2015, no qual a CGU poderá, no mesmo acordo de leniência, realizar ajustes relativos aos ilícitos previstos na Lei n. 12.846/2015, bem como naqueles previstos na Lei 8.666/1993, com vistas à isenção ou à atenuação das respectivas sanções.

[156] BRASIL. *Lei n. 12.846/2013*. Art. 6º. Na esfera administrativa, serão aplicadas às pessoas jurídicas consideradas responsáveis pelos atos lesivos previstos nesta Lei as seguintes sanções: [...] II – publicação extraordinária da decisão condenatória.

[157] BRASIL. *Lei n. 12.846/2013*. Art. 19. Em razão da prática de atos previstos no art. 5º desta Lei, a União, os Estados, o Distrito Federal e os Municípios, por meio das respectivas

pena pecuniária a ser paga[158] e ter todos esses benefícios estendidos às pessoas jurídicas que integram o mesmo grupo econômico, de fato e de direito, desde que firmem o acordo em conjunto, respeitadas as condições nele estabelecidas. Conquanto possa haver a concessão dos benefícios arrolados, a pessoa jurídica permanecerá obrigada a proceder ao reparo integral do dano causado e não gozará de imunidade total, como ocorria no âmbito da legislação antitruste, podendo ser alvo de aplicação de multa – que poderá ser abrandada em até dois terços.

No mais, ainda resta aplicável o art. 19 da Lei Anticorrupção[159], que permite ao Ministério Público ajuizar ação visando declarar o perdimento de bens, direitos ou valores, a suspensão ou a interdição parcial das atividades da pessoa jurídica ou até mesmo a sua dissolução compulsória. Outrossim, a empresa pode ser responsabilizada civil e administrativamente em razão da incidência de outras normas incidentes sobre os mesmos fatos, como a Lei de Improbidade Administrativa (Lei n. 8.429/1992) e o Controle de

---

Advocacias Públicas ou órgãos de representação judicial, ou equivalentes, e o Ministério Público, poderão ajuizar ação com vistas à aplicação das seguintes sanções às pessoas jurídicas infratoras: [...] IV – proibição de receber incentivos, subsídios, subvenções, doações ou empréstimos de órgãos ou entidades públicas e de instituições financeiras públicas ou controladas pelo poder público, pelo prazo mínimo de 1 (um) e máximo de 5 (cinco) anos.

[158] Ademais, no âmbito federal, poderá ser concedido à pessoa jurídica colaboradora isenção ou atenuação das sanções administrativas previstas nos arts. 86 a 88 da Lei n. 8.666/1993, ou de outras normas de licitações e contratos (IV, art. 40, do Decreto n. 8.420/2015). No âmbito do município de São Paulo tem-se a vigência do Decreto n. 55.107/2014, que prevê a possibilidade de a empresa infratora procurar a Administração Pública antes da existência de qualquer investigação, podendo obter uma redução na sua multa de até 2/3. Todavia, se a realização do acordo se der após a ciência da instauração dos procedimentos de investigação, a redução da multa terá como máximo 1/3 (art. 31, §3º). Segundo o decreto, a destinação das multas aplicadas será um fundo municipal utilizado para custear, exclusivamente, a educação e a saúde (art. 43).

[159] BRASIL. Lei n. 12.846/13. Art. 19. Em razão da prática de atos previstos no art. 5º desta Lei, a União, os Estados, o Distrito Federal e os Municípios, por meio das respectivas Advocacias Públicas ou órgãos de representação judicial, ou equivalentes, e o Ministério Público, poderão ajuizar ação com vistas à aplicação das seguintes sanções às pessoas jurídicas infratoras: I – perdimento dos bens, direitos ou valores que representem vantagem ou proveito direta ou indiretamente obtidos da infração, ressalvado o direito do lesado ou de terceiro de boa-fé; II – suspensão ou interdição parcial de suas atividades; III – dissolução compulsória da pessoa jurídica; IV – proibição de receber incentivos, subsídios, subvenções, doações ou empréstimos de órgãos ou entidades públicas e de instituições financeiras públicas ou controladas pelo poder público, pelo prazo mínimo de 1 (um) e máximo de 5 (cinco) anos [...].

Contas (no âmbito federal, regido pela Lei n. 8.443/1992), uma vez que comungam dos objetivos perseguidos pela Lei Anticorrupção. No que diz respeito aos efeitos penais oriundos da realização do acordo de leniência, não há qualquer previsão na Lei n. 12.846/2013. Desse modo, resta cristalino que haverá a responsabilização penal de todos os envolvidos no ato de corrupção, ainda que tenham colaborado com as investigações durante a negociação do acordo de leniência.

Logo, conclui-se que, a despeito de as pessoas jurídicas terem a prerrogativa de se beneficiarem do acordo de leniência para anular ou reduzir suas penalidades, o mesmo não ocorre com as pessoas físicas, o que pode dificultar o uso do instituto[160].

Por essa razão, práticas tipificadas como ilícitos no plano da Lei Anticorrupção devem ensejar conduta colaborativa em assento comum com os órgãos de persecução penal em possível acordo de colaboração premiada, de maneira a equacionar o problema de eventual incongruência na relação custo *versus* benefício da contribuição do dirigente ou do administrador.

Por fim, para que o acordo de leniência seja eficaz e capaz de surtir efeitos, imprescindível a identificação dos demais envolvidos nos atos de corrupção e a efetiva obtenção de informações e de documentos comprobatórios da ocorrência do ilícito em análise. Demais disso, a eficácia depende, igualmente, do cumprimento das condições avençadas no acordo necessárias para assegurar a efetividade da colaboração e o resultado útil do processo. Na

---

[160] Conforme observa João Marcelo Rego Guimarães ao afirmar que o indivíduo deverá "[...] apontar os culpados, oferecer informações ou documentos e cooperar plenamente com as investigações [...] quanto mais colaborar o dirigente ou administrador, mais reduzida ficará eventual sanção pecuniária a ser imputada à pessoa jurídica, e mais implicado ficará o delator na esfera criminal". *In:* MAGALHÃES, João Marcelo Rego. Aspectos relevantes da lei anticorrupção empresarial brasileira (Lei n. 12.846/2013). *In: Revista Controle,* v. XI, n. 2, dez. 2013. No mesmo sentido: FIDALGO, Carolina Barros; CANETTI, Rafaela Coutinho. *In*: SOUZA, Jorge Munhos; QUEIROZ, Ronaldo Pinheiro (org.). *Lei anticorrupção.* Salvador: Juspodivm, 2015, p. 275; MARRARA, Thiago. Lei Anticorrupção permite que inimigo vire colega. *Consultor Jurídico,* São Paulo, 15 nov. 2013. Disponível em: http://www.conjur. com.br/2013-nov-15/thiago-marrara-lei-anticorrupcao-permite-inimigo-vire-colega. Acesso em: 12 set. 2020: "[...] Como já se demonstrou no Sistema Brasileiro de Defesa da Concorrência, a ausência de benefícios penais amplos pode ser fatal ao programa, pois o Ministério Público ganhará espaço para usar as leniências no intuito de obter condenações penais contra pessoas físicas (por exemplo, administradores das empresas), além de reparações por danos na esfera civil".

hipótese de a empresa colaboradora não adimplir todas as condições, o processo será reiniciado e a pessoa jurídica não poderá celebrar novo acordo pelo prazo de três anos contados do conhecimento pela Administração Pública do referido descumprimento.

2.4.4 Acordo de não persecução penal

Dentre os institutos de justiça penal negocial, o acordo de não persecução penal é o mais recente no Brasil, tendo sido formalmente introduzido pela Lei n. 13.964/2019. Trata-se de um acordo firmado entre o *Parquet* e o autor do fato, com a assistência de sua defesa técnica, no qual o Ministério Público abdica da propositura da ação penal e deixa de oferecer denúncia em face do reconhecimento da responsabilidade pelo agente, que deverá cumprir condições pré-estipuladas. Conforme aponta René Ariel Dotti[161], a nomenclatura do instituto tem inspiração em instrumentos processuais estadunidenses, nos quais, além de cumprir as condições impostas pelo órgão acusador, o arguido deve confessar a sua responsabilidade para fazer jus à aplicação de uma punição mais branda do que aquela advinda do processo penal tradicional.

Vale lembrar que a figura em questão foi objeto de resolução do Conselho Nacional do Ministério Público em 2017 – Resolução n. 181/2017, posteriormente alterada pela Resolução n. 183/2018, que originou diversas discussões acerca da possibilidade de inovação em matéria processual penal por órgão não legislativo e sua eventual inconstitucionalidade[162].

---

[161] DOTTI, René Ariel; SCANDELARI, Gustavo Britta. Acordo de não persecução penal e de aplicação imediata da pena: o *plea bargain* brasileiro. *Boletim do IBCCrim*, São Paulo, ano 27, n. 317, p. 06, Edição Especial, abr. 2019.

[162] "Importa dizer, nesse contexto, que a tentativa anterior de regulamentação da matéria deu-se por meio da Resolução n. 181/2017 do CNMP. Contudo, a simples existência de tal normatização despertara intensos debates doutrinários, especialmente pelo possível vício de inconstitucionalidade formal que a inquinava, tendo em vista a veiculação de matéria reservada à lei federal por meio de resolução administrativa". BARBOSA, Ana Cássia. O "novo" acordo de não persecução penal. *Canal de ciências criminais*. Publicado em 12 mar. 2020. Disponível em: https://canalcienciascriminais.com.br/acordo-nao-persecucao-penal/. Acesso em: 16 nov. 2020. Ainda: "Diga-se que as referidas resoluções do Conselho Nacional do Ministério Público suscitaram uma série de questionamentos aos operadores do direito. Destaque-se ainda que as Resoluções CNMP 181/2017 e 183/2018 tiveram suas constitucionalidades questionadas por meio da ADIN proposta pela AMB, cuja petição

A discussão foi definitivamente encerrada com a positivação do instituto em 2019, conformado em sistema no qual o Ministério Público oferece a possibilidade de o réu ter declarada extinta a punibilidade por meio do adimplemento das condições formuladas, sedimentando a mitigação do princípio da obrigatoriedade da ação penal pública. Nesse cenário, o advento da Lei n. 13.964/2019 tornou sem efeito quaisquer disposições constantes da Resolução n. 181/2017[163].

Destaque-se que o acordo de não persecução penal é um mecanismo oriundo de uma opção de política criminal e, por isso, deve ser avaliado pelo titular da ação penal – o Ministério Público –, conforme o caso concreto[164]. Discute-se se se cuida de ferramenta de natureza penal, já que não tem o condão de definir como crime determinada conduta ou de estabelecer uma sanção penal, nem de natureza processual, haja vista que ele se realiza em âmbito administrativo – durante o procedimento investigatório[165]. O acordo de não persecução penal, nas palavras de Andréa Walmsley Soares Carneiro, é "[...] um negócio jurídico obstativo da propositura da ação penal ou que meramente difere o momento de eventual oferecimento da peça pórtica acusatória e o subordina ao inadimplemento das condições anteriormente avençadas"[166].

---

inicial foi aditada quando do advento da segunda resolução, e com mérito ainda não apreciado pelo Supremo Tribunal Federal". CARNEIRO, Andréa Walmsley Soares. O acordo de não persecução penal: constitucionalidade do método negocial no processo penal. *Revista Delictae*, v. 4, n. 7, p. 28, jul.-dez. 2019.

[163] DOTTI, René Ariel; SCANDELARI, Gustavo Britta. Acordo de não persecução penal e de aplicação imediata da pena: o *plea bargain* brasileiro. São Paulo, *Boletim do IBCCrim*, ano 27, n. 317, p. 07, Edição Especial, abr. 2019.

[164] CABRAL, Rodrigo Leite Ferreira. Um panorama sobre o acordo de não persecução penal (art. 18 da Resolução n. 181/17 do CNMP). In: CUNHA, Rogério Saches; BARROS, Francisco Dirceu; SOUZA, Renee do Ó; CABRAL, Rodrigo Leite Ferreira (org.). *Acordo de não persecução*. Salvador: Juspodivm, 2017, p. 30.

[165] "Assim, considerando-se que o acordo de não persecução é extrajudicial (não envolve o exercício da ação penal), vez que realizado no âmbito de um procedimento administrativo investigatório, sem o prévio exercício de uma pretensão punitiva, é dizer, sem o prévio oferecimento da denúncia ou queixa, não há o menor sentido em atribuir-se à regulamentação desse acordo a natureza processual. O acordo é um negócio jurídico extrajudicial, que não envolve o prévio oferecimento da denúncia, nem exige uma prestação jurisdicional do Estado-Juiz". CABRAL, Rodrigo Leite Ferreira. Um panorama sobre o acordo de não persecução penal (art. 18 da Resolução n. 181/17 do CNMP). In: CUNHA, Rogério Saches; BARROS, Francisco Dirceu; SOUZA, Renee do Ó; CABRAL, Rodrigo Leite Ferreira (org.). *Acordo de não persecução*. Salvador: Juspodivm, 2017, p. 33.

[166] CARNEIRO, Andréa Walmsley Soares. O acordo de não persecução penal: constitucionalidade do método negocial no processo penal. *Revista Delictae*, v. 4, n. 7, p. 37, jul.-dez. 2019.

Nesses termos, cabe analisar as hipóteses nas quais é possível utilizar o acordo de não persecução penal, agora legalmente regulamentado. Nos termos do art. 28-A, *caput*, do Código de Processo Penal, a propositura do ajuste depende da ocorrência de algumas circunstâncias específicas: a) não sendo caso de arquivamento; b) o investigado deve ter confessado a prática da infração penal; c) cometida sem violência ou grave ameaça; d) ter pena mínima inferior a 4 anos; e e) ausência da persecução penal e condições ajustadas suficientes para reprovar e prevenir o crime.

No que diz respeito à primeira exigência legal, é necessário que o Órgão Ministerial identifique e se certifique da presença de justa causa para a ação penal, dos pressupostos processuais e das condições para o exercício da ação penal. Ausente qualquer um desses elementos, está descartada a medida consensual, uma vez que o Ministério Público deverá arquivar o feito[167], nos termos do art. 28 do Código de Processo Penal. Já no que tange à necessidade de confissão por parte do averiguado, nota-se uma diferença substancial em relação aos institutos negociais existentes na Lei dos Juizados Especiais Criminais: nesses últimos não há a presunção e tampouco a exigência de responsabilização do indivíduo pelo fato praticado – cumpridas as condições impostas será reconhecida a extinção da punibilidade e mantida a primariedade e os bons antecedentes do beneficiário. Logo, nota-se similaridade com os instrumentos de barganha anglo-saxões, que notadamente buscam esmiuçar e registrar a reprovabilidade do agir do averiguado[168].

No que se refere ao terceiro e ao quarto pressupostos, a entrada em vigor da Lei n. 13.964/2019 implicou a introdução de normas que relativizam o princípio da obrigatoriedade da ação penal, de maneira a diminuir as demandas judiciais criminais e a impor celeridade, economia ao erário público, eficiência e

---

[167] Sobre o assunto: "Essa condicionante obriga o promotor a realizar uma análise jurídica preambular sobre a viabilidade da acusação: ele terá que confirmar indícios de autoria e de participação, averiguar sumariamente tipicidade, ilicitude e culpabilidade, afastar a incidência de causas extintivas de punibilidade, para conseguir superar, objetivamente, a possibilidade de sobrestamento". MARQUES, Leonardo Augusto Marinho. O acordo de não persecução: um novo começo de era (?).*Boletim do IBCCrim*, São Paulo, v. 28, n. 331, p. 11, 2020.

[168] MARQUES, Leonardo Augusto Marinho. O acordo de não persecução: um novo começo de era (?). *Boletim do IBCCrim*, São Paulo, v. 28, n. 331, p.12, 2020.

proporcionalidade, conferindo-se, enfim, maior efetividade ao sistema punitivo.

A partir de uma análise sistemática do ordenamento, percebe-se que os delitos elegíveis para a barganha, de modo geral, também admitem a substituição da pena privativa de liberdade por penas restritivas de direito, nos moldes do art. 44 do Código Penal. Logo, se o resultado será o mesmo, não há motivo que justifique a opção pelo trâmite mais longo e dispendioso, sendo o acordo de não persecução penal a alternativa mais eficaz e econômica para os casos relatados, sempre respeitando-se os princípios penais e processuais penais, como também os direitos e garantias fundamentais do investigado.

De toda sorte, o cabimento do acordo deve ser verificado no caso concreto, em ato discricionário regrado do Membro do Ministério Público. Não se trata de um direito subjetivo do agente, mas de um poder-dever do Ministério Público que não é obrigado a oferecer o benefício, desde que o faça de forma fundamentada[169]. Caso o averiguado deseje recorrer do não oferecimento do benefício, deverá apresentar um pedido de reconsideração ao Órgão Revisional Ministerial, nos termos do art. 28-A, §14, do Código de Processo Penal[170].

---

[169] Nesse sentido, as afirmações de Hygina Josita, que aponta a jurisprudência do Superior Tribunal de Justiça como norte (AgRg no RHC 74.464/PR) e, em contrário, Aury Lopes Júnior: "[...] preenchidos os requisitos legais – se trata de direito público subjetivo do imputado, um direito processual que não lhe pode ser negado. Determina o §14 que se deve aplicar por analogia o art. 28 do CPP, com o imputado fazendo um pedido de revisão (prazo de 30 dias) para a instância competente do próprio MP, que poderá manter ou designar outro membro do MP para oferecer o acordo. Essa é uma leitura possível do novo art. 28 e sua incidência em caso de inércia do MP. Contudo, é possível cogitar de outra alternativa. Acolhendo a tese de que se trata de direito público subjetivo do imputado, presentes os requisitos legais, ele tem direito aos benefícios do acordo. Não se trata, sublinhe-se, de atribuir ao juiz um papel de autor, ou mesmo de juiz-ator, característica do sistema inquisitório e incompatível com o modelo constitucional-acusatório por nós defendido. Nada disso. A sistemática é outra. O imputado postula o reconhecimento de um direito (o direito ao acordo de não persecução penal) que lhe está sendo negado pelo Ministério Público, e o juiz decide, mediante invocação. O papel do juiz aqui é o de garantidor da máxima eficácia do sistema de direitos do réu, ou seja, sua verdadeira missão constitucional". LOPES JUNIOR, Aury. Questões polêmicas do acordo de não persecução penal. *Consultor Jurídico*. 06-03-2020. Disponível em: https://www.conjur.com.br/2020-mar-06/limite-penal-questoes-polemicas-acordo-nao-persecucao-penal. Acesso em: 17 nov. 2020.

[170] BRASIL. *Código de Processo Penal (1941)*. Art. 28-A, §14. No caso de recusa, por parte do Ministério Público, em propor o acordo de não persecução penal, o investigado poderá requerer a remessa dos autos a órgão superior, na forma do art. 28 deste Código.

O acordo deve ser homologado por um Juiz encarregado de verificar a legalidade e a voluntariedade da avença[171]. Posteriormente será designada uma nova audiência, dessa vez perante o Juízo das Execuções para tratar sobre o local onde serão cumpridas as condições. Note-se que o Juiz não participa ativamente da elaboração dos termos do acordo firmado entre o Ministério Público e o agente. Com a mesma razão lógica discutida na homologação das avenças de colaboração premiada, no acordo em tela o magistrado atua como garantidor da eficácia e da lisura do sistema, como também dos direitos do arguido, podendo determinar a devolução dos autos ao *Parquet* para rever a proposta[172] ou indeferir o pedido de homologação[173].

Anote-se que o acordo de não persecução penal é vedado nos casos de agente reincidente ou se houver elementos probatórios que revelem conduta criminal habitual, reiterada ou profissional, conforme prevê o art. 28-A, §2º, II, do Código de Processo Penal[174].

De lado a reincidência, que conta com definição legal, os demais impedimentos demandam maior atenção para se extrair a sua exata compreensão. No que tange à expressão "elementos probatórios", é de rigor lembrar que o oferecimento da benesse ocorre antes da instalação de uma relação processual, ou seja, em sede administrativa de investigação na qual não há contraditório. No que diz respeito à "conduta criminal habitual, reiterada ou profissional", a imprecisão dos conceitos pode conduzir a entendimento no sentido de se considerar "[...] um conjunto de condutas expressivas que

---

[171] BRASIL. *Código de Processo Penal (1941)*. Art. 28-A, §4º. Para a homologação do acordo de não persecução penal, será realizada audiência na qual o juiz deverá verificar a sua voluntariedade, por meio da oitiva do investigado na presença do seu defensor, e sua legalidade.

[172] BRASIL. *Código de Processo Penal (1941)*. Art. 28-A, §5º. Se o juiz considerar inadequadas, insuficientes ou abusivas as condições dispostas no acordo de não persecução penal, devolverá os autos ao Ministério Público para que seja reformulada a proposta de acordo, com concordância do investigado e seu defensor.

[173] BRASIL. *Código de Processo Penal (1941)*. Art. 28-A, §8º. Recusada a homologação, o juiz devolverá os autos ao Ministério Público para a análise da necessidade de complementação das investigações ou o oferecimento da denúncia.

[174] BRASIL. *Código de Processo Penal (1941)*. Art. 28-A, §2º. O disposto no *caput* deste artigo não se aplica nas seguintes hipóteses: II – se o investigado for reincidente ou se houver elementos probatórios que indiquem conduta criminal habitual, reiterada ou profissional, exceto se insignificantes as infrações penais pretéritas.

foram apuradas na mesma investigação, mas cuja reiteração não se apresenta como condição para a configuração de determinado crime que exige habitualidade"[175].

Também é vedada a atividade negocial quando o agente tiver se beneficiado de acordo de não persecução penal, de transação penal ou de suspensão condicional do processo nos 5 anos anteriores ao cometimento do crime objeto do possível ajuste[176].

Por fim, não cabe acordo quando o crime cometido revelar violência doméstica ou familiar ou for praticado contra mulher em razão da condição de sexo feminino[177].

A vedação à negociação é razoável em ambas as hipóteses: na primeira, porque o indivíduo foi agraciado com benefício negociado anteriormente, ainda que a outro título, de maneira que não se mostrou merecedor da confiança nele depositada; na segunda, rememore-se que a Lei Maria da Penha veda expressamente a aplicação dos institutos de justiça negocial dispostos na Lei 9.099/1995[178], revelando-se coerente a legislação que amplia a vedação para os acordos de não persecução penal.

Após o cumprimento integral dos termos do acordo proposto pelo Ministério Público, deve-se declarar a extinção da punibilidade do agente. Contudo, na hipótese de inadimplemento, o juízo deverá ser comunicado do descumprimento pelo *Parquet* para formalizar a rescisão do acordo, viabilizando-se o oferecimento de denúncia, nos termos do art. 28-A, §10, do Código de Processo Penal[179].

Nesse cenário, a confissão feita em sede administrativa, isoladamente, não deve se prestar para formar a convicção do

---

[175] MARQUES, Leonardo Augusto Marinho. O acordo de não persecução: um novo começo de era (?).*Boletim do IBCCrim*, São Paulo, v. 28, n. 331, p. 11, 2020.

[176] BRASIL. *Código de Processo Penal (1941)*. Art. 28-A, §2º, III. Ter sido o agente beneficiado nos 5 (cinco) anos anteriores ao cometimento da infração, em acordo de não persecução penal, transação penal ou suspensão condicional do processo.

[177] BRASIL. *Código de Processo Penal (1941)*. Art. 28-A, §2º, IV. Nos crimes praticados no âmbito de violência doméstica ou familiar, ou praticados contra a mulher por razões da condição de sexo feminino, em favor do agressor.

[178] BRASIL. *Lei n. 11.340/2006*. Art. 41. Aos crimes praticados com violência doméstica e familiar contra a mulher, independentemente da pena prevista, não se aplica a Lei n. 9.099, de 26 de setembro de 1995.

[179] BRASIL. *Código de Processo Penal (1941)*. Art. 28-A, §10. Descumpridas quaisquer das condições estipuladas no acordo de não persecução penal, o Ministério Público deverá comunicar ao juízo, para fins de sua rescisão e posterior oferecimento de denúncia.

julgador. Por certo, a formação da culpa do denunciado demanda a consolidação de elementos de convicção coligidos sob o pálio judicial, garantidos a ampla defesa e o contraditório[180].

2.4.5 Colaboração premiada

Tema central do presente estudo, o instituto da colaboração premiada será abordado com profundidade no capítulo seguinte. A partir do estudo do microssistema jurídico de colaboração premiada nacional, serão encadeadas no quarto capítulo as observações pertinentes acerca da sua aplicação no procedimento do Tribunal do Júri.

---

[180] Nesse sentido, Ali Mazloum argumenta: "[...] o descumprimento do acordo não valida a confissão como prova porque não há processo ainda, aplicável a regra do art. 155 do CPP. Ademais, a situação assemelha-se à delação premiada desfeita, em que as provas autoincriminatórias não podem ser utilizadas em desfavor do colaborador". MAZLOUM, Ali; MAZLOUM, Amir. Acordo de não persecução penal é aplicável a processos em curso. *Consultor Jurídico*. Disponível em: https://www.conjur.com.br/2020-fev-07/opiniao-acordo-nao-persecucao-penal-aplicavel-acoes-curso. Acesso em: 17 nov. 2020. Segundo Rogério Sanches Cunha: "[...] apesar de pressupor sua confissão, não há reconhecimento expresso de culpa pelo investigado. Há, se tanto, uma admissão implícita de culpa, de índole puramente moral, sem repercussão jurídica. A culpa, para ser efetivamente reconhecida, demanda o devido processo legal". CUNHA, Rogério Sanches. *Pacote Anticrime* – Lei n. 13.964/2019: Comentários às alterações do CP, CPP e LEP. Salvador: Juspodivm, 2020, p. 129.

CAPÍTULO 3

COLABORAÇÃO PREMIADA
NO BRASIL

3.1 Histórico

A colaboração premiada, ao contrário do que muitos acreditam, não se trata de uma nova ferramenta especial exclusivamente voltada ao combate da criminalidade organizada, nos termos da Lei n. 12.850/2013.

A bem da verdade, já havia indicação de direito penal premial, nos moldes da colaboração premiada, no Livro V, das Ordenações Filipinas, aplicável ao Brasil independente desde 7 de setembro de 1822 até a entrada em vigor do Código Criminal do Império aos 16 de dezembro de 1830.

Vale lembrar que, no Brasil, a partir do início da colonização portuguesa, vigoravam as Ordenações Afonsinas. O texto foi elaborado por ordem de Dom João I e concluído em 1446. Dom Manuel, posteriormente, visando elaborar uma legislação mais adequada, incumbiu a juristas o trabalho de aprimorá-lo e, em 1521, foram publicadas as Ordenações Manuelinas. Em seguida, Filipe II, da Espanha (em Portugal reinava com o nome Filipe I), determinou a reestruturação dos velhos Códigos, publicando as Ordenações Filipinas aos 11 de janeiro de 1603, já sob o reinado de Filipe II, de Portugal. Dom João IV, após a restauração da monarquia portuguesa, determinou a revalidação das Ordenações Filipinas pela Lei de 29 de janeiro de 1643[181].

---

[181] PIERANGELLI, José Henrique. *Códigos Penais do Brasil*. Bauru: Jalovi, 1980, p. 6-7.

As Ordenações tiveram de fato uma larga aplicação no Brasil, desde a sua publicação até a entrada em vigor do Código Criminal do Império, sancionado aos 16 de dezembro de 1830, ou seja, ainda vigoraram no país por mais de oito anos após a proclamação de independência.

Exatamente no Título CXVI, do Livro V, das Ordenações Filipinas[182], havia previsão de instituto de colaboração premiada. Claramente, o monarca estabeleceu as diretrizes para que o colaborador pudesse receber o prêmio maior, qual seja, o perdão, enumerando os delitos que comportavam o recebimento da benesse em troca da delação de todos, de alguns ou de apenas um dos comparsas.

Desenhou-se, ainda, figura especial de colaboração para o indivíduo que, não tendo qualquer participação no ilícito cometido pelo delatado, colaborasse de modo a formar culpa de outrem em infração de menor ou igual gravidade, com ou sem o perdão do ofendido, cenário em que o benefício poderia ser o perdão completo ou limitado a determinado montante de pena passível de aplicação no caso concreto.

---

[182] "Como se perdoará aos malfeitores, que derem outros á prisão. Qualquer pessôa, que der á prisão cada hum dos culpados, e participantes em fazer moeda falsa, ou cercear, ou per qualquer artificio mingoar, ou corromper a verdadeira, ou falsar nosso sinal, ou sello, ou da Rainha, ou do Principe meu filho, ou em falsar sinal de algum Vêdor de nossa fazenda, ou Dezembargador, ou de outro nosso Official Mór, ou de outros Officiaes de nossa Caza, em cousas, que toquem a seus Officios, ou em matar, ou ferir com bésta, ou espingarda, matar com peçonha, ou em dar, ainda que morte dela se não siga, em matar atraiçoadamente, quebrantar prisões e Cadêas de fóra per força, fazer furto, de qualquer sorte e maneira que seja, pôr fogo ácinte para queimar fazenda, ou pessôa, forçar mulher, fazer feitiços, testemunhar falso, em soltar presos por sua vontade, sendo Carcereiro, em entrar em Mosteiro de Freiras com proposito deshonesto, em fazer falsidade em seu Officio, sendo Tabellião, ou Serivão; tanto que assi der á prisão os ditos malfeitores, ou cada hum deles, e lhes provar, ou forem provados cada hum dos ditos delictos, se esse, que o assi deu á prisão, participante em cada hum dos ditos melefícios, em que he culpado aquelle, que he preso, havemos por bem que, sendo igual na culpa, seja perdoado livremente, postoque não tenha perdão da parte. E se não fôr participante no mesmo malefício, queremos que haja perdão para si (tendo perdão das partes) de qualquer malefício, que tenha, postoque não seja, e isto não sendo maior daquele, em que he culpado o que assi deu á prisão. E se não tiver perdão das partes, havemos por bem lhe perdoar livremente o degredo, que tiver para Africa, até quatro anos, ou qualquer culpa, ou malefício, que tiver commettido, porque mereça degredo até os ditos quatro anos. Porém, isto se entenderá, o que dér á prisão o malfeitor, não haja perdão de mais pena, nem degredo, que de outro tanto, quanto o malfeitor merecer. E além do sobredito perdão, que assi outorgamos, no praz, que sendo malfeitor, que assi foi dado á prisão, salteador de caminhos, que aquelle, que o descobrir, e dér á prisão, e lho provar, haja de Nós trinta cruzados de mercê (sic)." Disponível em: http://www1.ci.uc.pt/ihti/proj/filipinas/l5p1272.htm. Acesso em: 20 abr. 2020.

Optou-se, ainda, pela instituição de recompensa em pecúnia para aquele que viabilizasse a prisão de salteadores de caminhos (furtadores e roubadores que atentavam contra as diligências nas vias disponíveis à época), seja merecedor de perdão ou não, de acordo com a hipótese.

Além da colaboração, portanto, havia uma verdadeira espécie de *whistleblower*[183], dado que, a partir do texto, é viável interpretação no sentido de que a recompensa em pecúnia era devida ao colaborador envolvido no cenário criminoso ou a qualquer cidadão de bem que entregasse provas que dessem azo à prisão do aludido salteador.

De lado a remota legislação portuguesa, não se viu qualquer traço legal sobre o tema no Brasil até a entrada em vigor da Lei n. 8.072/1990. O diploma em questão trouxe, especificamente no art. 8º, parágrafo único[184], prêmio de redução de pena para o associado ou participante de quadrilha ou bando voltado a prática de crimes hediondos ou equiparados que delatasse à autoridade ao menos algum membro do grupo criminoso de modo a contribuir com o seu desmantelamento.

A mesma lei, por força do seu art. 7º, acrescentou a única disposição existente no Código Penal acerca do assunto, regulamentando a possibilidade de colaboração premiada em contexto de crime de extorsão mediante sequestro, desde que cometido por quadrilha ou bando[185]. O comando citado foi

---

[183] Em outras palavras, toda pessoa que, espontaneamente, leva ao conhecimento de uma autoridade informações relevantes sobre um ilícito civil ou criminal, podendo ou não receber contrapartida pecuniária pela informação. AVELAR, Leonardo Magalhães; SANCHES, Pedro Henrique Carrente. A figura do *whistleblower* no direito penal – no Brasil e no mundo. *Revista Consultor Jurídico*. São Paulo, 10 dez. 2019. Disponível em: https://www.conjur.com.br/2019-dez-10/opiniao-figura-whistleblower-direito-penal. Acesso em: 20 abr. 2020. Ou ainda: "O *whistleblower* corresponde ao informante que leve ao conhecimento da autoridade pública o relato de indícios da ocorrência de uma infração contra o interesse público, garantindo sua não retaliação, anonimato e, quando da apuração do fato resultar em recuperação de ativos aos cofres públicos, o recebimento de uma porcentagem do valor a título de recompensa". BELTRAME, Priscila Akemi; SAHIONE, Yuri. "Informante do bem" ou *whistleblower*: críticas e necessários ajustes ao projeto. *Boletim do IBCCrim*, São Paulo, ano 27, n. 317, p. 25, abr. 2019.
[184] BRASIL. *Lei n. 8.072/1990*. Art. 8º. Será de três a seis anos de reclusão a pena prevista no art. 288 do Código Penal, quando se tratar de crimes hediondos, prática da tortura, tráfico ilícito de entorpecentes e drogas afins ou terrorismo. Parágrafo único. O participante e o associado que denunciar à autoridade o bando ou quadrilha, possibilitando seu desmantelamento, terá a pena reduzida de um a dois terços.
[185] BRASIL. *Lei n. 8.072/1990*. Art. 159, §4º. Se o crime é cometido por quadrilha ou bando, o co-autor que denunciá-lo à autoridade, facilitando a libertação do seqüestrado, terá sua pena reduzida de um a dois terços (sic).

alterado pela Lei n. 9.269/1996, que ampliou a possibilidade de colaboração premiada em cenário de extorsão mediante sequestro independentemente da identificação de contexto de associação criminosa, bastando, a partir de então, que o delito fosse engendrado em concurso eventual de pessoas[186].

Poucos anos depois, a Lei n. 9.034, que entrou em vigor em 4 de maio de 1995 e definiu o regime jurídico de combate ao crime organizado no país até sua ab-rogação expressa pela Lei n. 12.850/2013, estabeleceu no seu art. 6º[187] a possibilidade de reduzir a pena para o colaborador que, em infrações praticadas por organizações criminosas, der informações que levem ao esclarecimento de infrações penais e de sua autoria.

Após alguns meses, sobreveio a Lei n. 9.080/1995 e acrescentou disposições de colaboração premiada às Leis n. 7.492/1986[188] (crimes contra o sistema financeiro nacional) e n. 8.137/1990[189] (crimes contra a ordem tributária). Em ambos os comandos, o legislador previu redutor de um a dois terços ao coautor ou partícipe, em delitos cometidos por quadrilha ou bando, que por meio de confissão espontânea revelar à Autoridade Policial ou judicial toda a trama delituosa.

Como se nota, de lado as antiquíssimas Ordenações do Reino, a legislação brasileira caminhou lentamente no que diz respeito ao tratamento do assunto, acrescentando, pontualmente, causas de diminuição de pena atreladas ao agente colaborador e nada mais.

Contudo, em 4 de março de 1998, ingressou no sistema jurídico brasileiro a Lei n. 9.613, ferramenta de combate à lavagem

---

[186] BRASIL. *Lei n. 9.269/1996*. Art. 159, §4º. Se o crime é cometido em concurso, o concorrente que o denunciar à autoridade, facilitando a libertação do seqüestrado, terá sua pena reduzida de um a dois terços (sic).

[187] BRASIL. *Lei n. 9.034/1995*. Art. 6º. Nos crimes praticados em organização criminosa, a pena será reduzida de um a dois terços, quando a colaboração espontânea do agente levar ao esclarecimento de infrações penais e sua autoria.

[188] BRASIL. *Lei n. 7.492/1986*. Art. 25, §2º. Nos crimes previstos nesta Lei, cometidos em quadrilha ou co-autoria, o co-autor ou partícipe que através de confissão espontânea revelar à autoridade policial ou judicial toda a trama delituosa terá a sua pena reduzida de um a dois terços (sic).

[189] BRASIL. *Lei n. 8.137/1990*. Art. 16. Parágrafo único. Nos crimes previstos nesta Lei, cometidos em quadrilha ou co-autoria, o co-autor ou partícipe que através de confissão espontânea revelar à autoridade policial ou judicial toda a trama delituosa terá a sua pena reduzida de um a dois terços (sic).

de dinheiro, a qual inovou ao estabelecer rol mais extenso de premiações ao colaborador. Diversamente da legislação anterior, que conferia ao Estado menor poder de barganha, vinculando-o apenas à oferta de redução de pena, a Lei n. 9.613, no art. 1º, §5º[190], abriu aos órgãos de persecução a possibilidade de se propor acordo de colaboração premiada em troca de perdão judicial, redução de pena, estabelecimento de regime inicial aberto ou substituição da pena privativa de liberdade por restritivas de direitos desde que o autor, coautor ou partícipe colaborasse com as investigações prestando esclarecimentos que conduzissem à apuração das infrações penais e de sua autoria ou à localização dos bens, direitos ou valores objeto do crime. A Lei n. 12.683/2012 ampliou ainda mais os prêmios à disposição do Estado ao dispor sobre a possiblidade de o agente colaborador condenado cumprir a sanção corporal, desde o início, em regime semiaberto ou aberto[191].

A reboque das inovações da Lei de Combate à Lavagem de Dinheiro, aos 14 de julho de 1999 foi publicada e entrou em vigor a Lei n. 9.807, conhecida como Lei de Proteção a Vítimas, Testemunhas e Réus Colaboradores, que também trouxe premiação esticada. Efetivamente, se primário o colaborador e a depender da sua personalidade, da natureza, das circunstâncias, da gravidade e da repercussão social do fato, poderia ser agraciado com perdão judicial; se negativo o juízo de valor nesse sentido, assim como dispõem as leis anteriores, poderia ser beneficiado apenas com redutor de um a dois terços[192]. Pela primeira vez, condicionou-se

---

[190] BRASIL. *Lei n. 9.613/1998*. Art. 1º, §5º. A pena será reduzida de um a dois terços e começará a ser cumprida em regime aberto, podendo o juiz deixar de aplicá-la ou substituí-la por pena restritiva de direitos, se o autor, co-autor ou partícipe colaborar espontaneamente com as autoridades, prestando esclarecimentos que conduzam à apuração das infrações penais e de sua autoria ou à localização dos bens, direitos ou valores objeto do crime (sic).
[191] BRASIL. *Lei n. 12.683/2012*. Art. 1º, §5º. A pena poderá ser reduzida de um a dois terços e ser cumprida em regime aberto ou semiaberto, facultando-se ao juiz deixar de aplicá-la ou substituí-la, a qualquer tempo, por pena restritiva de direitos, se o autor, coautor ou partícipe colaborar espontaneamente com as autoridades, prestando esclarecimentos que conduzam à apuração das infrações penais, à identificação dos autores, coautores e partícipes, ou à localização dos bens, direitos ou valores objeto do crime.
[192] BRASIL. *Lei n. 9.807/1999*. Art. 13. Poderá o juiz, de ofício ou a requerimento das partes, conceder o perdão judicial e a consequente extinção da punibilidade ao acusado que, sendo primário, tenha colaborado efetiva e voluntariamente com a investigação e o processo criminal, desde que dessa colaboração tenha resultado: I – a identificação dos demais coautores ou partícipes da ação criminosa; II – a localização da vítima com a

a viabilidade de oferta de determinado prêmio ao atendimento de requisitos subjetivos, apontando-se a primariedade e a personalidade do agente como pressupostos indispensáveis para o ajuste apto a ensejar perdão judicial.

Apesar da curta vigência, convém ressaltar que a Lei n. 10.409/2002, revogada integralmente pela Lei n. 11.343/2006, em seu art. 32, §§2º e 3º, regulamentou a possibilidade de acordo entre o acusado e o Ministério Público capaz de gerar efeitos processuais – suspensão da marcha do processo – e penais – perdão judicial ou redução de pena –, a depender da efetividade da contrapartida oferecida pelo colaborador[193].

Em sequência, a Lei n. 11.343/2006, em seu art. 41, possibilitou a colaboração premiada em crimes relacionados à difusão ilícita de entorpecentes, não restrita ao tráfico de drogas, mas extensível a todos os crimes previstos no capítulo II, do referido diploma legal. Como visto, havia base legal para se entabular acordo de colaboração premiada em casos de associação criminosa voltada à prática de tráfico de drogas, com base na Lei dos Crimes Hediondos. A Lei n. 11.343/2006 abriu a possibilidade de uso da ferramenta especial em contexto alargado relacionado ao tráfico de substâncias estupefacientes, mas, em aparente retrocesso, dela consta previsão exclusiva de causa de redução de pena para o agente que colaborar na identificação dos demais coautores e partícipes do crime e na recuperação total ou parcial do produto do crime[194].

---

sua integridade física preservada; III – a recuperação total ou parcial do produto do crime. Parágrafo único. A concessão do perdão judicial levará em conta a personalidade do beneficiado e a natureza, circunstâncias, gravidade e repercussão social do fato criminoso (sic).

[193] BRASIL. *Lei n. 11.343/2006*. Art. 32. [...] §2º. O sobrestamento do processo ou a redução da pena podem ainda decorrer de acordo entre o Ministério Público e o indiciado que, espontaneamente, revelar a existência de organização criminosa, permitindo a prisão de um ou mais dos seus integrantes, ou a apreensão do produto, da substância ou da droga ilícita, ou que, de qualquer modo, justificado no acordo, contribuir para os interesses da Justiça; §3º Se o oferecimento da denúncia tiver sido anterior à revelação, eficaz, dos demais integrantes da quadrilha, grupo, organização ou bando, ou da localização do produto, substância ou droga ilícita, o juiz, por proposta do representante do Ministério Público, ao proferir a sentença, poderá deixar de aplicar a pena, ou reduzi-la, de 1/6 (um sexto) a 2/3 (dois terços), justificando a sua decisão.

[194] BRASIL. *Lei n. 11.343/2006*. Art. 41. O indiciado ou acusado que colaborar voluntariamente com a investigação policial e o processo criminal na identificação dos demais coautores ou partícipes do crime e na recuperação total ou parcial do produto do crime, no caso de condenação, terá pena reduzida de um terço a dois terços.

Em que pese o acerto do legislador na introdução, ainda que paulatina, do instituto da colaboração premiada no sistema jurídico-penal brasileiro[195], havia uma importante lacuna que foi colmada apenas após a Lei n. 12.850/2013 entrar em vigor. Com efeito, sem exceção, os diplomas legais anteriores se restringiram a disciplinar direito material premial, certo de que não havia legislação adequada a regular o procedimento correlato.

Em 5 de agosto de 2013 foi publicada e, após 45 dias de *vacatio legis*, entrou em vigor a Lei n. 12.850, a qual, para além dos novos prêmios de direito penal colocados na mesa de negociação, finalmente estruturou sob a perspectiva processual penal a colaboração premiada. Ambas as facetas da Lei de Combate ao Crime Organizado serão objeto de análise aprofundada mais adiante.

Evidentemente, a falta de previsão procedimental não impediu a utilização da ferramenta em apreço antes de 2013. No entanto, certamente, a lacuna permeava o instituto de instabilidade e insegurança jurídica, razão pela qual, dentre outras causas possíveis, apenas após o diploma entrar em vigor a colaboração premiada ganhou corpo suficiente para contribuir de vez para os resultados verificados de combate à criminalidade estruturada.

Como exemplo, antes de a Lei n. 12.850/2013 entrar em vigor, a colaboração premiada foi usada nos autos da ação penal n. 0000464-79.2012.8.26.0268 da 1ª Vara Judicial da Comarca de Itapecerica da Serra, em que o Ministério Público do Estado de São Paulo denunciou cinco pessoas por envolvimento no assassinato do então prefeito de Santo André, Celso Daniel. Como sabido, o caso em questão foi equacionado por meio de Procedimento Investigatório Criminal presidido pelos Promotores de Justiça designados para atuar no Grupo Especial de Combate ao Crime Organizado da Região do ABC Paulista.

Em que pese a conclusão da Polícia Civil no sentido de que os fatos tratavam de extorsão mediante sequestro seguida de morte, as

---

[195] Em sentido oposto, Walter Barbosa Bittar entende que a expansão da colaboração premiada para delitos econômicos e financeiros, alguns de menor gravidade, sujeitos à suspensão condicional do processo, poderia configurar banalização do instituto. BITTAR, Walter Barbosa. *Delação premiada*: direito estrangeiro, doutrina e jurisprudência. Rio de Janeiro: Lumen Juris, 2011, p. 112.

investigações capitaneadas pelo *Parquet* revelaram que Celso Daniel foi morto a mando de Sérgio Gomes da Silva, vulgo *Sombra*, o qual arregimentou grupo que levou adiante a execução. Com pano de fundo político, o homicídio do prefeito traduziu crime mercenário, conforme apurado no procedimento administrativo referido. Dentre os acusados estava Elcyd Oliveira Brito, que entabulou acordo de colaboração premiada com o Ministério Público do Estado de São Paulo com base na Lei n. 9.807/1999. Em troca de importantes informações sobre o mandante do homicídio e dos valores envolvidos a título de pagamento pelo serviço macabro, Elcyd faria jus a um dos benefícios da lei em comento (após desmembramento, os autos referentes a este corréu receberam o n. 0001872-66.2016.8.26.0268).

Contudo, em 10 de fevereiro de 2005, quando colhidas as declarações do colaborador, não havia regulamentação adequada do procedimento a ser seguido, como a previsão de instrumento escrito conforme os requisitos mínimos, motivo pela qual a colaboração de Elcyd foi formalizada em simples termo, ratificada sob o crivo do contraditório em 16 de setembro de 2005, sem submissão à homologação judicial ante a falta de normatização nesse sentido. Em que pese a simplicidade do veículo formal, não há dúvidas de que o imputado pretendia se beneficiar dos auspícios da Lei n. 9.807/1999, que expressamente foi indicada pelo órgão acusatório como suporte legal do ajuste.

É provável que se trate de um dos primeiros casos nos quais efetivamente a colaboração premiada foi utilizada em persecução de crime afeto à competência do Tribunal do Júri no Brasil. Entretanto, submetido a julgamento em agosto de 2012, Elcyd optou por apresentar versão distinta, negando o conteúdo informado em delação, rompendo o compromisso assumido. Nesse diapasão, foi condenado como incurso no art. 121, §2º, I e IV, do Código Penal, termos em que foi pronunciado, sem direito a qualquer benefício decorrente da colaboração a que se comprometeu a levar adiante até a decisão final. Trata-se de decisão já transitada em julgado em que se reconheceu ter havido homicídio mercenário, esclarecido em parte por meio das declarações do colaborador em questão.

Para completar o quadro, indicam-se ainda as Leis n. 13.260/2016 (art. 16) e n. 13.344/2016 (art. 9º). A primeira inaugurou no Brasil o regime jurídico de combate ao terrorismo, enquanto a segunda estabeleceu o sistema de enfrentamento ao tráfico de pessoas e de proteção das vítimas de crimes associados a essa temática. Especificamente quanto à Lei n. 13.260/2016, há menção expressa à viabilidade de se adotarem todas as diretrizes da Lei de Combate ao Crime Organizado para fazer frente ao terrorismo, seja aquele praticado por meio de atos individuais ou de organizações terroristas[196]. No mesmo trilho, a Lei de Enfrentamento ao Tráfico de Pessoas, ainda que desenhe regras próprias, sinaliza expressamente a possibilidade de aplicação subsidiária da Lei n. 12.850/2013[197], cenário que inclui, por certo, o uso das ferramentas especiais de investigação em cena de criminalidade organizada.

3.2 Constitucionalidade

Com a Lei de Combate ao Crime Organizado e a estruturação procedimental do instituto da colaboração, a sua aplicabilidade foi definitivamente consolidada e ampliada, gerando resultados em termos de efetividade de persecução antes nunca vistos no Brasil. Estratos sociais até então inalcançáveis no que diz respeito à incidência da lei penal começaram a aparecer com certa frequência no noticiário policial.

Por certo, de outro lado, vozes importantes no meio acadêmico se ergueram para questionar a validade jurídica da colaboração premiada como forma de obtenção de prova em processo penal.

Antes de se apontarem os argumentos levantados por alguns autores quanto à possível inconstitucionalidade do instituto, importante anotar que, do ponto de vista estritamente pragmático, o Supremo Tribunal Federal, com a entrada em vigor da Lei n. 12.850/2013, reconheceu implícita e casuisticamente a constitucionalidade da ferramenta ao homologar e, posteriormente, fazer incidir os efeitos jurídicos de diversos acordos de colaboração

---

[196] BRASIL. *Lei n. 13.260/2016*. Art. 16. Aplicam-se as disposições da Lei n. 12.850, de 2 agosto de 2013, para a investigação, processo e julgamento dos crimes previstos nesta Lei. Além disso, a Lei de Combate ao Terrorismo alterou a Lei n. 12.850/13 para admitir a aplicação extensiva das suas disposições às organizações terroristas, especificamente no art. 1º, §2º, II.
[197] BRASIL. *Lei n. 13.344/2016*. Art. 9º. Aplica-se subsidiariamente, no que couber, o disposto na Lei n. 12.850, de 2 de agosto de 2013.

premiada. Não há espaço, portanto, para discussão séria acerca do tema diante da jurisprudência consolidada na Suprema Corte[198].

Do ponto de vista estritamente acadêmico, apontam-se as opiniões doutrinárias que criticam duramente a colaboração premiada no que concernem às tensões geradas entre o instituto e os direitos fundamentais do acusado.

Segundo Luigi Ferrajoli, a colaboração premiada sintetiza a corrupção indelével do Poder Judiciário porquanto há tendência dos Juízes, sobretudo os inquisidores, de fazer uso de algum modo de seu poder de disposição para obter a colaboração dos imputados contra eles próprios[199].

O próprio Marquês de Beccaria era avesso à ideia de impunidade como prêmio ao comparsa que entregasse o seu parceiro a autoridades, cenário que legitimaria a traição ao contrário da esperada confiança pública que se deve desejar das leis[200].

Ainda no contexto de um apanhado crítico à colaboração premiada, Cezar Roberto Bitencourt e Paulo Busato duvidam da organização da criminalidade no Brasil, país onde impera a improvisação e a desorganização. Atribuem à falência estatal a necessidade de se lançar mão de métodos importados como a colaboração premiada e questionam se seria de fato legítimo ao Estado utilizar um estímulo à deslealdade e à traição entre parceiros para atingir resultados que sua incompetência não lhe permite atingir através de meios mais ortodoxos[201].

Alberto Silva Franco, por sua vez, sustenta que a delação e, por via lógica, a traição, para além de instrumento de desintegração

---

[198] A bem da verdade, a constitucionalidade da colaboração premiada fora reconhecida pela Supremo Tribunal Federal tempos antes da entrada em vigor da Lei n. 12.850/2013, como se depreende da leitura do acórdão lançado nos autos do *habeas corpus* n. 90.688/PR, prolatado em 2008, de relatoria do Ministro Ricardo Lewandowski. Interessante notar que os argumentos contrários à constitucionalidade do instituto reverberaram com mais intensidade apenas a partir da Operação Lava Jato, talvez não por coincidência, quando a ferramenta de investigação se mostrou importante, em especial, no combate à criminalidade organizada e de colarinho branco.
[199] FERRAJOLI, Luigi. *Direito e razão*: teoria do garantismo penal. 3. ed. São Paulo: RT, 2010, p. 561.
[200] BECCARIA, Cesare. *Dos delitos e das penas*. São Paulo: Martin Claret, 2001, p. 48.
[201] BITENCOURT, Cezar Roberto; BUSATO, Paulo César. *Comentários à lei de organização criminosa*. São Paulo: Saraiva, 2014, p.117.

social, são, no plano ético, um desvalor, contrário à concepção de vida moral calcada na dignidade da pessoa humana[202].

Respeitosamente, os argumentos abordados não resistem a um exame mais acurado da ideia de proporcionalidade como baliza constitucional legitimadora da colaboração premiada.

Com efeito, o problema ético, supedâneo central da maior parcela das críticas, é estranho ao mundo do crime[203]. Conforme avalia Guilherme de Souza Nucci, a própria natureza das condutas delituosas, ao romper com as normas vigentes e ferir bens catalogados como importantes sob o aspecto jurídico-penal e, portanto, merecedores da tutela estatal, enfraquece o referido ponto de vista[204].

Ao se partir da premissa de que o combate à criminalidade contemporânea com base na colaboração premiada e, assim, em negociação com o delinquente, constitui séria lesão à eticidade do Estado, *a contrario sensu*, seria validado argumento no sentido de que a possível impunidade derivada da chamada cifra negra ou de um processo penal moroso, ineficiente e burocrático, e o consequente enfraquecimento da tutela penal de valores caros, dentre eles bens jurídicos fundamentais como a vida, a liberdade e a dignidade da pessoa humana, traduziria postura eticamente aceitável.

O ponto médio e razoável apto a legitimar constitucionalmente a colaboração premiada deve ser ponderado sob a ótica da proporcionalidade. Sem dúvida, a solução de possíveis tensões parte de compreensão mais ampla do mencionado princípio.

A Constituição Federal de 1988, em seu art. 5º, LIV[205], traz a cláusula do *due process of law*. Outrossim, conquanto não haja previsão expressa do princípio da proporcionalidade no texto da

---

[202] FRANCO, Alberto Silva *apud* RIBEIRO, Sérgio Dayrell. Aspectos controversos da delação premiada. *SynThesis Revista Digital FAPAM*, Pará de Minas, v. 2, n. 2, p. 81, nov. 2010.

[203] Fausto Martin de Sanctis fala sobre *ética utilitarista* quando ao Estado é permitido reduzir ou extinguir a pena do acusado que possa de alguma forma contribuir para o esclarecimento integral dos fatos. SANCTIS, Fausto Martin de. *Crime organizado e lavagem de dinheiro*: destinação de bens apreendidos, delação premiada e responsabilidade social. São Paulo: Saraiva, 2009, p. 158.

[204] NUCCI, Guilherme de Souza. *Leis penais e processuais penais comentadas*. v. 2. 8. ed. Rio de Janeiro: Forense, 2014, p. 728-729.

[205] BRASIL. *Constituição Federal (1988)*. Art. 5º, LIV. Ninguém será privado da liberdade ou de seus bens sem o devido processo legal.

Carta Magna, de disposição prevendo a garantia do devido processo legal se deduz o referido princípio.

Com efeito, da evolução do conhecimento jurídico sobre o devido processo legal emergiram duas facetas: o devido processo legal de caráter estritamente processual (*procedural due process*) e o devido processo legal substantivo (*substantive due process*).

Por intermédio do devido processo legal substantivo, do qual se identifica o princípio da proporcionalidade, examina-se a razoabilidade das normas jurídicas e dos atos do Poder Público em geral[206].

O princípio da proporcionalidade, de origem germânica, está calcado, em última análise, no valor *justiça* e, mais fácil de ser sentido do que conceituado, se dilui em um conjunto de proposições que não o libertam de uma dimensão subjetiva[207].

Além do art. 5º, LIV, da Constituição Federal, extrai-se o princípio da proporcionalidade dos incisos XLII[208], XLIII[209], XLVI[210] e XLVII[211] do mesmo dispositivo[212]. A análise de proporcionalidade da norma não se cinge à sua dimensão externa, ou seja, do estudo da razoabilidade da disposição em face das outras figuras do ordenamento jurídico, mas também sua razoabilidade interna, isto é, o estudo de uma relação racional entre seus motivos, meios e fins.

---

[206] BARROSO, Luís Roberto. *Interpretação e aplicação da Constituição*. 6. ed. São Paulo: Saraiva, 2004, p. 219. Assim como Luís Roberto Barroso, optamos por tratar indistintamente os princípios da proporcionalidade e da razoabilidade, este originário do direito anglo-saxão, salvo menção expressa em sentido contrário (p. 224). Não se faz rosto, todavia, à diferenciação levada adiante por parte da doutrina. ÁVILA, Humberto. *Teoria dos princípios*. 13. ed. São Paulo: Melhoramentos, 2012, p. 180-182.

[207] BARROSO, Luís Roberto. *Interpretação e aplicação da Constituição*. 6. ed. São Paulo: Saraiva, 2004, p. 224.

[208] BRASIL. *Constituição Federal (1988)*. Art. 5º, XLII. A prática do racismo constitui crime inafiançável e imprescritível, sujeito à pena de reclusão, nos termos da lei;

[209] BRASIL. *Constituição Federal (1988)*. Art. 5º, XLIII. A lei considerará crimes inafiançáveis e insuscetíveis de graça ou anistia a prática da tortura, o tráfico ilícito de entorpecentes e drogas afins, o terrorismo e os definidos como crimes hediondos, por eles respondendo os mandantes, os executores e os que, podendo evitá-los, se omitirem;

[210] BRASIL. *Constituição Federal (1988)*. Art. 5º, XLVI. A lei regulará a individualização da pena e adotará, entre outras, as seguintes: a) privação ou restrição da liberdade; b) perda de bens; c) multa; d) prestação social alternativa; e) suspensão ou interdição de direitos.

[211] BRASIL. *Constituição Federal (1988)*. Art. 5º, XLVII. Não haverá penas: a) de morte, salvo em caso de guerra declarada, nos termos do art. 84, XIX; b) de caráter perpétuo; c) de trabalhos forçados; d) de banimento; e) cruéis.

[212] PONTE, Antonio Carlos da. *Crimes eleitorais*. São Paulo: Saraiva, 2008, p. 79.

A verificação acima, pela inclinação subjetiva, pode pender para um nível de abstração capaz de comprometer a segurança do sistema. Por isso, o princípio em análise é balizado por vetores objetivos cunhados pela doutrina para a sua caracterização completa, quais sejam: a) *adequação*: o ato do Poder Público deve ser capaz de atingir os objetivos a que se propõe; b) *necessidade*: conclusão no sentido de não existir medida menos gravosa para a consecução dos fins pretendidos; e c) *proporcionalidade em sentido estrito*: ponderação entre a restrição ou ônus imposto pelo ato e o benefício por ele trazido, justificando ou não a medida do Poder Público.

Os subprincípios acima anotados buscam conferir indicações contra o excessivo subjetivismo, para, nos dizeres de Gilmar Ferreira Mendes e Paulo Gustavo Gonet Branco, evitar-se incorrer no risco ou na tentação de substituir a decisão legislativa pela avaliação subjetiva do Juiz [213].

Uma vez identificado um ato do Poder Público desproporcional sob os aspectos enfocados, há uma irremissível inconstitucionalidade a ser reconhecida em âmbito de controle de constitucionalidade [214]. Nesse trilho, de rigor ponderar que descortinada a matriz constitucional do princípio em voga, eventual incompatibilidade de ato infraconstitucional merecerá correção por ato judicial de controle.

A equação não revela maiores dificuldades quando enfrentado o princípio da proporcionalidade por sua face mais conhecida, qual seja, a proibição de excesso. Entrementes, não é esta a sua única faceta. De lado a primeira, também merece estudo o princípio da proporcionalidade sob o aspecto da proibição de proteção deficiente ou insuficiente.

Com efeito, apartado o eventual excesso da restrição ou ônus imposto pela lei ou ato do Poder Público – a merecer a pecha de desproporcional pelos vetores discutidos –, o princípio da

---

[213] MENDES, Gilmar Ferreira; BRANCO, Paulo Gustavo Gonet. *Curso de direito constitucional*. 6. ed. São Paulo: Saraiva, 2011, p. 257-258. Os autores ainda observam quanto aos mencionados riscos: "Tendo em vista esses riscos, procura-se solver a questão com base nos outros elementos do princípio da proporcionalidade, enfatizando-se, especialmente, o significado do subprincípio da necessidade. A proporcionalidade em sentido estrito assumiria, assim, o papel de um *controle de sintonia fina* (Stimmigkeitskontrolle), indicando a justeza da solução encontrada ou a necessidade de sua revisão" (p. 258).
[214] LENZA, Pedro. *Direito constitucional esquematizado*. 9. ed. São Paulo: Método, 2005, p. 557.

proporcionalidade é também avaliado sob outro enfoque, conforme analisa Luciano Feldens, qual seja, a existência de um piso de proteção imposto ao Estado[215]. O argumento é indiscutível sob pena de se perder a exigível racionalidade do ordenamento jurídico e, por via oblíqua, a própria condição de sistema[216].

A doutrina da proibição de insuficiência está associada à ideia de conteúdo objetivo dos direitos fundamentais. Segundo José Paulo Baltazar Júnior, os direitos fundamentais nasceram com caráter de resposta em um contexto no qual as ameaças tinham origem em fontes estatais. Contudo, na sociedade contemporânea, as fontes de perigo e de agressão não provêm exclusivamente do Estado, mas também de outros centros de poder, privados, em relação aos quais não dá resposta adequada à visão tradicional dos direitos fundamentais como direitos de defesa[217].

Embora robustos os argumentos relacionados à existência de outro norte para o princípio da proporcionalidade diferente da proibição de excesso, difícil identificar a proteção insuficiente no campo prático, haja vista que o imperativo de tutela deve ser cotejado em face de um arsenal de medidas de possível adoção à proteção de um direito fundamental, de maneira a determinar se um ato estatal – ou uma omissão, total ou parcial – vulnera um direito.

No campo penal, identificada uma norma desproporcional sob o aspecto positivo (proibição de excesso), o Juiz poderá afastar

---

[215] "Uma vez reconhecido que pesa sobre o Estado o dever de proteção de um direito fundamental, logicamente que a eficácia da proteção constitucionalmente requerida integrará o próprio conteúdo desse dever, pois um dever de tomar medidas ineficazes não faria sentido. Nesse tom, a partir do momento que compreendemos que a Constituição proíbe que se desça abaixo de um *mínimo* de proteção, a proporcionalidade joga, aqui, como proibição de proteção deficiente (ou proibição de insuficiência)". FELDENS, Luciano. *Direitos fundamentais e direito penal*. 2. ed. Porto Alegre: Livraria do Advogado, 2012, p. 164.

[216] "Enquanto conjunto de enunciados prescritivos que se projetam sobre a região das condutas inter-humanas, o direito posto há de ter um mínimo de racionalidade para ser recepcionado pelos sujeitos destinatários, circunstância que lhe garante, desde logo, a condição de sistema". CARVALHO, Paulo de Barros. *Direito tributário*. 2. ed. São Paulo: Saraiva, 1999, p.39.

[217] BALTAZAR JÚNIOR, José Paulo. *Crime organizado e proibição de insuficiência*. Porto Alegre: Livraria do Advogado, 2010, p. 49. José Paulo Baltazar Júnior esclarece, citando Konrad Hesse, a menção ao conteúdo jurídico-objetivo dos direitos fundamentais: "[...] correspondente à "compreensão dos direitos fundamentais como princípios objetivos, que influenciam o conjunto da ordem jurídica e obrigam o Estado a fazer tudo para a sua concretização", tanto na legislação quanto na aplicação direito [...]" (p. 50).

sua incidência no caso concreto e deixar de aplicar a pena (controle de constitucionalidade incidental ou difuso). Não obstante, anotada de modo casuístico a proteção deficiente a um direito fundamental (proporcionalidade negativa), não poderá o aplicador estabelecer a sanção considerada por ele mais adequada para proteger o valor, restando a reforma legislativa como a única solução.

Como exemplo, questionaríamos a suficiência da proteção do patrimônio artístico, arqueológico ou histórico pela norma incriminadora do art. 165 do Código Penal[218] diante da relevância do bem jurídico tutelado, cuja defesa e valorização tem referência constitucional[219]. Ao que consta, cotejado o objeto com o catálogo de bens constitucionais passíveis de proteção penal, decerto mereceria o patrimônio cultural uma tutela mais ampla quando comparada à vigente previsão de crime de menor potencial ofensivo.

Nesse compasso, deflagrado um processo criminal contra o autor de delito desse jaez, nada poderia fazer o magistrado fora das estritas balizas do preceito secundário do tipo incriminador aventado para incrementar a frágil proteção.

No campo do controle concentrado, mesmo se admitida a inconstitucionalidade do art. 165 do Código Penal por insuficiência de proteção do bem jurídico que objetiva tutelar, restaria ao Supremo Tribunal Federal reconhecer a omissão legislativa nessa hipótese – demanda-se reforma por meio de lei em sentido estrito para elevar a sanção correlata. Todavia, a medida, na prática, isoladamente, não corrige o problema, porquanto depende de postura ativa do Poder competente[220].

De volta à discussão relacionada à estrutura jurídica da colaboração premiada e, em vista dos subprincípios da necessidade,

---

[218] BRASIL. *Código Penal (1940)*. Art. 165. Destruir, inutilizar ou deteriorar coisa tombada pela autoridade competente em virtude de valor artístico, arqueológico ou histórico. Pena – detenção, de 6 (seis) meses a 2 (dois) anos, e multa.
[219] BRASIL. *Constituição Federal (1988)*. Art. 215, §3º, I. Defesa e valorização do patrimônio cultural brasileiro. [...] Art. 216. Constituem patrimônio cultural brasileiro [...]: III – as criações científicas, artísticas e tecnológicas; IV – as obras, objetos, documentos, edificações e demais espaços destinados às manifestações artístico-culturais; V – os conjuntos urbanos e sítios de valor histórico, paisagístico, artístico, arqueológico, paleontológico, ecológico e científico.
[220] BRASIL. *Constituição Federal (1988)*. Art. 103, §2º. Declarada a inconstitucionalidade por omissão de medida para tornar efetiva norma constitucional, será dada ciência ao Poder competente para a adoção das providências necessárias e, em se tratando de órgão administrativo, para fazê-lo em trinta dias.

da adequação e da proporcionalidade em sentido estrito, a experiência brasileira tem se mostrado reveladora de obediência dos parâmetros doutrinários a respeito do assunto, reafirmando-se, uma vez mais, a constitucionalidade da medida.

Se de um lado o incremento da criminalidade no mundo conectado impõe a necessidade de se aprimorar o aparato estatal, é certo que a Lei n. 12.850/2013 tem se mostrado adequada para a consecução de suas finalidades e, de outro lado, engloba limites à colaboração premiada e evita seu uso como ferramenta de vingança pessoal. Por certo, ao prever a impossibilidade de condenação com base exclusivamente nas palavras do colaborador e ao desenhar norma incriminadora acerca da colaboração caluniosa, para citar apenas dois exemplos, o legislador buscou caminhos para atenuar eventuais efeitos colaterais da ferramenta em testilha em busca de ponto intermediário e constitucionalmente válido entre a proibição de excesso e a vedação de proteção deficiente. Também quanto à relação custo-benefício, rotulada como proporcionalidade em sentido estrito – embora neste ponto ainda exista espaço para maior subjetivismo –, a experiência dos últimos sete anos e o aprimoramento do instituto por intermédio de construção jurisprudencial parece revelador de bom termo entre os resultados obtidos a título de persecução penal e o respeito aos direitos de investigados, de acusados e de réus colaboradores[221].

Na esteira das conclusões de Cleber Masson e de Vinícius Marçal, na pós-modernidade, impossível ao Estado dar de ombros à colaboração premiada como meio especial de se obter prova, especialmente quando se trata de enfrentar a criminalidade organizada. Impor aos órgãos de persecução penal apenas a utilização de instrumentos ortodoxos e vetustos, como a mera

---

[221] Nesse sentido, as conclusões de Frederico Valdez Pereira: "[...] a colaboração inclui-se no preço a pagar, nos custos da evolução dos fenômenos sociais, daí a importância de se estabelecer os lindes possíveis do recurso aos instrumentos de reforço na investigação, em intento mais balizador do que apologético. Embora exista excesso na assimilação feita entre concitar mediante tortura e persuasão decorrente da expectativa de prêmio, tal equiparação não estará muito distante da realidade, acaso não haja o estabelecimento de limites concretos à atividade legislativa de recurso ao instrumento, não só quanto ao aspecto de circunscrever sua utilização a um âmbito estrito, tão delimitado quanto possível, da criminalidade, como também pela indispensável completude da previsão legal dos colaboradores com a justiça". PEREIRA, Frederico Valdez. *Delação premiada*: legitimidade e procedimento. Curitiba: Juruá, 2016, p. 113-114.

colheita de depoimentos ou interceptações telefônicas inúteis, é ignorar completamente as dificuldades inerentes ao combate efetivo da criminalidade contemporânea[222].

Compreende-se a posição dos autores não como critério a validar o emprego de quaisquer meios de prova, como a tortura para se evitar ato terrorista, ou mesmo a prova obtida por meios ilícitos, ainda que para beneficiar o acusado. No meio é onde está a virtude, sendo os extremos vícios, como resume a mediania aristotélica. O equilíbrio entre os direitos e as garantias individuais e a eficiência do processo penal é a chave para se aceitar definitivamente a colaboração premiada como a importante ferramenta de persecução penal que se tornou, conforme sintetizado por Pedro Henrique Demercian[223].

Nessa acepção, o ponto médio para se convergir ao equilíbrio não se confunde com a *mediocridade* tão bem desenhada por José Ingenieros[224], mas, ao contrário, em escapar do senso comum, de maneira a se aprofundar a investigação da mediana entre os interesses conflitantes para se atingir o justo racional.

3.3 Natureza jurídica

O Supremo Tribunal Federal, no julgamento do *habeas corpus* n. 127.483/PR[225], definiu que a colaboração premiada possui natureza de negócio jurídico processual meio de obtenção de prova.

---

[222] MASSON, Cleber; MARÇAL, Vinicius. *Crime organizado*. 2. ed. Rio de Janeiro: Forense; São Paulo: Método, 2016, p. 120.
[223] DEMERCIAN, Pedro H. A colaboração premiada e a lei das organizações criminosas. *Revista Jurídica ESMP-SP*, v. 9, n.1, p. 53-88, jan.-jun. 2016, p. 70. "[...] (não) parece possível, num Estado Democrático de Direito, conceber-se um processo que busque, a todo custo e com a máxima economia processual, a punição, como também não é razoável que em nome da suposta preservação de premissas garantistas, o abuso no emprego de um falso sistema de direitos e garantias, de modo a sacrificar a segurança pública e a paz social".
[224] "O *homem medíocre* é uma sombra projetada pela sociedade; é, por essência, imitativo e está perfeitamente adaptado para viver em rebanho, refletindo as rotinas, pré-juízos e dogmatismos reconhecidamente úteis para a domesticidade. Assim como o inferior herda a 'alma da espécie', o medíocre adquire a 'alma da sociedade'. Sua característica é imitar a quantos o rodeiam: pensar com a cabeça dos outros e ser incapaz de formar ideais próprios". INGENIEROS, José. *O homem medíocre*. Tradução de Lycurgo de Castro Santos. 2. ed. São Paulo: Ícone, 2012, p. 55.
[225] "*Habeas corpus*. Impetração contra ato de Ministro do Supremo Tribunal Federal. Conhecimento. Empate na votação. Prevalência da decisão mais favorável ao paciente (art.

Em compasso com a jurisprudência do Pretório Excelso, a Lei n. 13.964/2019, que conferiu nova redação à Lei n. 12.850/2013, no seu art. 3º-A[226], anotou expressamente que a colaboração premiada tem dupla natureza: negócio jurídico processual e meio de obtenção de prova.

Com efeito, as novas disposições da Lei n. 12.850/2013 repisam o caráter negocial da colaboração premiada, afastando espaço hermenêutico no sentido de se exigir do colaborador um verdadeiro arrependimento – quase um dever moral, como se lhe conferisse o perdão apenas em caso de relato integral dos fatos sobre os quais tem conhecimento, para além de eventual objeto do acordo. Como exemplo, indica-se o art. 3º-C, §3º[227], oportunidade em que o legislador reforça o compromisso do colaborador de narrar todos os fatos ilícitos *para os quais concorreu* e não todas as infrações às quais eventualmente tenha conhecimento, salvo, evidentemente, cláusula específica em sentido diverso no instrumento de acordo[228]. Nessa linha de ideias, aponta-se que, no passado, sob a égide da redação original da Lei de Combate ao Crime Organizado, já se decidiu pela suspensão de efeitos de acordo de imunidade por se descortinar que o colaborador omitiu fatos os quais conhecia[229], cena que poderia levar à rescisão unilateral do compromisso.

146, parágrafo único, do Regimento Interno do Supremo Tribunal Federal). Inteligência do art. 102, i, i, da Constituição Federal. Mérito. Acordo de colaboração premiada. Homologação judicial (art. 4º, §7º, da Lei n. 12.850/13). Competência do relator (art. 21, I e II, do Regimento Interno do Supremo Tribunal Federal). Decisão que, no exercício de atividade de delibação, se limita a aferir a regularidade, a voluntariedade e a legalidade do acordo. Ausência de emissão de qualquer juízo de valor sobre as declarações do colaborador. *Negócio jurídico processual personalíssimo* [...]". BRASIL. *Supremo Tribunal Federal*. HC 127.483, Rel. Min. Dias Toffoli, j. 27-8-2015.

[226] BRASIL. *Lei n. 12.850/2013*. Art. 3º-A. O acordo de colaboração premiada é negócio jurídico processual e meio de obtenção de prova, que pressupõe utilidade e interesse públicos.

[227] BRASIL. *Lei n. 12.850/2013*. Art. 3º-C, §3º. No acordo de colaboração premiada, o colaborador deve narrar todos os fatos ilícitos *para os quais concorreu e que tenham relação direta com os fatos investigados* (grifo nosso).

[228] O art. 4º, §17, da Lei n. 12.850/2013 dispõe que o acordo homologado poderá ser rescindido em caso de omissão dolosa *sobre os fatos objeto da colaboração*, a enfatizar, uma vez mais, que o colaborador é obrigado a revelar o que sabe, desde que tenha se comprometido especificamente.

[229] Trata-se do acordo entabulado entre o Ministério Público Federal e os irmãos Joesley e Wesley Batista, do grupo empresarial J&F. Sem entrar no mérito do acordo, cujas cláusulas podem levar à solução distinta e está em fase de renegociação por iniciativa da própria Procuradoria-Geral da República, a atual disciplina legal da colaboração premiada indica que a omissão de fatos conhecidos pelo colaborador, mas os quais ele não se comprometeu

Demais disso, com mais clareza, a partir da nova redação do art. 4º, §16, da Lei n. 12.850/2013, o Juiz não poderá decidir sobre a condenação, o recebimento de inicial ou a decretação de medidas cautelares de quaisquer naturezas com base exclusivamente nas palavras do colaborador, exatamente por se tratar de mecanismo de busca dos elementos de convicção e não de meio de prova propriamente dito. A colaboração premiada, ainda que em acordo homologado, sem comprovação, afigura-se verdadeiro *nada* jurídico.

Em complemento, a Suprema Corte extraiu outras três ideias fundamentais: 1) trata-se de negócio de natureza personalíssima; 2) não se aplica a *quarentena*[230] prevista nos acordos de leniência; 3) pode versar sobre efeitos extrapenais patrimoniais da condenação.

No que tange ao primeiro aspecto, por se tratar de negócio jurídico processual personalíssimo, o acordo de colaboração premiada não pode ser impugnado por terceiros, ainda que coautores ou partícipes do colaborador[231]. Na mesma esteira, impensável a extensão dos efeitos penais benéficos ao corréu ou aos investigados, uma vez que direcionados ao colaborador que contribuiu de modo eficaz para as investigações ou processo criminal[232].

---

expressamente revelar, não traduziria conduta capaz de levar à rescisão por força de lei. Disponível em: https://www.poder360.com.br/justica/fachin-suspende-rescisao-da-delacao-de-executivos-da-jf/. Acesso em: 15 maio 2020.

[230] Quarentena é expressão originada do termo *quaranta* italiano, referente a quarenta dias, tempo que os passageiros e tripulantes de navios deveriam permanecer isolados antes que pudessem desembarcar dos navios no porto de Veneza durante a peste negra.

[231] "Por se tratar de negócio jurídico personalíssimo, o acordo de colaboração premiada não pode ser impugnado por coautores ou partícipes do colaborador na organização criminosa e nas infrações penais por ela praticadas [...]. De todo modo, nos procedimentos em que figurarem como imputados, os coautores ou partícipes delatados – no exercício do contraditório – poderão confrontar, em juízo, as declarações do colaborador e as provas por ele indicadas, bem como impugnar, a qualquer tempo, as medidas restritivas de direitos fundamentais eventualmente adotadas em seu desfavor" (HC 127.483, Rel. Min. Dias Toffoli, Tribunal Pleno). II – Para dissentir do acórdão impugnado e verificar a procedência dos argumentos consignados no apelo extremo, seria necessário o reexame das cláusulas constantes do termo de colaboração premiada – o que é vedado pela Súmula 454 do STF – e das normas infraconstitucionais pertinentes ao caso, sendo certo que eventual ofensa à Constituição seria apenas indireta. III – Agravo regimental a que se nega provimento. BRASIL. *Supremo Tribunal Federal*. RE 1103435 AgR, Rel. Min. Ricardo Lewandowski, Segunda Turma, j. 17-05-2019, Processo Eletrônico DJe- 124, Divulg 07-06-2019 Public 10-06-2019. [grifo nosso]. Vale lembrar, contudo, que o próprio Supremo Tribunal Federal flexibilizou esse entendimento no julgamento do HC n. 151/605/PR, quando admitiu a impugnação do acordo por terceiro delatado em caso de homologação sem respeito à prerrogativa de foro (Informativo 895/STF).

[232] Nesse sentido, ainda que se trate de acordo assentado com base na Lei n. 9.807/1999: "[...] **A redução da pena de corréu, por força de acordo de delação premiada (art. 25, §2º, da**

Aos demais imputados, no ambiente próprio do contraditório, será possível negar, confrontar e, eventualmente, apresentar contraprova visando refutar a veracidade das declarações do colaborador ou a sua eficácia. Nem sequer se admite que terceiro estranho ao acordo pleiteie a revogação dos benefícios a que pode ter direito o colaborador[233].

De outro lado, por não se confundir com os acordos de leniência previstos nas Leis n. 12.529/2011[234] e 12.846/2013[235], tratando-se o acordo de colaboração premiada de negócio jurídico e meio de obtenção de prova de natureza criminal, não se lhe aplica o prazo de 3 anos para que o colaborador possa se beneficiar de novo acordo no caso de inadimplemento de negócio pretérito da mesma natureza. Os acordos de leniência a que se referem as Leis Anticorrupção e Antitruste, ainda que possuam grande semelhança com a colaboração premiada, com ela não se confundem.

Lei n. 7.492/86 e arts. 13 e 14 da Lei n. 9.807/99) e de sua efetiva colaboração com a Justiça, tem natureza personalíssima e não se estende ao recorrente. 6. O recorrente, que não estava obrigado a se autoincriminar nem a colaborar com a Justiça (art. 5º, LXIII, CF), exerceu seu direito constitucional de negar a prática dos ilícitos a ele imputados. 7. Após adotar essa estratégia defensiva, por reputá-la mais conveniente aos seus interesses, não pode agora, à vista do resultado desfavorável do processo, pretender que lhe seja estendido o mesmo benefício reconhecido àquele que, desde o início, voluntariamente assumiu a posição de réu colaborador, arcando com os ônus dessa conduta processual, na expectativa de obter as vantagens dela decorrentes**. 8. No crime de gestão fraudulenta de instituição financeira (art. 4º, *caput*, da Lei n. 7.492/1986), a magnitude dos prejuízos causados pode ser valorada negativamente, na primeira fase da dosimetria da pena, a título de "consequências" do crime, haja vista que não constitui elementar do tipo penal. 9. Recurso não provido. Inexistência de flagrante ilegalidade ou teratologia que justifique a concessão, de ofício, da ordem de *habeas corpus*. BRASIL. *Supremo Tribunal Federal*. RHC 124192, Rel. Min. Dias Toffoli, Primeira Turma, j. 10-02-2015, Processo Eletrônico, DJe-065, Divulg 07-04-2015, Public 08-04-2015 [grifo nosso].

[233] "[...] Conforme assentado pelo Plenário do Supremo Tribunal Federal, **é incabível pedido de terceiro estranho à colaboração premiada, para revogação de benefícios ajustados com delatores,** porque a avaliação da veracidade das declarações somente pode ocorrer no âmbito das ações penais eventualmente propostas. BRASIL. *Supremo Tribunal Federal*. HC 127.483, Rel. Min. Dias Toffoli, j. 27-8-2015; 2. Agravo regimental a que se nega provimento". BRASIL. *Supremo Tribunal Federal*. Pet 5885 AgR, Rel. Min. Teori Zavascki, Segunda Turma, j. 05-04-2016, Processo Eletrônico, DJe-080, Divulg 25-04-2016, Public 26-04-2016.

[234] BRASIL. *Lei n. 12.529/2011*. Art. 86, §12. Em caso de descumprimento do acordo de leniência, o beneficiário ficará impedido de celebrar novo acordo de leniência pelo prazo de 3 (três) anos, contado da data de seu julgamento.

[235] BRASIL. *Lei n. 12.846/2013*. Art. 16, §8º. Em caso de descumprimento do acordo de leniência, a pessoa jurídica ficará impedida de celebrar novo acordo pelo prazo de 3 (três) anos contados do conhecimento pela administração pública do referido descumprimento.

Nesse aspecto, urge um apontamento. A colaboração premiada, nos moldes estabelecidos na Lei de Combate ao Crime Organizado, é meio de obtenção de prova penal[236], o qual, em alguma medida, pode implicar flexibilização de garantias fundamentais validadas constitucionalmente em análise de proporcionalidade, nos termos encaminhados no capítulo anterior. Certamente, o empréstimo de prova produzida em sede criminal para o juízo extrapenal é instrumento aceitável se obedecidos os princípios do contraditório e da ampla defesa[237], cenário que não viabiliza argumentação no sentido de se permitir acordo de colaboração premiada como meio de obter prova originalmente em processo civil[238]. Como exceção, diante das particularidades das demandas relacionadas à improbidade administrativa e de sua natureza híbrida[239], não seria desarrazoado ponderar no sentido de

---

[236] Nesse sentido, Gilson Dipp anota que "[...] é instituto essencialmente direcionado ao juízo penal e a seus propósitos". DIPP, Gilson. *A "delação" ou colaboração premiada*: uma análise do instituto pela interpretação da lei. Brasília: IDP, 2015, p. 15.

[237] Súmula n. 591 do Superior Tribunal de Justiça: "É permitida a "prova emprestada" no processo administrativo disciplinar, desde que devidamente autorizada pelo juízo competente e respeitados o contraditório e a ampla defesa. Ainda no sentido da possibilidade de compartilhamento de declarações obtidas em colaboração premiada: "Ementa: AGRAVO REGIMENTAL NO AGRAVO REGIMENTAL NA PETIÇÃO. REDIRECIONAMENTO DE TERMOS DE DEPOIMENTO FIRMADO EM ACORDO DE COLABORAÇÃO PREMIADA. REFERÊNCIA À EVENTUAL POSSIBILIDADE DE COMPARTILHAMENTO PELO NOVO JUÍZO DESTINATÁRIO. VIABILIDADE. INSURGÊNCIA DESPROVIDA. 1. O compartilhamento de elementos de informação é amplamente admitido pela jurisprudência desta Corte, providência que, por si só, não representa qualquer determinação para apuração de fatos e, portanto, não importa em duplicidade de procedimentos. Precedentes. 2. Incumbe à autoridade judiciária apreciar o compartilhamento de termos de depoimento integrantes de procedimento a si destinados, podendo autorizá-lo, quando presentes fundadas razões. 4. Agravo regimental desprovido" BRASIL. *Supremo Tribunal Federal*. Pet 6827 AgR-AgR, Rel. Min. Edson Fachin, Segunda Turma, j. 22-02-2019, Acórdão Eletrônico, DJe-043, Divulg 28-02-2019, Public 01-03-2019.

[238] É certo que o Superior Tribunal de Justiça já admitiu, em caráter absolutamente excepcional, o afastamento de sigilo telefônico, ferramenta eminentemente criminal, para produção de prova em processo civil. Contudo, tratava-se de situação em que se apurava possível subtração de incapaz, apta a caracterizar o bem previsto no art. 237 do Código Penal (HC n. 203.405/MS). O precedente excepcional e bem delimitado apenas confirma a conclusão de que ferramentas especiais de investigação criminal não podem ser banalizadas e utilizadas, como regra, em processos de natureza extrapenal.

[239] Há três correntes sobre a natureza jurídica dos efeitos da lei de improbidade administrativa (Lei n. 8.429/92): a) administrativa e patrimonial, ou seja, cível em sentido amplo; b) penal; e c) híbrida, a depender da autoridade chamada para integrar o polo passivo. DELGADO, José Augusto. Improbidade administrativa: algumas controvérsias doutrinárias e jurisprudenciais da Lei de Improbidade Administrativa. *Informativo jurídico da Biblioteca Ministro Oscar Saraiva*, v. 14, n. 1, p. 1-106, jan.-jun. 2002, p. 21.

se aplicar a colaboração premiada como meio originário de busca de meios de prova, na esteira do posicionamento da Procuradoria-Geral da República[240].

De qualquer modo, a discussão perdeu importância com a Lei n. 13.964/2019, a qual, além das profundas alterações levadas adiante no que diz respeito à colaboração premiada, dentre outros pontos de reforma, acrescentou expressamente a possibilidade de o Estado entabular acordo de não persecução de natureza cível, nos termos do disposto na nova redação do art. 17, §1º, da Lei n. 8.429/1992[241]. Trata-se, para além de qualquer dúvida, de reconhecimento da importância de se conferir aos órgãos estatais, nas suas diversas trincheiras de enfrentamento, seja de natureza civil, administrativa ou penal, ferramentas específicas de justiça negocial com o objetivo de incrementar, em conjunto, os esforços para reparar o dano e equacionar demandas em contexto global e não setorizado. Ainda que as diversas instâncias de responsabilização tenham independência relativa, faz sentido que todos os órgãos possam se sentar à mesa conjuntamente buscando acordos aptos a gerar o melhor resultado em todas as esferas, especialmente diante da conclusão de que os acordos de colaboração premiada podem abarcar os efeitos cíveis da condenação.

Demais disso, ainda em relação aos parâmetros lançados no *habeas corpus* n. 127.483, os Ministros ressaltaram que a personalidade do colaborador é elemento estranho à validade ou à eficácia do acordo, até porque, como argumento lógico, pressupõe-se que o colaborador é indivíduo ligado ao mundo do crime e privá-lo por esse motivo da possibilidade de ajudar mediante contrapartida seria tornar a ferramenta inútil. Nesses termos, a falta de compromisso revelada pelo inadimplemento de acordo anterior, ainda que possa traduzir eventual defeito de caráter do colaborador, é indiferente para fins jurídicos.

---

[240] Parecer oferecido no Recurso Extraordinário com Agravo ARE n. 1.175.650/PR. Em que pese a norma contida no art. 17, §1º, da Lei n. 8.429/1992, que limitava os espaços de consenso em demandas desse jaez (redação anterior à Lei n. 13.964/2019), a Procuradoria-Geral da República defendeu a tese, dentre outros argumentos, com assento no art. 190 do Código de Processo Civil.

[241] BRASIL. *Lei n. 8.429/1992.* Art. 17, §1º. As ações de que trata este artigo admitem a celebração de acordo de não persecução cível, nos termos desta Lei.

No que tange à última diretriz apontada pela Suprema Corte, afirma-se que os acordos de colaboração premiada podem versar sobre os efeitos extrapatrimoniais da condenação. Certamente, o reflexo patrimonial faz sentido ao se ponderarem os comandos previstos nos arts. 37.2 da Convenção de Mérida e 26.1 da Convenção de Palermo. Deve-se estabelecer interpretações que efetivamente encorajem o indivíduo a galgar a posição de colaborador, assumindo responsabilidades importantes na cena processual, mas, em via de mão dupla, viabilizando-se contrapartida razoável sob os possíveis reflexos colaterais da condenação criminal. Pouca ou nenhuma viabilidade se vislumbraria em acordo no qual o Estado assumisse compromisso na redução de pena, se os efeitos secundários da condenação o atingissem de forma mais gravosa que a própria reprimenda principal. Evidentemente, caberá ao órgão estatal estabelecer diretrizes para atingir o melhor resultado em termos de relação custo-benefício, sempre balizado pelo princípio da supremacia do interesse público.

Além dos parâmetros e das limitações de direito material que serão aprofundadas em capítulo próprio, urge ponderar que o exame das vantagens e das desvantagens da colaboração premiada em sede de persecução penal de crimes dolosos contra a vida demanda olhar ainda mais cauteloso do agente estatal diante da magnitude do bem jurídico protegido. Por certo, navegar entre as balizas mínimas e máximas da causa de diminuição de pena prevista em lei deve passar em revista, para além das referências do artigo 4º, §1º, da Lei n. 12.850/2013, os efeitos permanentes do homicídio doloso e a consequente extensão dos seus danos aos familiares da vítima falecida, justificando-se especial cuidado também na fixação de indenização mínima no próprio termo de acordo.

A leitura acima, levada adiante pelo Supremo Tribunal Federal, está também calcada nos princípios da segurança jurídica e da proteção da confiança, garantindo-se ao colaborador direito subjetivo, se eficaz sua participação nos termos da avença entabulada, à integralidade dos benefícios penais e dos reflexos patrimoniais resultantes da condenação e dispostos no pacto homologado.

Anote-se, em arremate, que o direito subjetivo à premiação está atrelado à sua eficácia e ao cumprimento das obrigações estampadas nas cláusulas do termo de acordo. Não há direito subjetivo à colaboração premiada em si mesma justamente diante da destacada natureza de negócio jurídico. Na hipótese de não existir avença homologada, eventual contribuição probatória do investigado ou acusado pode ensejar atenuação da pena quando há confissão[242], nos termos do art. 65, III, "*d*", do Código Penal[243].

Apesar da clareza do posicionamento do Pretório Excelso nesse sentido, transformada em norma jurídica a partir da Lei n. 13.964/2019, vozes se levantam no sentido de considerar a colaboração premiada direito subjetivo do investigado ou acusado, independentemente da existência de prévio acordo homologado subscrito entre ele e o Estado, desde que, evidentemente, identifique-se contribuição probatória do réu pelo Juiz por ocasião da prolação da sentença de mérito. O próprio Supremo Tribunal Federal, estranhamente, já abraçou esse ponto de vista por ocasião do julgamento do *habeas corpus* n. 142.205/PR, de Relatoria do Ministro Gilmar Mendes, ao reconhecer a existência da *colaboração premiada unilateral*[244]. Em seu voto, indica expressamente que a colaboração premiada é realidade jurídica mais ampla que o acordo de colaboração premiada, posicionamento que o Ministro já destacara no julgamento da ADI n. 5.508/DF, justificando-se a conclusão no

---

[242] Nesse sentido, o item 02 do Informativo n. 12, dez. 2017. BRASIL. Ministério Público. *Centro de Apoio Criminal do Ministério Público do Estado de São Paulo*. Publicado em 2017. Disponível em: http://www.mpsp.mp.br/portal/page/portal/Criminal/Material_coordenacao/ InformativosCAOCrim/CAOCrim_Informativo_12_2017_18_12%20(1).pdf. Acesso em: 16 nov. 2020.

[243] BRASIL. *Código Penal (1940)*. Art. 65. São circunstâncias que sempre atenuam a pena [...]: III – ter o agente [...]: d) confessado espontaneamente, perante a autoridade, a autoria do crime.

[244] Também nesse sentido: "Inquérito. Competência originária. Penal e Processual Penal. 2. Conexão. Julgamento conjunto. Inquéritos 3.204, 3.221 e 3.516. 3. Notificação por hora certa. Lei n. 11.719/2008, que alterou o art. 362. Compatibilidade com o rito do procedimento penal originário. Denunciado que se oculta para não receber a notificação pessoal. Inexistência de nulidade. [...] **11. Colaboração premiada. A delação voluntária de outros implicados, sem formalização de acordo com a acusação, não impede o oferecimento da denúncia. Eventuais benefícios pela colaboração serão avaliados na fase de julgamento.** 12. Coação moral. A coação moral irresistível poderá ser demonstrada no curso da instrução. 13. Justa causa. Peculato do prefeito – art. 1º, I e II, do Decreto-Lei n. 201/1967, de modo continuado, nos moldes do art. 71 do Código Penal, e em concurso de agentes entre os denunciados, a teor do art. 29 do CP. Formação de quadrilha – art. 288 do CP. Prova suficiente da materialidade. Indícios suficientes de autoria, salvo quanto ao denunciado Regivaldo. 14. Denúncias recebidas, salvo quanto ao denunciado Regivaldo". BRASIL. *Supremo Tribunal Federal*. Inq 3204, Rel. Min. Gilmar Mendes, Segunda Turma, j. 23-06-2015, Acórdão Eletrônico DJe-151, Divulg 31-07-2015, Public 03-08-2015.

fato de que a postura colaborativa do acusado se insere no catálogo de estratégias aptas a concretizar o exercício da ampla defesa[245].

Aponta-se como argumento favorável à colaboração premiada unilateral a redação do art. 4º, *caput*, da Lei n. 12.850/2013, a qual sinaliza que o prêmio poderá ser concedido a requerimento das partes, sem restrição alguma à figura do demandante[246].

Em reforço, pondera-se que a legislação brasileira traz diversas disposições de direito material sobre o tema. É certo que a Lei n. 9.807/1999 viabiliza a atribuição de prêmios sem qualquer distinção quanto à tipicidade. Nesse diapasão, a natureza jurídica de direito material dos benefícios indicados explica por que a homologação de acordo não é imprescindível para a concessão de prêmios aos colaboradores[247].

Em que pesem as respeitáveis opiniões destacadas, espera-se que o Supremo Tribunal Federal revise o entendimento em tela, baseado em doutrina anterior à Lei n. 13.964/2019, na medida em que toda a construção legislativa da colaboração premiada encerra contexto de negócio jurídico entre Estado e colaborador, para dizer o óbvio, de negócio jurídico bilateral[248]. Ainda que já se tratasse

---

[245] "Com efeito, conforme já tive a oportunidade de assentar na ADI 5.508/DF, a **"colaboração premiada é realidade jurídica, em si, mais ampla do que o acordo de colaboração premiada"**. Aliás, o próprio voto do eminente Relator, ao examinar a questão atinente à preservação da sanção premial entabulada, admite a possibilidade teórica da realização de colaboração premiada unilateral. [...]. Portanto, diferentemente dos demais meios de obtenção de prova, como, por exemplo, interceptação telefônica e busca e apreensão, ambas sujeitas à cláusula da reserva jurisdicional, é possível, em tese, a adoção de postura colaborativa sponte própria, ainda que dissociada de um contexto negocial" (HC n. 142.205/PR) [grifo nosso].

[246] BRASIL. *Lei n. 12.850/2013*. Art. 4º. O juiz poderá, a requerimento das partes, conceder o perdão judicial, reduzir em até 2/3 (dois terços) a pena privativa de liberdade ou substituí-la por restritiva de direitos daquele que tenha colaborado efetiva e voluntariamente com a investigação e com o processo criminal, desde que dessa colaboração advenha um ou mais dos seguintes resultados: [...].

[247] BORRI, Luiz Antonio; SOARES, Rafael Júnior; BITTAR, Walter Barbosa. A questão da natureza jurídica e a possibilidade legal de impugnação do acordo de colaboração premiada pelo delatado. *Boletim do IBCCrim*, São Paulo, ano 27, n. 322, p. 20, set. 2019. Ou ainda: "[...] fere o princípio da isonomia a aplicação diferenciada de direitos penalógicos à delação e à confissão, sendo institutos de natureza penal e processual penal análogos". CARVALHO, Salo de; LIMA, Camile Eltz de. Delação Premiada e Confissão: filtros constitucionais e adequação sistemática. *In*: PINHO, Ana Cláudia Bastos de; GOMES, Marcus Alan de Melo (coord.). **Ciências criminais**: articulações críticas em torno dos 20 anos de Constituição da República. Rio de Janeiro: Lumen Juris, 2009, p. 252.

[248] Nessa esteira, Leonardo Dantas Costa esclarece: "[...] pode-se considerar que a colaboração premiada é negócio jurídico plurilateral (mais especificamente, bilateral), posto que é

de posição consolidada em jurisprudência, a edição do diploma legislativo em questão afasta qualquer possibilidade de se estender o instituto para além do espectro da justiça penal negociada ao prever, com clareza, sua natureza jurídica de negócio jurídico processual desenhado a partir de estruturas como a fase preparatória ou de tratativas e a assinatura efetiva do termo de acordo a ser encaminhado para homologação.

Raciocínio diverso, além de ampliar sobremaneira a colaboração premiada, implica desvirtuamento do instituto também por atribuir ao Juiz tarefa que a lei não lhe confere competência, qual seja, a escolha do prêmio mais adequado ao caso concreto no caso de colaboração eficaz.

Nessa toada, a sistemática da Lei de Combate ao Crime Organizado atribui à Polícia Judiciária e ao Ministério Público a discricionariedade para entabular acordo de colaboração premiada conforme as peculiaridades do caso concreto uma vez instado a tanto pelo possível colaborador.

Por evidente, há de se conceber mecanismos de controle para que não haja arbítrio do Estado na recusa à colaboração premiada[249], anotando-se que o Pacote Anticrime estruturou na fase preparatória a necessidade de o Órgão Ministerial ou o Delegado de Polícia fundamentar o indeferimento de proposta de acordo de colaboração premiada levado adiante por interesse do investigado ou do acusado e seu advogado[250].

---

formada a partir de declarações de vontade múltiplas (Ministério Público ou Autoridade Policial e o colaborador) e acarreta obrigações para todos os sujeitos". COSTA, Leonardo Dantas. *Delação premiada*: a atuação do Estado e a relevância da voluntariedade do colaborador com a justiça. Curitiba: Juruá, 2017, p. 108.

[249] Com razão, Vinicius Gomes de Vasconcellos defendeu, em livro publicado antes do advento da Lei n. 13.964/2019, ser inegável ter a colaboração premiada o caráter de acordo entre as partes processuais, mas haveria a necessidade de estabelecimento de normas aptas a impedir o arbítrio na recusa ao acordo por parte do órgão do Estado. Nesse sentido, Vasconcellos entende que há direito subjetivo à colaboração em si mesma, desde que atendidos os pressupostos legais, mas atrelada ao contexto negocial. VASCONCELLOS, Vinicius Gomes de. *Colaboração premiada no processo penal*. São Paulo: RT, 2017, p. 83-85.

[250] BRASIL. *Lei n. 13.964/2019*. Art. 3º-B. O recebimento da proposta para formalização de acordo de colaboração demarca o início das negociações e constitui também marco de confidencialidade, configurando violação de sigilo e quebra da confiança e da boa-fé a divulgação de tais tratativas iniciais ou de documento que as formalize, até o levantamento de sigilo por decisão judicial. §1º A proposta de acordo de colaboração premiada poderá ser sumariamente indeferida, com a devida justificativa, cientificando-se o interessado.

Por essa razão, a única possibilidade de se entender viável a atribuição dos benefícios da colaboração premiada fora do contexto negocial seria a identificação de recusa arbitrária da Autoridade Policial ou do Membro do *Parquet*, abuso cujo ônus da prova caberia ao investigado ou acusado[251]. A exigência de fundamentar a decisão que indefere a proposta tornou a hipótese ainda mais improvável do ponto de vista prático.

3.4 Antinomias e possíveis soluções

Na seção atinente ao apanhado histórico da colaboração, foram indicadas as diversas disposições legais que desenharam o instituto sob o aspecto normativo, incluindo-se regras jurídicas revogadas, para resgatar a evolução da ferramenta visando sua adequada compreensão.

A partir dessas primeiras sinalizações, nesse momento considerando apenas as regras legais em vigor no Brasil, exsurge importante questão relacionada à identificação de possíveis antinomias e suas soluções.

Com efeito, indica-se a seguir todas as leis que, diretamente ou por meio de normas remetidas, permitem aplicar a colaboração premiada nas suas respectivas temáticas de enfrentamento:

- ✓ crimes hediondos (Lei n. 8.072/1990);
- ✓ sistema financeiro (Leis n. 7.492/1986 e 9.080/95);
- ✓ crimes contra a ordem tributária (Leis n. 8.137/1990 e 9.080/1995);
- ✓ extorsão mediante sequestro (art. 159, §4º, do Código Penal e Lei n. 9.269/1996);
- ✓ lavagem de dinheiro (Lei n. 9.613/1998);
- ✓ proteção a vítimas, testemunhas e réus colaboradores (Lei n. 9.807/1999);
- ✓ tráfico de entorpecentes (Lei n. 11.343/2006);
- ✓ crime organizado (Lei n. 12.850/2013);
- ✓ terrorismo (Lei n. 13.260/2016);
- ✓ tráfico de pessoas (Lei n. 13.344/2016).

---

[251] Nesse sentido: MORO, Sergio Fernando. *Crime de lavagem de dinheiro*. São Paulo: Saraiva, 2010, p. 110.

Conforme observado em capítulo anterior, as Leis n. 13.260/2016 e 13.344/2016 trazem normas remetidas, ou seja, disposições que reportam diretamente à Lei n. 12.850/2013, para aplicação direta ou em complemento a regras específicas. Nesse diapasão, não há que se falar em conflito aparente de normas, na medida em que a legislação citada não traz regras próprias sobre colaboração premiada.

A antinomia que se aventa nessa seção está atrelada às diferentes disposições de direito material espalhas pelas leis referidas. De lado as normas remetidas relembradas no parágrafo anterior, o restante da legislação traz normas próprias de direito penal, especificamente, possibilidades de premiação quantitativa e qualitativamente diferentes, de modo a gerar perplexidade nos espaços de aplicabilidade.

Já foi comentado que a única lei a tratar sobre colaboração premiada no aspecto processual é a Lei de Combate ao Crime Organizado[252]. Contudo, o mesmo não ocorre no que diz respeito às possibilidades de alteração do direito de punir estatal em decorrência de acordo homologado de colaboração. A maioria das leis arroladas se reporta apenas a causas de diminuição de pena[253] e são legislações temáticas, isto é, amarradas a determinada estrutura criminal específica, como o combate ao tráfico de drogas, os crimes contra o sistema financeiro nacional ou contra a ordem tributária, o enfrentamento à criminalidade organizada ou à lavagem de dinheiro.

Por essas razões, parte da doutrina sustenta que a Lei n. 12.850/2013 revogou as leis precedentes porque, por ser mais

---

[252] Por essa razão, é pertinente a argumentação de Cleber Masson e de Vinicius Marçal. Segundo os autores, o procedimento trazido pela Lei n. 12.850/2013 é aplicável em todos os cenários de colaboração premiada, independentemente de se invocar outro diploma legislativo a embasar os possíveis prêmios disponíveis. Trata-se da única fonte (diálogo das fontes) em matéria processual premial, de modo que não há sentido lógico em deixá-la de lado para esse efeito qualquer que seja o tema de enfrentamento tratado no respectivo acordo de colaboração. MASSON, Cleber; MARÇAL, Vinicius. *Crime organizado*. 2. ed. Rio de Janeiro: Forense/São Paulo: Método, 2016, p.131. No mesmo diapasão, pondera Andrey Borges de Mendonça: "Não parece haver dúvidas de que, para todos os crimes previstos na legislação, o procedimento previsto na nova legislação se aplica, analogicamente". MENDONÇA, Andrey Borges da. A colaboração premiada e a nova Lei do Crime Organizado (Lei 12.850/2013). *Revista Custos Legis*, v. 04, 2013, p. 4.

[253] São elas as Leis n. 8.072/1990, 7.492/1986, 8.137/1990, 11.343/2006 e o art. 159, §4º, do Código Penal. As Leis n. 9.613/1998, 9.807/1997 e 12.850/2013 trazem premiações em rol mais extenso.

benéfica ao oferecer premiação dilatada em comparação às demais, como o perdão judicial ou a substituição da pena privativa de liberdade por sanções restritivas de direitos, deverá prevalecer[254].

Contudo, com respeito ao mencionado ponto de vista, não há cenário jurídico apto a ensejar a conclusão no sentido de que houve revogação tácita das disposições relacionadas à colaboração premiada previstas na legislação que antecedeu a Lei de Combate ao Crime Organizado.

Efetivamente, importante lembrar que a Lei de Introdução às Normas do Direito Brasileiro encaminha as diretrizes que devem sustentar a conclusão jurídica no sentido de ter havido ou não a aludida revogação. Demais disso, desde 2001, a Lei Complementar n. 95/1998, alterada pela de n. 107/2001, estabelece que a lei deve conter cláusula de revogação expressa, indicando, item por item, os diplomas legislativos ou dispositivos por ela revogados[255]. Não se trata de descartar qualquer situação de revogação tácita, que pode ocorrer por omissão legislativa da cláusula de revogação ou incompatibilidades sistêmicas, mas de se certificar que o legislador deve encaminhar revogação expressa, de maneira a conferir segurança jurídica e a promover estabilização mais célere do sistema normativo. Não há maiores espaços hermenêuticos para se identificar a revogação tácita, que pode ser verificada em situações excepcionais quando se amoldarem às hipóteses previstas na Lei de Introdução às Normas do Direito Brasileiro.

Nesse compasso, o Decreto-Lei n. 4.657/1942, com a redação da Lei n. 12.376/2010, especificamente no seu art. 2º, §§1º e 2º[256], estabelece as referências fundamentais para se aprofundar a pesquisa proposta. Para que se infira revogação dos comandos sobre colaboração premiada anteriores à Lei n. 12.850/2013, de rigor verificar se a lei posterior regulou completamente a matéria ou se há incompatibilidade entre as disposições.

---

[254] Nesse sentido: BITENCOURT, Cezar Roberto; BUSATO, Paulo César. *Comentários à lei de organização criminosa*. São Paulo: Saraiva, 2014, p.122.
[255] BRASIL. *Lei complementar n. 107/2001*. Art. 9º. A cláusula de revogação deverá enumerar, expressamente, as leis ou disposições legais revogadas.
[256] BRASIL. *Lei n. 12.376/2010*. Art. 2º [...], §1º. A lei posterior revoga a anterior quando expressamente o declare, quando seja com ela incompatível ou quando regule inteiramente a matéria de que tratava a lei anterior; §2º. A lei nova, que estabeleça disposições gerais ou especiais a par das já existentes, não revoga nem modifica a lei anterior.

No que diz respeito à primeira questão, a Lei de Combate ao Crime Organizado é uma lei temática e especial, vale dizer, traz as diretrizes de enfrentamento à criminalidade organizada sob a ótica de direito material e processual. Não se trata de uma lei geral sobre colaboração premiada, ainda que a aludida ferramenta tenha sido adequadamente disciplinada sob o prisma procedimental nessa peça normativa. Ao lado da colaboração, a Lei n. 12.850/2013 traz outros meios especiais de investigação, como a ação controlada e a infiltração de agentes, as quais, aliás, já eram previstas na Lei Antidrogas[257]. Nesse trilho, há de se ponderar que a Lei de Combate ao Crime Organizado não se presta a esgotar o tema da colaboração premiada, ainda que seja a lei mais importante sobre o assunto até o momento em vigor.

No que se refere ao segundo ponto, a identificação de incompatibilidades passa pela análise dos modais deônticos das normas as quais se pretende aferir conflitualidade. Como consabido, normas jurídicas encerram comandos de proibição, permissão ou obrigação. Só existe incompatibilidade efetivamente se colidirem entre si disposições com modais logicamente inconciliáveis – em outras palavras, quando houver ato de fala deôntico a operar sobre outros[258] – e, se assim o for, conclui-se pela revogação da norma anterior pela posterior.

No caso das diversas disposições relativas à colaboração premiada, o sistema confere *permissões* conciliáveis, cada qual dentro da sua temática, para que o Estado e o investigado ou acusado possam acordar acerca dos termos da colaboração e do respectivo prêmio. Não se infere de qualquer comando legal indicação de proibição incompatível com permissão ou obrigação eventualmente trazida pela Lei n. 12.850/2013 ou de ordem a colidir

---

[257] BRASIL. *Lei n. 12.850/2013*. Art. 53. Em qualquer fase da persecução criminal relativa aos crimes previstos nesta Lei, são permitidos, além dos previstos em lei, mediante autorização judicial e ouvido o Ministério Público, os seguintes procedimentos investigatórios: I – A infiltração por agentes de polícia, em tarefas de investigação, constituída pelos órgãos especializados pertinentes; II – A não atuação policial sobre os portadores de drogas, seus precursores químicos ou outros produtos utilizados em sua produção, que se encontrem no território brasileiro, com a finalidade de identificar e responsabilizar maior número de integrantes de operações de tráfico e distribuição, sem prejuízo da ação penal cabível.

[258] CARVALHO, Aurora Tomazini de. *Curso de teoria geral do direito*: o construtivismo lógico-semântico. 2. ed. São Paulo: Noeses, 2010, p. 295-296; 761-764.

com determinada faculdade ou vedação, dentre outras combinações possíveis. As normas convivem e, portanto, não há que se falar em revogação tácita[259]. Em reforço, é premente salientar que as contradições entre dispositivos legais não se presumem[260].

Evidentemente, apesar do ponto de vista ora proposto, calcado em análise estritamente técnica, não há que se fazer rosto para a potencial insensatez do sistema ao trazer previsões de prêmios diferentes em cenário em que o discrímen pode não fazer sentido. Por certo, melhor seria que houvesse um apanhado normativo único a regulamentar a ferramenta da colaboração também sob o prisma de direito material, evitando-se discussões desse jaez[261].

Como exemplo, a restrição premial à redução de pena nos casos de crimes contra a ordem tributária ou o sistema financeiro nacional não revela sentido lógico diante da similitude com o enfrentamento à lavagem de dinheiro, não apenas porque tais delitos podem ser reunidos no grupo de crimes de colarinho branco, mas também por conta das particularidades comuns às investigações de infrações de caráter econômico. Não obstante, limitações à barganha atreladas a tipos penais protetores da vida humana ou da liberdade estão conectadas à lógica de razoabilidade exigível entre a eficiência da persecução penal e os valores envolvidos na transação.

De qualquer modo, se não há efetivo conflito de normas, as regras indicadas têm plena vigência e devem surtir seus efeitos em

---

[259] Nesse sentido, indica-se: DIPP, Gilson. A "delação" ou colaboração premiada: uma análise do instituto pela interpretação da lei. Brasília: IDP, 2015. Disponível em: http://www.idp.edu.br/publicacoes/portal-de-ebooks. Acesso em: 17 nov. 2020.

[260] MAXIMILIANO, Carlos. Hermenêutica e aplicação do direito. 18. ed. Rio de Janeiro: Forense, 1999, p. 352: "[...] é dever do aplicador comparar e procurar conciliar as disposições várias sobre o mesmo objeto, e do conjunto, assim harmonizado, deduzir o sentido e o alcance de cada uma. Só em caso de resistirem as incompatibilidades, vitoriosamente, a todo esforço de aproximação, é que se opina em sentido eliminatório da regra mais antiga, ou de parte da mesma [...]".

[261] Renato Brasileiro de Lima frisa conclusão, afirmando que a negativa de se conceder ao investigado ou acusado os benefícios previstos no art. 4º da Lei n. 12.850/2013 não tem fundamento razoável e pode implicar esvaziamento da eficácia da colaboração premiada. LIMA, Renato Brasileiro de. Legislação criminal especial comentada. 2. ed. Salvador: Juspodivm, 2014, p. 530-531. De fato, as considerações são pertinentes do ponto de vista pragmático. Há possibilidade real de perda de interesse do colaborador diante das limitações dos prêmios trazidos pela maioria das leis destacadas. No entanto, existe o referido óbice legal para a equação do problema, o qual deve ser enfrentado em palco político-legislativo e não por meio de interpretações que conduzem à conclusão de revogação tácita apenas por razões de ordem exclusivamente práticas.

cada âmbito de sua incidência. O recurso ao emprego dos princípios gerais do direito e dos valores predominantes no corpo social, além da interpretação equitativa, é aberto ao aplicador do direito quando efetivamente existe antinomia jurídica justamente para a sua solução, como ensina Maria Helena Diniz[262]. A leitura por pretensa equidade ou razoabilidade que se afigurar *contra legem* implica arbítrio e violação à reserva legislativa, por melhores que sejam as intenções do aplicador do direito.

Não é demais lembrar que qualquer interpretação que importe em combinação de leis é proibida, nos termos da Súmula n. 501 do Superior Tribunal de Justiça[263]. Desse modo, ao se reconhecer que as leis de colaboração premiada convivem, é de rigor concluir que é vedado o empréstimo de prêmios mais amplos nos casos em que a legislação específica prevê exclusivamente a diminuição de pena como benefício possível.

Em arremate, destaque-se que proposta intermediária foi encampada pelo Superior Tribunal de Justiça no julgamento do *habeas corpus* n. 97.509/MG, onde se concluiu que a Lei n. 9.807/1999 funcionava como sistema geral de colaboração premiada, na medida em que é a única não atrelada a qualquer espécie criminosa, razão pela qual deveria prevalecer[264]. Contudo, essa posição encontra obstáculo no art. 2º, §2º da Lei de Introdução às Normas do Direito Brasileiro e esbarra nas ilações há pouco desenvolvidas. De outro

---

[262] DINIZ, Maria Helena. *Conflito de normas*. São Paulo: Saraiva, 1987, p. 63-65.
[263] Súmula n. 501 do Superior Tribunal de Justiça: É cabível a aplicação retroativa da Lei n. 11.343/2006, desde que o resultado da incidência das suas disposições, na íntegra, seja mais favorável ao réu do que o advindo da aplicação da Lei n. 6.368/1976, sendo vedada a combinação de leis.
[264] PENAL. HABEAS CORPUS. ROUBO CIRCUNSTANCIADO. LEGITIMIDADE DO MINISTÉRIO PÚBLICO PARA IMPETRAR HABEAS CORPUS. DELAÇÃO PREMIADA. EFETIVA COLABORAÇÃO DO CORRÉU NA APURAÇÃO DA VERDADE REAL. APLICAÇÃO DA MINORANTE NO PATAMAR MÍNIMO. AUSÊNCIA DE FUNDAMENTAÇÃO. CONSTRANGIMENTO ILEGAL CONFIGURADO. ORDEM CONCEDIDA. 1. "A legitimação do Ministério Público para impetrar habeas corpus, garantida pelo art. 654, *caput*, do CPP, somente pode ser exercida de acordo com a destinação própria daquele instrumento processual, qual seja, a de tutelar a liberdade de locomoção ilicitamente coarctada ou ameaçada. Vale dizer: o Ministério Público somente pode impetrar habeas corpus em favor do réu, nunca para satisfazer os interesses, ainda que legítimos, da acusação" (HC 22.216/RS, Rel. Min. FELIX FISCHER, Quinta Turma, DJ 10/3/03). 2. O sistema geral de delação premiada está previsto na Lei n. 9.807/1999. Apesar da previsão em outras leis, os requisitos gerais estabelecidos na Lei de Proteção à Testemunha devem ser preenchidos para a concessão do benefício. [...]".

lado, não acode o argumento de eventual maior amplitude da Lei de Proteção a Vítimas, Testemunhas e Réus Colaboradores, na medida em que a excogitada extensão premial é condicionada à primariedade do colaborador, resumindo-se o benefício à causa de diminuição de pena para aqueles que não se enquadrarem nessa condição. Demais disso, haveria de se considerar que A Lei de Combate à Lavagem de Dinheiro e o Estatuto de Enfrentamento ao Crime Organizado são ainda mais amplos, cenário que, se esse fosse o argumento central, implicaria apontar derrogação também da Lei n. 9.807/1999 nesse ponto em especial.

3.5 Prêmios: rol, limites legais e critérios para a escolha no caso concreto

A partir da discussão lançada no parágrafo anterior, de rigor observar a existência de critérios para se estabelecer o prêmio mais adequado ao caso concreto ou até de mais de um deles, caso se compreenda que os benefícios previstos em lei são cumuláveis.

A partir desse pensamento, duas questões devem ser encaminhadas: a possibilidade de se acumular prêmios diversos em determinado acordo de colaboração premiada e, independentemente da resposta, quais são os critérios para o ajuste da premiação.

Logo de início, vale apontar que, levada adiante a posição sustentada há pouco, a maioria das leis que regulam a colaboração premiada em sede de direito material traz apenas uma causa de diminuição de pena como benefício possível. Se assim o é, no âmbito de incidência dessas normas não existe celeuma quanto ao referencial para a eleição da benesse. Contudo, como visto, as Leis n. 9.613/1998, n. 9.807/1999 e n. 12.850/2013, além das Leis de Combate ao Tráfico de Pessoas e ao Terrorismo (por remeterem à aplicação da Lei n. 12.850/2013), trazem a possibilidade de mais de um benefício ao colaborador de maneira que nas matérias por elas albergadas a questão tem especial relevância.

Sob esse raciocínio, os prêmios previstos na Lei de Combate ao Crime Organizado são: imunidade restrita à fase de investigação; perdão judicial, redução de pena de até dois terços e substituição da pena privativa de liberdade por restritivas de direitos, nas etapas de investigação ou durante o processo de conhecimento; e redução da sanção até a metade ou progressão antecipada de regime prisional, em sede de execução de sentença.

Já a Lei de Repressão à Lavagem de Dinheiro arrola como benefícios o perdão judicial, a redução da sanção de um a dois terços, a fixação de regime inicial semiaberto ou aberto ou ainda a permuta por sanções alternativas à prisão.

Por fim, a Lei de Proteção a Vítimas, Testemunhas e Réus Colaboradores indica a possibilidade de perdão judicial para os investigados ou acusados primários e de incidência de causa de diminuição de pena de um a dois terços a qualquer colaborador, independentemente do atendimento do mencionado requisito subjetivo.

Interessante que o legislador, na Lei de Combate ao Crime Organizado, ao se referir à causa de diminuição de pena, rompeu o padrão que estabelecia valor mínimo de um terço e passou a indicar apenas referencial máximo, construindo diferentes parâmetros a depender de se tratar de fase de conhecimento ou execução. Certamente, a lacuna desdobra perplexidade, na medida em que são possíveis ao menos três leituras distintas: a) a omissão é intencional e, portanto, não há limite mínimo de redução a ser acordado pelas partes signatárias da convenção; b) deve ser respeitado o mínimo padronizado no sistema normativo regulador da colaboração premiada, ou seja, um terço; e c) deve ser respeitada a fração mínima estabelecida em todo o complexo normativo penal, isto é, um sexto.

Particularmente, entendemos que a melhor leitura, nesse ponto, é a interpretação sistemática atrelada ao modelo de colaboração desenhado pelos diversos diplomas legais que tratam da questão, de modo a se indicar o redutor de um terço como referencial mínimo a ser oferecido. Não se vislumbra, no sentido axiológico, fundamento para a omissão legislativa de patamar mínimo de redução na Lei n. 12.850/2013. Identificada a lacuna normativa, abre-se espaço para a integração por analogia, cena em que o aplicador deve buscar a solução em uma investigação "[...] lógica, no sentido de buscar a verdade em uma igualdade, e teleológica-axiológica, no sentido de representar a justiça na igualdade, tendo-se em vista a realidade em que o caso *sub judice* se apresenta"[265].

No que tange à possibilidade de se acumularem prêmios, evidentemente, descarta-se a tese na hipótese de benefícios logicamente inconciliáveis, como a impossível combinação de imunidade com substituição de pena privativa de liberdade por sanções restritivas de direito.

De lado a escandalosa impossibilidade decorrente de simples raciocínio lógico, Cezar Roberto Bitencourt e Paulo César Busato defendem que os prêmios estabelecidos são necessariamente alternativos, de modo que não há espaço para qualquer cumulação de benefícios. O argumento é assentado em interpretação filológica do art. 4º, *caput*, da Lei n. 12.850/2013, o qual expressamente se vale da partícula *ou*[266].

Em que pese o respeitável posicionamento dos autores, na esteira do que relata Vinicius Gomes de Vasconcellos em abordagem crítica, acordos têm sido homologados com previsão mais ampla de benefícios, inclusive ao estipularem prêmios não previstos em lei[267]. A questão específica dos limites legais do acordo será abordada adiante, mas não há dúvidas de que as sucessivas homologações de acordos mais elásticos quanto à premiação sinalizam acerto da interpretação que admite cumular benefícios logicamente compatíveis entre si.

Além do argumento prático, urge considerar que apenas a referência à cláusula de alternatividade não é suficiente para engessar a interpretação da questão, na medida em que não se extrai qualquer incompatibilidade teórica de não se permitir cumular prêmios conciliáveis[268]. Tanto é verdade que a Lei n. 9.613/1998

---

[265] DINIZ, Maria Helena. *As lacunas no direito*. 3. ed. São Paulo: Saraiva, 1995, p. 149.
[266] BITENCOURT, Cezar Roberto; BUSATO, Paulo César. *Comentários à Lei de Organização Criminosa*. São Paulo: Saraiva, 2014, p.129.
[267] VASCONCELLOS, Vinicius Gomes de. *Colaboração premiada no processo penal*. São Paulo: RT, 2017, p. 150-151.
[268] "A interpretação verbal fica ao alcance de todos, seduz e convence os indoutos, impressiona favoravelmente os homens de letras, maravilhados com a riqueza de conhecimentos filológicos e primores de linguagem ostentados por quem é, apenas, um profissional do Direito. Como toda meia ciência, deslumbra, encanta e atrai; porém, fica longe da verdade as mais das vezes, por envolver um só elemento de certeza, e precisamente o menos seguro". MAXIMILIANO, Carlos. *Hermenêutica e aplicação do direito*. 18. ed. Rio de Janeiro: Forense, 1999, p. 112.

expressamente sinaliza para a possibilidade de cumulação dos prêmios de redução de pena com a fixação de regime inicial mais brando para desconto da pena privativa de liberdade.

Em ordem de se descortinar discussão mais complexa, há pouco mencionada, levanta-se a possibilidade de as partes acordarem prêmios não previstos expressamente na lei, evidentemente, desde que respeitados o princípio da moralidade, os bons costumes e a ordem pública.

Indicou-se linhas atrás que o Supremo Tribunal Federal abriu caminho para validar essa leitura no julgamento do *habeas corpus* n. 127.483/PR ao decidir que o acordo pode versar sobre os efeitos extrapenais da condenação.

Entretanto, se analisados mais detidamente os fundamentos do respeitável acórdão, verifica-se que os princípios da segurança jurídica e da proteção da confiança, usados como balizadores da decisão, não abrem caminho ilimitado para a criação de benefícios de direito penal ou processual penal não previstos na legislação. Por certo, faz todo sentido garantir ao colaborador, como desdobramento de sua contribuição eficaz e consequente premiação, condições de não sofrer verdadeira sanção reflexa mais rigorosa que a própria pena criminal que lhe pode ser imposta, sem previsão em cláusula do acordo, sob pena de se esvaziar completamente a ferramenta e de se romper com os aludidos princípios.

Nesse sentido, causa estranheza a prática instalada no âmbito da Operação Lava Jato que estabeleceu contratualmente regimes de cumprimento de pena diferenciados, sem paralelo em lei, conforme observa Aury Lopes Júnior[269].

As críticas da doutrina à indevida expansão dos espaços de consenso para além da moldura legislativa foram acolhidas pelo parlamento e as limitações foram incorporadas na Lei n. 12.850/2013

---

[269] "Casualmente escrevo essas linhas tentando entender uma decisão judicial (em famosa operação policial) em que alguém – beneficiado pela delação premiada – é condenado a 15 anos e 10 meses em regime de 'reclusão doméstica' ou 'prisão domiciliar'. Depois vem um regime 'semiaberto diferenciado' (?) e um progresso para o regime aberto após dois anos... Tudo isso sob o olhar atônito do Código Penal, que não se reconhece nessa 'execução penal *a la carte*'". LOPES JUNIOR, Aury. *In*: VASCONCELLOS, Vinicius Gomes de. *Barganha e justiça criminal negocial:* análise das tendências de expansão dos espaços de consenso no processo penal brasileiro. 2. ed. Belo Horizonte: D'Plácido, 2018.

a partir da entrada em vigor da Lei n. 13.964/2019. Especificamente, o art. 4º, §7º, II, dispõe a respeito da invalidade de cláusulas que estipulam regimes diferenciados de cumprimento de pena ou de progressão de regime em descompasso com as regras do Código Penal e da Lei de Execução Penal[270].

Nesse compasso, assenta-se a interpretação estrita das leis de colaboração premiada no que concerne à modificação do direito de punir do Estado mediante acordo, excetuando-se os reflexos secundários da condenação. Há de se ponderar que não existe a possibilidade de se acordar acerca de prazos de prescrição ou mesmo processuais, como também de se confeccionar cláusulas de confidencialidade ou de publicidade incompatíveis com o procedimento legal[271].

No que diz respeito aos critérios para a escolha dos prêmios, o art. 4º, §1º, da Lei n. 12.850/2013[272] estabelece algumas balizas de caráter subjetivo e objetivo, além de requisitos adicionais específicos para o acordo de imunidade, tema que será tratado adiante.

Em que pese a boa vontade do legislador ao estipular os parâmetros mínimos para a verificação do prêmio (ou dos prêmios) adequado para o caso concreto, os vetores previstos são insuficientes.

Com efeito, a personalidade do colaborador, único requisito de natureza subjetiva, é indicador de aferição quase impossível do ponto de vista empírico. A fluidez da expressão admite confusão conceitual como primariedade em um dos polos e maus

---

[270] BRASIL. *Lei n. 13.964/2019*. Art. 4º, §7º, II. Adequação dos benefícios pactuados àqueles previstos no *caput* e nos §§4º e 5º deste artigo, sendo nulas as cláusulas que violem o critério de definição do regime inicial de cumprimento de pena do art. 33 do Decreto-Lei n. 2.848, de 7 de dezembro de 1940 (Código Penal), as regras de cada um dos regimes previstos no Código Penal e na Lei n. 7.210, de 11 de julho de 1984 (Lei de Execução Penal) e os requisitos de progressão de regime não abrangidos pelo §5º deste artigo.

[271] No passado, homologou-se acordo de colaboração premiada que previa a suspensão do processo processual por dez anos, como lembrou Décio Franco David. Os efeitos extrapenais, contudo, podem ser objeto de discussão ampliada, razão pela qual o autor em referência entende viável negociação acerca da perda de cargo, emprego ou função pública ou a manutenção de benefícios previdenciários. DAVID, Décio Franco. Efeitos extrapenais da colaboração premiada. *Boletim do IBCCrim*, ano 26, São Paulo, n. 313, p. 12, dez. 2018.

[272] BRASIL. *Lei n. 12.850/2013*. Art. 4º, §1º. Em qualquer caso, a concessão do benefício levará em conta a personalidade do colaborador, a natureza, as circunstâncias, a gravidade e a repercussão social do fato criminoso e a eficácia da colaboração.

antecedentes, habitualidade criminosa ou reincidência, no flanco oposto, hipóteses que poderiam ter sido previstas expressamente, como o fez o art. 13 da Lei n. 9.807/1999.

As demais balizas, de caráter objetivo, ajudam a estabelecer um norte, mas ainda ensejam espaço para excessivo subjetivismo. Natureza e gravidade da infração penal são vetores intercambiáveis, mas, associados às circunstâncias do fato, afiguram-se adequados para a eleição do benefício. Por certo, delitos hediondos ou equiparados e crimes cometidos com violência ou grave ameaça contra a pessoa sinalizam premiação mais restrita, enquanto infrações de outra natureza podem abrir espaço para benefícios maiores. As circunstâncias deveriam compreender também as consequências da infração penal.

Por último, repercussão social do fato pode se confundir com difusão por interesse midiático, de maneira que a imprensa e as redes sociais passariam a ter poder parcial de controle sobre os critérios de escolha de prêmios da colaboração premiada. A construção do referencial legal pode gerar conflito em se contrapor *interesse público* com o *interesse do público*, para usar a feliz expressão utilizada por Guilherme Madeira Dezem e Luciano Anderson de Souza[273]. Na era conectada, de todo prudente não subestimar a capacidade de disseminação e de poder de convencimento das *fake news*[274] e a ampla capilaridade dos condutores de multidões do novo milênio[275]. Como adverte Luiz Felipe Pondé, as redes sociais e a *internet* impactam os relacionamentos, o consumo em geral, o *marketing* e a política, elas ocupam os espaços sociais, psicológicos e políticos "[...] como uma inundação alterando comportamentos e expectativas em escala

---

[273] "[...] importante notar que o interesse público não pode ser jamais confundido com interesse do público. Enquanto o interesse do público liga-se ao interesse dos indivíduos e seus sentimentos isoladamente considerados, o interesse público liga-se a questões que afetam toda a sociedade". DEZEM, Guilherme Madeira; SOUZA, Luciano Anderson de. *Comentários ao Pacote Anticrime* – Lei n. 13.964/19. São Paulo: RT, 2020 (*e-book*), p. 210.
[274] Sobre *fake news*, adverte Luiz Felipe Pondé: "[...] as redes sociais vêm causando um transtorno viral na vida institucional, destruindo a privacidade, revelando o gozo das pessoas por mentiras que sirvam às suas simpatias, dos dois lados do espectro ideológico". PONDÉ, Luiz Felipe. *Você é ansioso?* Reflexões contra o medo. São Paulo: Planeta do Brasil, 2020 (*e-book*).
[275] Para aprofundamento, sugere-se: KEEN, Andrew. *How to fix the future*: staying human in the digital age. Londres: Atlantic Books, 2018; ROSA, Gabriel Artur Marra; SANTOS, Benedito Rodrigues dos. *Facebook*. Brasília: Thesaurus, 2013.

universal"[276]. Ingênuo seria acreditar que instituições como a Polícia e o Ministério Público estariam imunes aos influxos da rede, de forma a não se deixarem conduzir pela multidão virtual nos casos em que a *repercussão social do fato* traduziria verdadeiro atendimento à moda de comportamento ou ao viés ideológico majoritário, a exemplo da quase imposta fluidez identitária ou dos exageros da pauta de gênero[277].

Justamente por se identificar alguma precariedade na parametrização legal dos benefícios, o Ministério Público Federal editou a Orientação Conjunta n. 01/2018, a qual traz referências com mais densidade para se aferir adequadamente a relação custo-benefício envolvendo o prêmio desejado e as informações prestadas pelo colaborador nos itens 18 e 19[278]. Não se trata de norma com efeitos gerais; além disso, deve obediência às referências primárias, ainda que fluidas, da Lei n. 12.850/2013. Demais disso, é preceito meramente informativo – e não vinculante – com âmbito de incidência restrito aos órgãos do Ministério Público Federal, mas não há impeditivo para que seja adotada como referencial pelos membros do *Parquet* estadual ou pelas autoridades de Polícia Judiciária de ambas as esferas.

Em arremate, vale apontar que o tema, para além dos limites dessa tese, aproxima as letras jurídicas da Economia[279], ciência que

---

[276] PONDÉ, Luiz Felipe. *Você é ansioso?* Reflexões contra o medo. São Paulo: Planeta do Brasil, 2020 (*e-book*).

[277] No *site* do Ministério Público do Estado de São Paulo (Disponível em: http://www.mpsp.mp.br/portal/page/portal/home/home interna), até essa data (12 set. 2020), na esfera criminal, a única área de atribuição a contar com *link* específico "buscando orientar e esclarecer a população" sobre as atividades do Ministério Público é a de "enfrentamento da violência doméstica contra as mulheres". Sem deixar de lado a importância do assunto – inquestionável –, não passa à margem a conclusão quanto à influência da moda de comportamento na própria formação de política criminal das instituições de Estado.

[278] 18. Ao propor os benefícios, o Membro do Ministério Público Federal deve considerar parâmetros objetivos, dentre os quais: quantidade de fatos delitivos narrados pelo colaborador; oportunidade da colaboração (ou seja, o momento em que revelou os fatos desconhecidos à investigação); a natureza e a credibilidade da descrição dos fatos narrados; a culpabilidade do agente em relação ao fato; os antecedentes criminais; a disposição do agente em cooperar com a investigação e persecução de outros fatos; os interesses da vítima; o potencial probatório da colaboração e outras consequências em caso de condenação; as provas apresentadas pelo colaborador e as linhas de investigação ampliadas. 19. O Membro do Ministério Público Federal não deve se comprometer com benefícios inexequíveis e que dependam da concordância de órgãos não envolvidos na negociação.

[279] Para aprofundamento da teoria da análise econômica do Direito, vale conferir ensaio de Gary S. Becker. BECKER, Gary S. Crime and punishment: an economic approach. *Essays*

possui ferramentas úteis para efetivamente se obter a melhor relação custo-benefício entre a premiação e a informação prestada pelo colaborador, sempre em compasso com os ditames do interesse público.

3.6 Imunidade

A imunidade penal apontada pela Lei n. 12.850/2013 traduz possível prêmio ao investigado colaborador e, por conta de suas particularidades, merece atenção específica em seção destacada.

Preliminarmente, indica-se que a imunidade é prêmio que se viabiliza apenas ao agente colaborador em fase de investigação e, para além de qualquer dúvida razoável, é proposta privativa do Membro do Ministério Público.

No que tange ao primeiro ponto, dispensam-se tintas mais profundas, na medida em que, conceitualmente, o acordo de imunidade se revela com o não oferecimento da denúncia, desde que obedecidos os pressupostos legais. Evidentemente, a partir de sua própria essência, ao contrário dos demais benefícios disponibilizados pela Lei de Combate ao Crime Organizado, não há que se falar em imunidade após a instalação do processo criminal em face do colaborador, ressalvados fatos novos que possam ensejar a deflagração de persecução penal específica sobre a qual se entabule acordo próprio, o qual, eventualmente, pode prever a imunidade.

Também não há possibilidade de se conferir à Polícia Judiciária legitimidade para ajustar acordo de imunidade com o investigado. Por certo, em que pese a lei conferir à Autoridade Policial atribuição para celebrar a colaboração premiada, tema que será aprofundado em seção específica, não há como suprimir do Ministério Público

---

in the *Economics of Crime and Punishment*, Chicago, 1974. Disponível em: https://www.nber.org/chapters/c3625.pdf. Acesso em: 16 nov. 2020.
Também Thiago Bottino: "Um exemplo evidente do modelo econômico de escolha racional em matéria criminal é justamente o sistema de incentivos positivos aos criminosos para que cooperem com a parte acusatória. De fato, para ampliar o custo esperado do crime, atuando sobre a probabilidade de que a infração penal seja identificada e seu autor punido, podem-se criar incentivos para que determinados criminosos cooperem com a acusação relatando fatos e autoria de crimes em troca de benefícios". BOTTINO, Thiago. Colaboração premiada e incentivos à cooperação no processo penal: uma análise crítica dos acordos firmados na "Operação Lava Jato". *Revista Brasileira de Ciências Criminais*, v. 122, p. 10, set.-out. 2016.

o poder-dever de ponderar, com base estritamente em referenciais legais, a viabilidade de se deixar de denunciar o colaborador em sede de ação penal pública.

Com efeito, conforme o art. 129, I, da Constituição Federal[280], o Ministério Público é o *dominus litis*, ou seja, o titular privativo da ação penal pública[281], a qual é regida pelo princípio da obrigatoriedade e da indisponibilidade.

Na esteira do que apontam Ana Luiza Almeida Ferro, Flávio Cardoso Pereira e Gustavo dos Reis Gazzola, a formação da *opinio delicti*, ainda que ocorra na fase administrativa, é atribuição do Ministério Público. A Constituição Federal de 1988 confere ao *Parquet* a capacidade postulatória nas fases administrativa e judicial da persecução penal, de modo a excluírem-se outros órgãos estatais da função de materializar o *jus puniendi* do Estado[282].

Em que pese tenha o Supremo Tribunal Federal julgado improcedente a ação direta de inconstitucionalidade n. 5.508/DF, proposta pelo Procurador-Geral da República e que tinha como objeto reconhecer a inconstitucionalidade dos §§4º e 6º, do art. 4º, da Lei n. 12.850/2013, os Ministros assentaram que não há espaço para que o Delegado de Polícia crie obstáculo ao ajuizamento de denúncia por meio de um acordo de colaboração, conforme anotou o Ministro-Relator Marco Aurélio[283]. Os esclarecimentos do Ministro-Relator se sucederam à indagação no mesmo sentido do Ministro Luís Roberto Barroso, para quem a anuência do Ministério Público é indispensável em cenários de ajuste de colaboração levado adiante

---

[280] BRASIL. *Constituição Federal (1988)*. Art. 129. São funções institucionais do Ministério Público: I – Promover, privativamente, a ação penal pública, na forma da lei.

[281] "Mas o que ali se garantiu é que as intervenções penais públicas teriam como titular o Ministério Público. E nem poderia ser diferente, já que a ele incumbe, no plano judicial, a legitimação ativa para a tutela dos direitos individuais e coletivos indisponíveis (art. 127, CF)". PACELLI, Eugênio; FISCHER, Douglas. *Comentários ao Código de Processo Penal e sua jurisprudência*. 4. ed. São Paulo: Atlas, 2012, p. 56.

[282] FERRO, Ana Luiza Almeida; PEREIRA, Flávio Cardoso; GAZZOLA, Gustavo dos Reis. *Criminalidade organizada*: comentários à Lei n. 12.850, de 02 de agosto de 2013. Curitiba: Juruá, 2014, p. 125-126. Também: MARTINS JÚNIOR, Wallace Paiva. *Ministério Público*: a Constituição e as Leis Orgânicas. São Paulo: Atlas, 2015, p. 111.

[283] "Quanto à colocação do Ministro Luís Roberto Barroso, não há qualquer divergência. Não passa pela minha cabeça que se lance em um acordo, entabulado por delegado de polícia, a impossibilidade de o Ministério Público apresentar denúncia". BRASIL. *Supremo Tribunal Federal*. ADIN n. 5.508/DF. Disponível em: http://redir.stf.jus.br/paginadorpub/paginador.jsp?docTP=TP&docID=751303490. Acesso em: 21 nov. 2020, p. 284.

pela Autoridade Policial que envolva prerrogativa do *Parquet*, a exemplo do não oferecimento de denúncia e do perdão judicial[284]. A Lei n. 12.850/2013, ao disciplinar o acordo de imunidade, criou uma exceção pontual ao princípio da obrigatoriedade, a qual, indubitavelmente, é regrada pelas balizas legais. O ajuizamento da ação penal pública é impositivo, um verdadeiro *poder-dever* quando presentes estão a justa causa, as condições da ação, os pressupostos processuais e ausentes causas de extinção da punibilidade.

No entanto, a natureza jurídica da imunidade em questão é tema controverso. Há quem o delimite como benefício de natureza puramente processual, cenário que implicaria exceção ao princípio da obrigatoriedade e traduziria verdadeira oportunidade regrada. Para alguns, o não oferecimento de denúncia levaria à extinção da pretensão punitiva do Estado em face do colaborador[285], enquanto, para outros, se trataria de hipótese de arquivamento do procedimento investigatório, sujeito à disciplina jurídica do art. 28 do Código de Processo Penal[286].

A diferença não é meramente teórica, na medida em que, declarada extinta a punibilidade do colaborador, não haveria a possibilidade de se reabrir as investigações ainda que se descortinassem novas provas, ao contrário do que ocorreria se a homologação do acordo de não denunciar implicasse simples arquivamento do inquérito policial.

---

[284] "Para ficar claro: quando a proposta de acordo ou acordo envolver alguma prerrogativa do Ministério Público – como, por exemplo, o não oferecimento de denúncia ou, talvez, o perdão judicial ou, até mesmo, a redução de dois terços da pena –, eu acho que, em todos esses casos, a anuência do Ministério Público é indispensável. Se o Ministério Público não anuir, eu acho que o delegado pode representar, para que haja a redução. Mas ai representar não é propriamente estar firmando um acordo com a parte. Esta ideia de que só é vinculante a manifestação do Ministério Público quando esteja em questão prerrogativa dele próprio, eu acho que é um traço comum da minha posição, do Ministro Marco Aurélio – acho que de todos nós aqui –, da Presidente e do Ministro Celso". BRASIL. *Supremo Tribunal Federal*. ADIN n. 5.508/DF. Disponível em: http://redir.stf.jus.br/paginadorpub/paginador.jsp?docTP=TP&docID=751303490. Acesso em: 21 nov. 2020, p. 282.

[285] Embora não faça alusão expressa à exceção ao princípio da obrigatoriedade, Francisco Simões Pacheco Savoia separa a imunidade dos demais benefícios, apontando-o como benefício exclusivamente processual que deve conduzir à extinção da punibilidade do colaborador após a homologação judicial, por analogia ao art. 87 da Lei n. 12.259/2011. SAVOIA, Francisco Simões Pacheco. *Colaboração premiada e princípio da imparcialidade*. Curitiba: Juruá, 2018, p. 71-73. Trata-se da posição de Andrey Borges de Mendonça, a quem Pacheco se refere expressamente em sua obra. MENDONÇA, Andrey Borges de. A colaboração premiada e a nova Lei do Crime Organizado (Lei 12.850/2013). *Revista Custos Legis*, v. 4, p. 20-21, 2013.

[286] Recentemente modificado pela Lei n. 13.964/2019, mas com eficácia suspensa por decisão do Supremo Tribunal Federal. BRASIL. *Supremo Tribunal Federal*. Medida Cautelar na ADI n. 6.298/DF, Rel. Min. Luiz Fux.

Diante da ausência de disposição legal a respeito, há de se ponderar quanto à pertinência de ambas as interpretações.

Contudo, importante considerar qual leitura é apta a conferir maior segurança jurídica ao sistema de justiça consensual e a garantir maior efetividade ao instituto, por certo, sem melindrar direitos e garantias fundamentais do colaborador. Nesse sentido, reconhecer que o acordo de imunidade homologado implica mero arquivamento do procedimento investigatório traduziria risco à segurança jurídica e eventual quebra da confiança entre as partes do acordo. Nessa medida, a interpretação que indica a possibilidade de aplicação analógica do art. 87 da Lei n. 12.529/2011 e a consequente extinção da punibilidade do colaborador encontra melhor ajuste ao espírito do microssistema de colaboração premiada.

Ainda mais relevante, em outra medida, é considerar que, independentemente do prêmio estabelecido no ajuste, inclusive a imunidade, seu reconhecimento definitivo deverá ocorrer apenas quando prolatada a decisão de mérito, oportunidade em que a eficácia da colaboração deverá ser analisada em conjunto com o restante do material probatório. Significa dizer que, homologado pelo Juiz o acordo de não denunciar, fica suspenso o direito de punir do Estado em face do colaborador até a decisão final, que fulminará definitivamente ao reconhecer a eficácia da contribuição na sentença de mérito.

Cezar Roberto Bitencourt e Paulo César Busato alertam que os resultados e as consequências da colaboração somente poderão ser apreciados e valorados na sentença; é impossível obter essa conclusão em momento processual anterior[287]. Sem dúvidas, ainda que se suspenda o prazo para oferecer a denúncia ou o processo, nos termos do art. 4º, §3º, da Lei n. 12.850/2013[288], a eficácia da colaboração, pressuposto indispensável para a atribuição do prêmio, deverá ser objeto de análise judicial quando da decisão de mérito.

---

[287] BITENCOURT, Cezar Roberto; BUSATO, Paulo César. *Comentários à Lei de Organização Criminosa.* São Paulo: Saraiva, 2014, p. 134.
[288] BRASIL. *Lei n. 12.850/2013.* Art. 4º, §3º. O prazo para oferecimento de denúncia ou o processo, relativos ao colaborador, poderá ser suspenso por até 6 (seis) meses, prorrogáveis por igual período, até que sejam cumpridas as medidas de colaboração, suspendendo-se o respectivo prazo prescricional.

A ressalva faz sentido para os prêmios que poderiam implicar a não instalação do processo criminal em razão de declaração prematura de extinção da punibilidade, como na hipótese de imunidade – adotado o ponto de vista defendido há pouco – ou de perdão judicial. Em qualquer dos casos, ainda que haja previsão expressa no Código de Processo Penal de que o perecimento do direito de punir estatal é matéria passível de declaração em qualquer etapa do processo e inclusive de ofício pelo Juiz [289], impõe-se uma releitura das causas de extinção da punibilidade em âmbito de colaboração premiada, relegando-se seu reconhecimento para momento posterior e não com a simples homologação do acordo, sob pena de subverter-se a lógica do instituto.

3.7 Possibilidade de se identificar limites materiais

Além das ponderações destacadas sobre os diversos prêmios existentes no sistema normativo de colaboração premiada, Carlos Frederico Coelho Nogueira levanta um ponto relevante e discutido de forma incipiente pela doutrina. Da mesma forma, os Tribunais ainda não se ativeram à questão, motivo pelo qual permanece aberto.

Trata-se da possibilidade de se identificar limites materiais para a colaboração premiada, cenário especialmente relevante para a persecução penal de crimes dolosos contra a vida, uma vez que sabemos, por experiência inclusive pessoal de quase duas décadas no Tribunal do Júri, que a maciça maioria dos casos envolvem delito de homicídio qualificado, consumado ou tentado, infração penal de natureza hedionda, nos termos do art. 1º, I, da Lei n. 8.072/1990[290].

---

[289] BRASIL. *Código de Processo Penal (1941).* Art. 61. Em qualquer fase do processo, o juiz, se reconhecer extinta a punibilidade, deverá declará-lo de ofício (antes da ação penal, de lado a hipótese de perdão judicial avençado em colaboração premiada, o reconhecimento de causa de extinção da punibilidade deve conduzir ao arquivamento do inquérito policial ou das peças de informação. PACELLI, Eugênio; FISCHER, Douglas. *Comentários ao Código de Processo Penal e sua jurisprudência.* 4. ed. São Paulo: Atlas, 2012, p. 123.

[290] BRASIL. *Lei n. 8.072/1990.* Art. 1º. São considerados hediondos os seguintes crimes, todos tipificados no Decreto-Lei n. 2.848, de 7 de dezembro de 1940 – Código Penal, consumados ou tentados: I – Homicídio (art. 121), quando praticado em atividade típica de grupo de extermínio, ainda que cometido por um só agente, e homicídio qualificado (art. 121, §2º, I, II, III, IV, V, VI, VII e VIII);

Na visão do autor[291], os crimes hediondos e os a eles equiparados, por serem insuscetíveis de fiança, anistia e graça (art. 5º, XLIII, da Constituição Federal)[292], não são passíveis de *perdão* em sentido amplo, uma vez que a anistia e a graça são apenas formas de se perdoar o autor do delito. Em que pese o legislador ter sido omisso em relação ao indulto, é pacífica a jurisprudência no sentido de que também ele não pode ser aplicado aos crimes de caráter hediondo e aos assemelhados[293].

Nesse sentido, conforme pondera Carlos Frederico Coelho Nogueira, se a anistia, a graça e o indulto não podem ser concedidos para os autores de delitos hediondos, também não há razão para se admitir o perdão judicial, ainda que estabelecido como prêmio a uma colaboração efetiva, notadamente em se cuidando de homicídio qualificado ou praticado por grupo de extermínio. O mesmo raciocínio se aplica à imunidade estabelecida em acordo do mesmo jaez, a qual também é uma forma de perdão *lato sensu*.

A perspectiva adotada pelo processualista é absolutamente aceitável como interpretação da extensão das vedações constantes do texto constitucional há pouco ressaltadas. Evidentemente, optou o constituinte, ao estabelecer maior rigor no enfrentamento de crimes hediondos e assemelhados, por industriar núcleo mínimo imutável no que tange à concessão de graça ou de anistia, conferindo, por consequência, maior valor à perspectiva de proteção de bens jurídicos.

Em contraponto, seria possível afirmar que normas de exceção, como a vedação constitucional aludida, devem ser interpretadas necessariamente de modo estrito, aceitando-se o indulto não expresso no texto apenas porque graça e indulto são

---

[291] NOGUEIRA, Carlos Frederico Coelho. *Colaboração premiada e outras questões processuais relevantes do Tribunal do Júri*. Congresso do Júri (2016: Águas de Lindoia, SP). Organização: Escola Superior do Ministério Público do Estado de São Paulo. São Paulo: APMP, 2017, p. 39-41.
[292] BRASIL. *Constituição Federal*. Art. 5º, XLIII. A lei considerará crimes inafiançáveis e insuscetíveis de graça ou anistia a prática da tortura, o tráfico ilícito de entorpecentes e drogas afins, o terrorismo e os definidos como crimes hediondos, por eles respondendo os mandantes, os executores e os que, podendo evitá-los, se omitirem.
[293] Revista *Consultor Jurídico*, 21 de junho de 2019. Disponível em: https://www.conjur.com.br/2019-jun-21/lewandowski-afasta-decisao-negou-indulto-condenado-trafico#:~:text=Os%20crimes%20hediondos%2C%20previstos%20na,de%20anistia%2C%20gra%C3%A7a%20ou%20indulto. Acesso em: 29 jul. 2020.

o mesmo instituto, o primeiro com destinatário individual e, o segundo, aplicável coletivamente.

Ambas as interpretações são cabíveis no que se refere à extensão da vedação constitucional e a possibilidade ou não de se atribuir o perdão judicial ou a imunidade como prêmio em cenário de colaboração de autor de crime hediondo.

A solução, no entanto, deve estar em leitura sistemática e em anotação teleológica. Em primeiro plano, como já estudado, convém considerar que a própria Lei dos Crimes Hediondos prevê o instituto da colaboração premiada, embora não traga a possibilidade de perdão judicial ou de acordo de não denunciar e faça menção apenas ao participante de associação criminosa voltada para a prática de crimes hediondos ou equiparados.

Conforme discutido em capítulo específico, defendemos que as regras de direito penal premial não são incompatíveis e convivem entre si, servindo, nesse passo, a Lei n. 9.807/1999 como residual, uma vez que não está amarrada à determinada espécie ou fenômeno delituoso, como a organização criminosa, atrelada à sistemática da lei de regência. Nessa toada, no que tange ao delito hediondo ou assemelhado, a colaboração premiada deve ter supedâneo normativo na Lei de Proteção a Vítimas, Testemunhas e Réus Colaboradores, que abre a possibilidade teórica de barganha com perdão judicial, ressalvas feitas ao tráfico de entorpecentes, com disposição específica na Lei n. 11.343/2006, e ao terrorismo, que remete à aplicação integral da Lei n. 12.850/2013.

Em qualquer cenário, de todo modo, acatada a limitação material constitucional aqui encampada, ainda que a espécie delitiva sinalize a incidência da legislação mais elástica do ponto de vista da premiação, em se cuidando de hediondos ou dos seus assemelhados, está vedada a proposta de perdão em sentido lato.

Com o advento do Pacote Anticrime, o próprio delito de organização criminosa passou a ser considerado hediondo, quando direcionado à prática de crimes dessa natureza[294], de forma que

---

[294] BRASIL. *Lei n. 13.964/2019*. Art. 1º. São considerados hediondos os seguintes crimes, todos tipificados no Decreto-Lei n. 2.848, de 7 de dezembro de 1940 – Código Penal, consumados ou tentados: [...] Parágrafo único. Consideram-se também hediondos, tentados ou consumados; [...] V – o crime de organização criminosa, quando direcionado à prática de crime hediondo ou equiparado.

devem ser observados os limites materiais à premiação, uma vez adotado o posicionamento lançado neste texto. Em casos extremos, observados os balizadores do art. 4º, §1º, da Lei n. 12.850/2013 (aplicável por analogia a qualquer crime que justificar a colaboração), haveria a possibilidade de se admitir redução máxima de pena ao colaborador autor de crime hediondo, mas não de perdão judicial. Evidentemente, a relação custo-benefício ganha contornos de especial complexidade na hipótese em que está em jogo a proteção suficiente da vida humana.

Nas palavras de Carlos Frederico Coelho Nogueira, especificamente quanto aos crimes dolosos contra a vida, "[...] se não é possível nenhuma forma de perdão, não se deve prometer no âmbito do Júri o perdão judicial, principalmente quando se tratar de homicídio qualificado ou praticado em grupo de extermínio"[295].

3.8 Procedimento pré-acordo: fase de tratativas e termo de confidencialidade

A Lei n. 13.964/2019, que ficou conhecida como Pacote Anticrime, idealizada pelo então Ministro da Justiça Sérgio Moro, alterou a Lei de Combate ao Crime Organizado, de maneira a introduzir procedimento para documentação da fase de tratativas ao acordo de colaboração premiada.

Efetivamente, é ingênuo ponderar que o acordo ocorre de maneira simples com rápida conversa preliminar apta a alinhavar os interesses discutidos. Em caráter de absoluta exceção, é possível que a avença de colaboração premiada não dependa de maiores digressões. Contudo, em regra, verifica-se que a complexidade dos casos, em especial os que envolvem organizações criminosas voltadas para a prática de delitos de colarinho branco, encaminham longas e difíceis discussões até a conclusão acerca da viabilidade do acordo de colaboração e dos termos envolvidos.

---

[295] NOGUEIRA, Carlos Frederico Coelho. *Colaboração premiada e outras questões processuais relevantes do Tribunal do Júri*. Congresso do Júri (2016: Águas de Lindoia, SP). Organização: Escola Superior do Ministério Público do Estado de São Paulo. São Paulo: APMP, 2017, p. 42.

Justamente em razão do cenário prático identificado, em boa hora se optou por regulamentar a fase de tratativas, introduzindo-se, para tanto, os arts. 3º-B e C à Lei n. 12.850/2013, os quais serão objeto de apontamento nesta seção.

Antes disso, porém, convém observar que a normatização das tratativas não é propriamente uma inovação. Desde 2018, no âmbito do Ministério Público Federal, existia a Orientação Conjunta n. 01 das 2ª e 5ª Câmaras de Coordenação e Revisão – Combate à Corrupção, que indicava aos Membros daquele órgão as balizas para equacionar e documentar a fase pré-acordo. Evidentemente, como aponta a própria nomenclatura do ato, trata-se de mera recomendação com caráter não vinculante e efeitos restritos ao *Parquet* Federal. Não obstante, por força da efetividade prática da regulamentação e de seu sucesso no campo pragmático, em especial no âmbito da Força-Tarefa da Operação Lava Jato, optou-se por replicar, quase literalmente, o conteúdo da orientação no texto do projeto que se transformou na Lei n. 13.964/2019 no que diz respeito às regras das tratativas preparatórias ao acordo de colaboração premiada[296].

---

[296] Transcrevem-se as disposições pertinentes à questão extraídas da Orientação Conjunta n. 01/2018 do Ministério Público Federal: 4. O recebimento da proposta para formalização de acordo de colaboração demarca o início das negociações e constitui também marco de confidencialidade, configurando violação de sigilo e quebra da confiança e da boa-fé a divulgação de tais tratativas iniciais ou de documento que as formalize, até o levantamento de sigilo por decisão judicial ou nos termos do art. 7º, §3º, da Lei 12.850/2013. 4.1. A proposta de acordo de colaboração premiada poderá ser sumariamente indeferida, com a devida justificativa, cientificando-se o interessado; 4.2. Caso não haja indeferimento sumário, as partes deverão firmar Termo de Confidencialidade para prosseguimento das tratativas; 4.3. O recebimento de proposta de colaboração para análise ou o Termo de Confidencialidade não implicam, por si sós, a suspensão de medidas específicas de litigância, ressalvado o disposto no item 17; 4.4. Os Termos de recebimento de proposta de colaboração e de confidencialidade serão elaborados pelo Membro do Ministério Público oficiante e assinados por ele, pelo colaborador e advogado, ou defensor público com poderes específicos. 5. A proposta de colaboração premiada deve estar instruída com procuração do interessado com poderes específicos para iniciar o procedimento de colaboração e suas tratativas, ou firmada pessoalmente pela parte que pretende a colaboração e seu advogado ou defensor público. 5.1. O Membro deve adotar procedimentos visando assegurar a confidencialidade do acordo de colaboração premiada. 6. A proposta de colaboração é retratável por qualquer das partes até a assinatura do acordo, nos termos do art. 4º, §10, da Lei 12.850/2013. 10. Nenhuma tratativa sobre colaboração premiada deve ser realizada sem a presença do advogado constituído ou Defensor Público. 10.1. Em caso de eventual conflito de interesses, ou de colaborador hipossuficiente, o órgão do Ministério Público oficiante deverá solicitar a presença de outro advogado ou a participação de Defensor Público. 13. Incumbe à defesa instruir a proposta de colaboração e os anexos com os fatos adequadamente descritos, com todas as suas circunstâncias, indicando as provas e os elementos de corroboração.

Em linhas gerais, a natureza jurídica do procedimento preparatório ao acordo de colaboração premiada é administrativa e caberá a cada Ministério Público ou à Polícia Judiciária, de acordo com a sua organização interna, sistematizar os procedimentos de registro e de autuação do expediente.

Além da já apontada natureza jurídica, a partir das disposições dos arts. 3º-B e C da Lei n. 12.850/2013, podem ser extraídas as seguintes características fundamentais da fase preparatória:

✓ a iniciativa da proposta cabe ao potencial colaborador;
✓ vinculação em caso de aceite;
✓ imposição de elaboração de termo de confidencialidade e manutenção de sigilo;
✓ possibilidade de suspensão das investigações principais;
✓ possibilidade de instrução do procedimento;
✓ participação obrigatória de advogado/defensor e procuração com poderes específicos (ou assinatura conjunta);
✓ invalidade das provas obtidas no procedimento em caso de não celebração do acordo por iniciativa do órgão estatal;
✓ ônus do colaborador: colaboração completa e dever de provar.

Quanto à iniciativa da proposta de colaboração premiada, estabeleceu o art. 3º-B, *caput*, da Lei de Combate ao Crime Organizado[297], para além de qualquer dúvida, que caberá ao potencial colaborador, assistido por profissional habilitado[298], encaminhar a sua proposta ao Membro do Ministério Público ou ao Delegado de Polícia com atribuições para tanto. A inclusão é oportuna, na medida em que havia lacuna normativa quanto à iniciativa, apenas orientando que deveria partir do investigado ou do réu, de maneira a caber ao Estado, nessa toada, perseguir as provas necessárias independentemente de qualquer intervenção de terceiro interessado.

---

[297] BRASIL. *Lei n. 12.850/2013*. Art. 3º-B. O recebimento da proposta para formalização de acordo de colaboração demarca o início das negociações e constitui também marco de confidencialidade, configurando violação de sigilo e quebra da confiança e da boa-fé a divulgação de tais tratativas iniciais ou de documento que as formalize, até o levantamento de sigilo por decisão judicial.

[298] BRASIL. *Lei n. 12.850/2013*. Art. 3º-C, §1º. Nenhuma tratativa sobre colaboração premiada deve ser realizada sem a presença de advogado constituído ou defensor público. §2º Em caso de eventual conflito de interesses, ou de colaborador hipossuficiente, o celebrante deverá solicitar a presença de outro advogado ou a participação de defensor público.

Além de conferir maior lisura e transparência à colaboração ao sinalizar que o órgão de persecução penal deve se desincumbir de seu ônus probatório independentemente do mencionado auxílio, a nova norma viabiliza ao celebrante, nos termos da nomenclatura legal, avaliar os termos da proposta e rejeitá-la sumariamente se não houver compatibilidade com o interesse público, conforme dispõe o art. 3º-B, §1º, da Lei n. 12.850/2013[299]. Não há previsão legal de recurso da decisão que indefere de plano a proposta, mas existe a possibilidade de se arregimentarem normas internas no âmbito do Ministério Público ou da Polícia Judiciária para organizar eventual instância revisora.

Uma vez recebida a proposta, o Estado estará vinculado a estabelecer o procedimento de tratativas que deverão ser levadas adiante até a conclusão acerca da efetivação ou não do acordo de colaboração. Por certo, o aceite vincula o celebrante quanto à instauração e ao seguimento do procedimento de tratativas, porém, não sinaliza direito à assinatura do futuro acordo de colaboração, que poderá ser rechaçado ao final, inclusive, de eventual fase instrutória instalada no bojo dos autos do procedimento administrativo correlato[300]. Há sigilo imposto por lei e ambas as partes a ele se comprometem após a assinatura de termo de confidencialidade obrigatório[301].

Se o Estado verificar que não mais persiste o interesse público inicialmente identificado quando do recebimento da proposta, poderá simplesmente determinar o arquivamento do procedimento preparatório e não poderá se valer das informações ou das provas eventualmente obtidas por intervenção do potencial colaborador[302]. Trata-se de mecanismo de controle capaz de coibir eventual abuso de

---

[299] BRASIL. *Lei n. 12.850/2013*. Art. 3º-B, §1º. A proposta de acordo de colaboração premiada poderá ser sumariamente indeferida, com a devida justificativa, cientificando-se o interessado.

[300] BRASIL. *Lei n. 12.850/2013*. Art. 3º-B, §4º. O acordo de colaboração premiada poderá ser precedido de instrução, quando houver necessidade de identificação ou complementação de seu objeto, dos fatos narrados, sua definição jurídica, relevância, utilidade e interesse público.

[301] BRASIL. *Lei n. 12.850/2013*. Art. 3º-B, §2º. Caso não haja indeferimento sumário, as partes deverão firmar Termo de Confidencialidade para prosseguimento das tratativas, o que vinculará os órgãos envolvidos na negociação e impedirá o indeferimento posterior sem justa causa.

[302] BRASIL. *Lei n. 12.850/2013*. Art. 3º-B, §6º. Na hipótese de não ser celebrado o acordo por iniciativa do celebrante, esse não poderá se valer de nenhuma das informações ou provas apresentadas pelo colaborador, de boa-fé, para qualquer outra finalidade

poder por parte do Membro do Ministério Público ou do Delegado de Polícia, o qual, de má-fé, poderia sinalizar interesse na colaboração proposta e, uma vez atendida a sua pretensão probatória, virar as costas para o pretendente à colaboração. Anote-se que, assim como ocorre com o indeferimento sumário da proposta de colaboração, não está prevista instância para rever a decisão de arquivamento do procedimento administrativo pré-acordo.

Pende ainda anotar que o potencial colaborador deve se desincumbir do ônus de provar o alegado, como também de narrar todos os fatos ilícitos para os quais concorreu e que tenham relação direta com os fatos investigados. Nota-se, pela disposição indicada, que não se exige do candidato à colaboração que descortine e prove a *íntegra* dos fatos investigados ainda que por ele conhecidos. O jogo da colaboração, nos moldes desenhados pela Lei n. 12.850/2013, permite eventual omissão do colaborador desde que não diga respeito aos fatos em que ele se envolveu diretamente e que sejam de interesse direto da investigação ou do processo criminal instalado[303].

Por último, a legislação estabelece que, em caso de conflito de interesses ou de colaborador hipossuficiente, o celebrante deverá solicitar a presença de outro advogado ou a participação de Defensor Público[304]. Guilherme Madeira Dezem e Luciano Anderson de Souza, em comentários ao dispositivo, esclarecem que a lei utilizou mal a expressão "conflito de interesses". Na verdade, a norma diz respeito a conflito de vontades entre o colaborador e o seu defensor. Da mesma forma, segundo os autores, não cabe ao celebrante solicitar a presença de outro advogado, uma vez que se trata de profissional constituído pelo colaborador. Diante do quadro, apenas se destituída a defesa técnica, deverá o celebrante solicitar outro advogado na hipótese de o próprio colaborador não o fazer[305].

---

[303] BRASIL. *Lei n. 12.850/2013*. Art. 3º-C, §3º. No acordo de colaboração premiada, o colaborador deve narrar todos os fatos ilícitos para os quais concorreu e que tenham relação direta com os fatos investigados; §4º Incumbe à defesa instruir a proposta de colaboração e os anexos com os fatos adequadamente descritos, com todas as suas circunstâncias, indicando as provas e os elementos de corroboração.

[304] BRASIL. *Lei n. 12.850/2013*. Art. 3º-C, §2º. Em caso de eventual conflito de interesses, ou de colaborador hipossuficiente, o celebrante deverá solicitar a presença de outro advogado ou a participação de defensor público.

[305] DEZEM, Guilherme Madeira; SOUZA, Luciano Anderson de. *Comentários ao Pacote Anticrime* – Lei n. 13.964/19. São Paulo: RT, 2020 (*e-book*), p. 212-213.

3.9 Acordo de colaboração premiada

3.9.1 Pressuposto de existência: regularidade formal

O presente trabalho adota os parâmetros estabelecidos pelo Supremo Tribunal Federal quanto aos pressupostos de existência, de validade e de eficácia do acordo de colaboração premiada, modelo este insculpido no acórdão lançado nos autos do *habeas corpus* n. 127.483/PR[306].

Nessa linha de ideias, esgotada a etapa de tratativas com sucesso, ou seja, se os interessados concluíram os trabalhos preliminares que os conduziram à celebração do acordo de colaboração premiada, deverão ser observadas algumas regras que fixam forma e conteúdo mínimo para a sua documentação.

Os requisitos formais do acordo de colaboração premiada estão previstos no art. 6º da Lei n. 12.850/2013[307], os quais revelam os pressupostos de existência da colaboração[308].

Em primeiro plano, a legislação esclarece que existe um conteúdo mínimo a ser reduzido a termo por escrito. Não existe,

---

[306] Ao decidir que colaboração premiada é negócio jurídico meio para a obtenção de provas – referência positivada em lei, o Pretório Excelso também destacou, calcando-se nas lições de Antônio Junqueira de Azevedo: "[...] o exame do negócio jurídico deve ser feito em três planos sucessivos: i) da existência, pela análise de seus elementos, a fim de se verificar se o negócio é existente ou inexistente; ii) da validade, pela análise de seus requisitos, a fim de se verificar se o negócio existente é válido ou inválido (subdividido em nulo e anulável); iii) da eficácia, pela análise de seus fatores, a fim de se verificar se o negócio existente e válido é eficaz ou ineficaz em sentido estrito". BRASIL. *Supremo Tribunal Federal*. HC n. 127.483/PR. Inteiro teor do acórdão. Disponível em: http://redir.stf.jus.br/paginadorpub/paginador.jsp?docTP=TP&docID=10199366. Acesso em: 21 nov. 2020, p. 27.

[307] BRASIL. *Lei n. 12.850/13*, Art. 6º. O termo de acordo da colaboração premiada deverá ser feito por escrito e conter: I – O relato da colaboração e seus possíveis resultados; II – As condições da proposta do Ministério Público ou do delegado de polícia; III – A declaração de aceitação do colaborador e de seu defensor; IV – As assinaturas do representante do Ministério Público ou do delegado de polícia, do colaborador e de seu defensor; V – A especificação das medidas de proteção ao colaborador e à sua família, quando necessário.

[308] "O art. 6º, da Lei n. 12.850/13 estabelece os elementos de existência do acordo de colaboração premiada. Esse acordo deverá ser feito por escrito e conter: i) o relato da colaboração e seus possíveis resultados; ii) as condições da proposta do Ministério Público ou do delegado de polícia; iii) a declaração de aceitação do colaborador e de seu defensor; e iv) as assinaturas do representante do Ministério Público ou do delegado de polícia, do colaborador e de seu defensor". BRASIL. *Supremo Tribunal Federal*. HC n. 127.483/PR. Inteiro teor do acórdão. Disponível em: http://redir.stf.jus.br/paginadorpub/paginador.jsp?docTP=TP&docID=10199366. Acesso em: 21 nov. 2020, p. 31.

nesse passo, avença de colaboração premiada oral ou espaço para apenas consignar a proposta de qualquer forma no próprio termo de declarações do colaborador, como se fazia no passado[309].

Evidentemente, acompanhará o termo de colaboração premiada o relato completo do colaborador, com as possíveis indicações de prova, cujo ônus lhe cabe, na forma estampada no art. 4º, §4º, da Lei n. 12.850/2013.

As cláusulas do acordo revelarão as condições da proposta do Ministério Público ou do Delegado de Polícia, sendo nulas as previsões de renúncia ao direito de impugnar a decisão homologatória (art. 4º, §7º-B, da Lei de Combate ao Crime Organizado)[310]. Também já se decidiu que são igualmente nulas de pleno direito cláusulas que determinem renúncia obrigatória ao direito de recorrer ou de impetrar *habeas corpus*.

Como já visto na seção relacionada aos prêmios previstos nas diversas leis que versam sobre a colaboração premiada, o Pacote Anticrime proibiu cláusulas que indiquem benefícios violadores dos critérios de definição de regime inicial de cumprimento de pena, ou que modifiquem os requisitos de progressão de regime, na forma estabelecida no Código Penal e na Lei de Execuções Penais[311].

Indispensáveis, ainda, são a aceitação do colaborador e de seu defensor, além das assinaturas de todos os envolvidos, com o respectivo pedido de homologação do acordo.

A lei também especifica a possibilidade de se estabelecerem, quando necessárias, medidas de proteção para o colaborador e a sua

---

[309] Ressalve-se aqui nossa posição no sentido de que não há espaço na legislação para a chamada colaboração premiada unilateral, cenário que viabilizaria a aplicação de prêmios independentemente da existência de acordo formal e escrito de colaboração premiada entre o órgão estatal legitimado e o investigado ou réu. Em sentido oposto, aponta-se a opinião de Eugênio Pacelli, para quem é possível reconhecer a colaboração sem termo formal e escrito justamente nos casos em que o acusado, quando condenado, prestar contribuição eficaz para o deslinde da ação penal, independentemente da existência prévia de acordo homologado. PACELLI, Eugênio. *Curso de processo penal*. 20. ed. São Paulo: Atlas, 2016, p. 866-867.
[310] BRASIL. *Lei n. 12.850/2013*. Art. 4º, §7º-B. São nulas de pleno direito as previsões de renúncia ao direito de impugnar a decisão homologatória.
[311] BRASIL. *Lei n. 12.850/2013*. Art. 4º, §7º, II. Adequação dos benefícios pactuados àqueles previstos no *caput* e nos §§4º e 5º deste artigo, sendo nulas as cláusulas que violem o critério de definição do regime inicial de cumprimento de pena do art. 33 do Decreto-Lei n. 2.848, de 7 de dezembro de 1940 (Código Penal), as regras de cada um dos regimes previstos no Código Penal e na Lei n. 7.210, de 11 de julho de 1984 (Lei de Execução Penal) e os requisitos de progressão de regime não abrangidos pelo §5º deste artigo;

família. Esse o único requisito facultativo, dentre aqueles previstos no art. 6º da Lei n. 12.850/2013, que dependerá da situação concreta e, por certo, da anuência do colaborador que poderá se socorrer das ferramentas previstas na Lei n. 9.807/1999.

Evidentemente, as indicações expostas revelam o mínimo para que se identifique regularidade formal do termo de acordo, uma das balizas que serão avaliadas pelo Juiz de Direito por ocasião da decisão de homologação. Diversas cláusulas específicas e pertinentes ao caso concreto, as quais não poderiam ser previstas de antemão pelo legislador, podem ser consignadas no termo, como, por exemplo, as que ajustam os efeitos extrapenais da condenação, como a devolução de valores ou de bens auferidos por meio da prática criminosa.

3.9.2 Pressuposto de validade: voluntariedade

A formalização do acordo de colaboração premiada pressupõe, como estudado, a documentação em termo próprio com o conteúdo mínimo alinhada na Lei de Combate ao Crime Organizado. Em paralelo, nos termos decididos no *habeas corpus* n. 127.483, a validade do acordo está condicionada à aferição da voluntariedade da colaboração[312]. Para tanto, a legislação processual impõe ao Juiz a necessidade de ouvir o colaborador reservadamente, acompanhado apenas por seu defensor, para que, antes da homologação, dentre outras questões, possa se certificar de que a contribuição do celebrante é efetivamente livre de vícios e decorrente exclusivamente de ato de vontade[313].

---

[312] "Quanto ao plano subsequente da validade, o acordo de colaboração somente será válido se: i) a declaração de vontade do colaborador for a) resultante de um processo volitivo; b) querida com plena consciência da realidade; c) escolhida com liberdade e d) deliberada sem má-fé; e ii) o seu objeto for lícito, possível e determinado ou determinável". BRASIL. *Supremo Tribunal Federal*. HC n. 127.483/PR. Inteiro teor do acórdão. Disponível em: http://redir.stf.jus.br/paginadorpub/paginador.jsp?docTP=TP&docID=10199666. Acesso em: 21 nov. 2020, p. 32.

[313] BRASIL. *Lei n. 13.964/2019*. §7º. Realizado o acordo na forma do §6º deste artigo, serão remetidos ao juiz, para análise, o respectivo termo, as declarações do colaborador e cópia da investigação, *devendo* o juiz ouvir sigilosamente o colaborador, acompanhado de seu defensor, oportunidade em que analisará os seguintes aspectos na homologação: IV – voluntariedade da manifestação de vontade, especialmente nos casos em que o colaborador está ou esteve sob efeito de medidas cautelares [grifo nosso].

Interessante notar que a redação do texto em referência é fruto de adaptação levada adiante pela Lei n. 13.964/2019, a qual transformou a oitiva do colaborador em solenidade obrigatória para aferir a liberdade da sua contribuição. Nos termos originais da Lei n. 12.850/2013, havia indicação de oitiva facultativa do colaborador sem qualquer referência à hipótese de ele estar de alguma maneira preso ou submetido a outras medidas cautelares pessoais[314].

Diante disso, está superada intensa discussão doutrinária no sentido de que a prisão do colaborador implicaria afastamento do requisito voluntariedade e, nesse trilho, a colaboração entabulada entre o celebrante e o investigado ou acusado preso careceria de requisito de validade, de maneira a impedir sua homologação[315]. O posicionamento do Supremo Tribunal Federal, em decisão colegiada, foi consolidado em norma legal com a entrada em vigor do Pacote Anticrime, que expressamente indica a validade do acordo ainda que submetido o colaborador a *qualquer* medida cautelar pessoal, cenário que apenas justifica maior cautela em sua oitiva para verificar a voluntariedade de sua manifestação de vontade.

---

[314] BRASIL. *Lei n. 12.850/2013*. Art. 4º, §7º (redação original parcialmente alterada pela Lei n. 13.964/2013): Realizado o acordo na forma do §6º, o respectivo termo, acompanhado das declarações do colaborador e de cópia da investigação, será remetido ao juiz para homologação, o qual deverá verificar sua regularidade, legalidade e voluntariedade, *podendo* para este fim, sigilosamente, ouvir o colaborador, na presença de seu defensor [grifo nosso].

[315] "[...] requisito de validade do acordo é a liberdade psíquica do agente, e não a sua liberdade de locomoção. A declaração de vontade do agente deve ser produto de uma escolha com liberdade (=liberdade psíquica), e não necessariamente em liberdade, no sentido de liberdade física". BRASIL. *Supremo Tribunal Federal*. HC n. 127.483/PR. Inteiro teor do acórdão. Disponível em: http://redir.stf.jus.br/paginadorpub/paginador. jsp?docTP=TP&docID=10199666. Acesso em: 21 nov. 2020, p. 32.
Em texto publicado antes da entrada em vigor do Pacote Anticrime, Soraia da Rosa Mendes defendeu, em sentido contrário à atual redação da Lei n. 12.850/13, que uma "[...] ação só será ética se for consciente, livre e responsável e só será virtuosa se for livre. Liberdade pressupõe autonomia, isto é, deve resultar de uma decisão interior do próprio agente, e não da obediência a uma ordem, a um comando ou a uma pressão externa. De maneira que, em nosso ver, resta incompatível o expediente da prisão provisória (temporária e preventiva) e a obtenção da "colaboração" em acordos celebrados com pessoas que estejam com sua liberdade cerceada no curso de investigação ou da persecução penal". MENDES, Soraia R. Editorial dossiê 'Colaboração premiada e justiça criminal negocial': novos e múltiplos olhares. *Revista Brasileira de Direito Processual Penal*. Porto Alegre, v. 3, n.1, p. 31-38, jan.-abr. 2017. No mesmo sentido: BORRI, Luiz Antonio. Delação premiada do investigado/acusado preso cautelarmente: quando o Estado se transfigura em criminoso para extorquir a prova do investigado. *Boletim do IBCCrim*, São Paulo, ano 24, n. 285, p. 6-8, 2016.

A partir da mesma construção legislativa, infere-se que a celebração do acordo não altera o cenário justificador de eventual medida cautelar[316]. A análise do cabimento de prisão preventiva ou temporária deve considerar apenas se estão presentes os requisitos e os pressupostos das leis de regência, de maneira que cláusulas em acordo que atribuem direito à liberdade ou obrigação de o Ministério Público não requerer prisão preventiva em face do colaborador não têm compatibilidade com o atual regramento processual de colaboração premiada, nos moldes já decididos pelo Superior Tribunal de Justiça[317].

É evidente, de qualquer modo, que eventual prisão cautelar possa servir de ferramenta para constranger o investigado ou acusado a colaborar com o sistema de justiça. Contudo, a situação não é identificável por presunção. Verificadas as balizas legais justificadoras da prisão, é indiferente a existência de tratativas iniciais ou mesmo do próprio acordo de colaboração já alinhavado. Se há constrangimento à colaboração, o acordo é nulo justamente em razão da ausência do pressuposto em questão.

Por certo, à primeira vista, a postura colaborativa *indica* ausência de *necessidade* da prisão cautelar. No entanto, o caso concreto pode revelar contornos distintos. Pondere-se, por exemplo, quanto à pertinência da prisão cautelar de importante membro de organização criminosa, há tempos envolvido com o narcotráfico e reincidente em crimes violentos, que se dispõe a delatar membro de

---

[316] Decidiu o Supremo Tribunal Federal que não há relação entre a celebração e/ou descumprimento de acordo de colaboração premiada e o juízo de adequação de medidas cautelares gravosas: "Ementa: HABEAS CORPUS. PROCESSO PENAL. PRISÃO PREVENTIVA. ACORDO DE COLABORAÇÃO PREMIADA. DESCUMPRIMENTO. CAUSA DE IMPOSIÇÃO DE PRISÃO PROCESSUAL. DESCABIMENTO. ORDEM CONCEDIDA. 1. A prisão processual desafia a presença de algum dos requisitos previstos no art. 312 do CPP. 2. **Inexiste relação necessária entre a celebração e/ou descumprimento de acordo de colaboração premiada e o juízo de adequação de medidas cautelares gravosas**. 3. A teor do art. 316, CPP, a imposição de nova prisão preventiva desafia a indicação de base empírica idônea e superveniente à realidade ponderada no momento do anterior revogação da medida prisional. 4. Ordem parcialmente concedida, com confirmação da liminar deferida. BRASIL. *Supremo Tribunal Federal*. HC 138207, Rel. Min. Edson Fachin, Segunda Turma, j. 25-04-2017, Processo Eletrônico DJe-141 Divulg 27-06-2017 Public 28-06-2017 [grifo nosso].

[317] "[...] no modo como delineado pela legislação brasileira, não é lícita a inclusão de cláusulas concernentes às medidas cautelares de cunho pessoal, e, portanto, não é a partir dos termos do acordo que se cogitará da concessão ou não de liberdade provisória ao acusado que, ao celebrá-lo, encontre-se preso preventivamente". BRASIL. *Superior Tribunal de Justiça*. RHC 76.026/RS, Quinta Turma, Rel. Min. Felix Fischer, j. 06-10-2016, p. 14.

maior escalão da facção a qual pertence. O palco descortinado deve evidenciar a necessidade de prisão preventiva para salvaguardar a ordem pública a despeito de eventual colaboração. Se o candidato à colaboração condiciona a sua contribuição à liberdade provisória, constrói-se cenário em que a colaboração, à primeira vista, não terá condições de prosperar[318].

Na mesma medida, conforme já discutido, a regulamentação da fase de preparação ao acordo de colaboração, com indicação expressa de abertura de procedimento a partir do *recebimento da proposta*, sinaliza que, ao menos sob a perspectiva documental, a iniciativa do acordo caberá ao colaborador. Embora a lei não mencione a espontaneidade como requisito do ajuste de colaboração[319], pelo novo desenho processual da ferramenta atribui-

---

[318] No sentido das ideias lançadas, quanto à falta de correlação entre a homologação do acordo de colaboração premiada e substituição de prisão preventiva: EMENTA: AGRAVO REGIMENTAL NA RECLAMAÇÃO. PROCESSUAL PENAL. OPERAÇÃO "CARNE FRACA". ALEGADA USURPAÇÃO DE COMPETÊNCIA DO SUPREMO TRIBUNAL FEDERAL. INOCORRÊNCIA. **AUSÊNCIA DE RELAÇÃO ENTRE A SUBSTITUIÇÃO DE PRISÃO PREVENTIVA DE COLABORADOR PELO JUÍZO RECLAMADO E A HOMOLOGAÇÃO DO ACORDO DE COLABORAÇÃO PREMIADA PELO SUPREMO TRIBUNAL FEDERAL.** PRETENSÃO DE RESCISÃO DE ACORDO DE COLABORAÇÃO PREMIADA POR ALEGADA INFRINGÊNCIA DE CLÁUSULA DE SIGILO. NÃO CABIMENTO DA RECLAMAÇÃO. A MENÇÃO A DETENTORES DE FORO PRIVILEGIADO NÃO ATRAI A COMPETÊNCIA DO SUPREMO TRIBUNAL FEDERAL. PRECEDENTES. AGRAVO REGIMENTAL AO QUAL SE NEGA PROVIMENTO BRASIL. *Supremo Tribunal Federal.* Rcl 30177 AgR, Rel. Min. Cármen Lúcia, Segunda Turma, j. 29-11-2019, Processo Eletrônico DJe-272, Divulg 09-12-2019, Public. 10-12-2019 [grifo nosso].

[319] Em reforço à tese no sentido de que não há maior relevância na questão atrelada à espontaneidade do colaborador, a Corte Suprema já considerou voluntariedade e espontaneidade como expressões sinônimas para essa finalidade: "DELAÇÃO PREMIADA – ESPONTANEIDADE – VOLUNTARIEDADE. **Os vocábulos espontaneidade e voluntariedade são sinônimos.** DELAÇÃO PREMIADA – PERDÃO JUDICIAL. O perdão judicial, quanto ao crime praticado pelo colaborador, é norteado pelo alcance do que por este veiculado". BRASIL. *Supremo Tribunal Federal.* HC 129877, Rel. Min. Marco Aurélio, Primeira Turma, j. 18-04-2017, Processo Eletrônico DJe-168, Divulg 31-07-2017, Public 01-08-2017 [grifo nosso]. Em sentido diverso, Leonardo Dantas Costa assevera que a diferença entre voluntariedade e espontaneidade devem ser objeto de análise detida também no que se refere à colaboração processual, sentenciando que "[...] é possível concluir que a diferença entre espontaneidade e voluntariedade reside no nascimento da ideia de praticar o ato. Na espontaneidade, a ideia nasce do próprio agente, sendo fruto de uma escolha interna posteriormente exteriorizada, por meio de sua livre manifestação. Já na voluntariedade, a ideia nasce de outro, porém, passa pelo juízo interno do agente antes de ser exteriorizada como manifestação de vontade livre. Assim, enquanto no ato espontâneo o agente decide por conta própria, no ato voluntário pode haver interferência de seu defensor técnico, de seus familiares e companheiros ou, até mesmo, dos órgãos investigativos interessados diretamente na sua colaboração". COSTA, Leonardo Dantas. *Delação premiada:* a atuação do Estado e a relevância da voluntariedade do colaborador com a Justiça. Curitiba: Juruá, 2017, p. 170.

se ao candidato a colaborador a incumbência de movimentar a máquina pública e demonstrar seu interesse em contribuir nos termos da lei de regência.

3.9.3 Pressuposto de eficácia: homologação judicial

A homologação judicial é o ato que confere eficácia ao acordo de colaboração premiada ou, em outras palavras, assegura que, cumpridos seus termos, o celebrante receberá a contrapartida ajustada e registrada em termo[320].

A Lei n. 12.850/2013, no art. 4º, §7º[321], aponta que a homologação deve se ater ao exame de balizadores específicos para que, após a chancela do Juiz, possa ser definitivamente atribuída executoriedade à avença, ressalvadas, por certo, as situações de rescisão em sentido amplo, as quais serão estudadas em seção específica. São eles: regularidade, legalidade, adequação e voluntariedade.

A *regularidade* traduz pressuposto de existência da colaboração premiada, o registro dos termos da avença com atenção ao conteúdo legal mínimo. Cabe ao Juiz, nesse aspecto, ater-se exclusivamente aos vetores formais indicados pela norma de regência para fins de homologação.

O exame de *legalidade* pressupõe a análise de compatibilidade das cláusulas acordadas e o sistema vigente, não apenas as

---

[320] "Finalmente, superados os planos da existência e da validade, chega-se ao plano da eficácia: o acordo existente e válido somente será eficaz se for submetido à homologação judicial (art. 4º, §7º, da Lei n. 12.850/13)". BRASIL. *Supremo Tribunal Federal.* HC n. 127.483/PR. Inteiro teor do acórdão. Disponível em: http://redir.stf.jus.br/paginadorpub/paginador.jsp?docTP=TP&docID=10199666. Acesso em: 21 nov. 2020.

[321] BRASIL. *Lei n. 12.850/2013,* art. 4º, §7º. Realizado o acordo na forma do §6º deste artigo, serão remetidos ao juiz, para análise, o respectivo termo, as declarações do colaborador e cópia da investigação, devendo o juiz ouvir sigilosamente o colaborador, acompanhado de seu defensor, oportunidade em que analisará os seguintes aspectos na homologação: I – Regularidade e legalidade; II – Adequação dos benefícios pactuados àqueles previstos no *caput* e nos §§4º e 5º deste artigo, sendo nulas as cláusulas que violem o critério de definição do regime inicial de cumprimento de pena do art. 33 do Decreto-Lei n. 2.848, de 7 de dezembro de 1940 (Código Penal), as regras de cada um dos regimes previstos no Código Penal e na Lei n. 7.210, de 11 de julho de 1984 (Lei de Execução Penal) e os requisitos de progressão de regime não abrangidos pelo §5º deste artigo; III – Adequação dos resultados da colaboração aos resultados mínimos exigidos nos incisos I, II, III, IV e V do *caput* deste artigo; IV – Voluntariedade da manifestação de vontade, especialmente nos casos em que o colaborador está ou esteve sob efeito de medidas cautelares.

referências da Lei n. 12.850/2013, mas também do ordenamento jurídico considerado como um todo. A Lei de Combate ao Crime Organizado traz vedações explícitas para fins de colaboração premiada. Se violadas, os autos serão devolvidos aos signatários para adequarem os termos do acordo às disposições legais, sob pena de não homologação[322].

Nesse âmbito, o art. 4º, §7º, II, dispõe que são nulas as cláusulas que violem o critério de definição do regime inicial de cumprimento de pena do art. 33 do Código Penal, as regras de cada um dos regimes previstos no Estatuto Repressivo e na Lei de Execução Penal, e os requisitos de progressão de regime não abrangidos pelo §5º. Em paralelo, também são ilegais e, portanto, nulas de pleno direito as previsões de renúncia ao direito de impugnar a decisão homologatória[323].

Evidentemente, ainda que não conste de expressa disposição legal, são nulas cláusulas eventualmente lançadas em termo de colaboração que atentem contra os princípios gerais de direito, a moral e os bons costumes.

Igualmente, na esteira dos apontamentos de Brenno Gimenes Cesca, não é possível as partes negociarem o conteúdo de normas processuais cogentes e relacionadas às nulidades, como também avença que torne letra morta as regras sobre o sigilo do acordo de colaboração premiada até a sua homologação. É vedado às partes ajuste diverso de matérias de ordem pública, dentre elas as previstas na Constituição Federal[324].

---

[322] BRASIL. *Lei n. 12.850/2013*. Art. 4º, §8º. O juiz poderá recusar a homologação da proposta que não atender aos requisitos legais, devolvendo-a às partes para as adequações necessárias. Na sistemática da redação original da Lei de Combate ao Crime Organizado, atribuía-se ao juiz competência para *adequar os termos da colaboração ao caso concreto*, dispositivo que recebia críticas pertinentes da doutrina porque o magistrado sequer participa das tratativas de maneira que qualquer alteração de ofício, sem qualquer interferência das partes signatárias, poderia conduzir ao dissentimento de uma ou de ambas quanto à pertinência do acordo (redação original: §8º O juiz poderá recusar homologação à proposta que não atender aos requisitos legais, **ou adequá-la ao caso concreto** [grifo nosso]).

[323] BRASIL. *Lei n. 12.850/2013*. Art. 4º, §7º-B. São nulas de pleno direito as previsões de renúncia ao direito de impugnar a decisão homologatória.

[324] CESCA, Brenno Gimenes. O espaço negocial das partes na colaboração premiada da lei das organizações criminosas e a averiguação de sua legalidade pelo juiz na fase homologatória. *Boletim do IBCCrim*, São Paulo, ano 26, n. 308, p. 7, jul. 2018.

Por exemplo, seriam nulas cláusulas que proibissem o colaborador de impetrar *habeas corpus* ou mandado de segurança, ou ainda, conforme explicam Rafael Junior Soares e Luiz Antonio Borri, não deve prosperar acordo que preveja como benesse não ajuizar ação de improbidade administrativa ou restringir a atuação de órgãos de fiscalização na área tributária[325].

Também não seria aceitável avença dando conta da substituição de prisão cautelar pela domiciliar com o uso de tornozeleira eletrônica ou que disponha sobre a limitação do tempo de prisão preventiva, como ocorreu no âmbito da Operação Lava Jato, nos termos indicados por Thiago Bottino[326].

As partes também não podem alterar regras processuais de competência jurisdicional ao arrepio da disciplina prevista no Código de Processo Penal, de maneira a eleger foro ou vara que eventualmente lhes convier para o juízo de homologação.

Quanto à *adequação*, a Lei de Combate ao Crime Organizado, com a redação modificada pela Lei n. 13.964/2019, determina que a homologação do acordo está vinculada à correlação dos seus termos aos prêmios fixados na própria Lei (art. 4º, §§4º e 5º), bem como à adequação dos resultados da colaboração às contrapartidas estipuladas no art. 4º, I, II, III, IV e V.

Em suma, o colaborador deverá trazer aos autos elementos de convicção ou indicar meios de prova para a eles se chegar com vistas a se descortinar, eficazmente, a identidade dos demais coautores e partícipes da organização criminosa e das infrações

---

[325] SOARES, Rafael Júnior; BORRI, Luiz Antonio. A legitimidade do terceiro delatado para discutir o acordo de colaboração premiada em face da concessão de benefícios extrapenais. *Boletim do IBCCrim*, São Paulo, ano 27, n. 316, p. 23, mar. 2019. *A fortiori*, não se pode admitir a homologação de acordo de colaboração premiada que preveja compromisso do Ministério Público a não propor novas investigações e ações decorrentes dos fatos que são objeto do compromisso, como já ocorre, segundo se noticiou. RODAS, Sérgio. Acordos de delação premiada da "Lava Jato" violam Constituição e leis penais. *Revista Consultor Jurídico*. Disponível em: https://www.conjur.com.br/2015-out-15/acordos-delacao-lava-jato-violam-constituicao-leis-penais. Acesso em: 17 nov. 2020. Em sentido diverso, apontando para a possibilidade de se confeccionar cláusula expressa a obstar ação de improbidade administrativa pelos mesmos fatos, sem deixar de destacar a celeuma sobre o tema na doutrina: SAVOIA, Francisco Simões Pacheco. *Colaboração premiada e o princípio da imparcialidade*. Curitiba: Juruá, 2018, p. 108-111.

[326] BOTTINO, Thiago. Colaboração premiada e incentivos à cooperação no processo penal: uma análise crítica dos acordos firmados na "Operação Lava Jato". *Revista Brasileira de Ciências Criminais*, v. 122, p. 8, set.-out. 2016.

penais por eles praticadas ou a estrutura hierárquica e a divisão de tarefas da organização criminosa; a prevenir infrações penais decorrentes das atividades da organização criminosa; a recuperar total ou parcialmente o produto ou o proveito das infrações penais praticadas pela organização criminosa; ou a localizar eventual vítima com a sua integridade física preservada.

A adequação a que se refere a lei não resvala em exame de proporcionalidade entre o prêmio e a contribuição do colaborador, mas apenas da compatibilidade lógica entre o resultado obtido por meio da colaboração e as contrapartidas mínimas alinhavadas na legislação. Raciocínio oposto implicaria ativismo indevido do Juiz, o qual deve permanecer distante do conteúdo de mérito das negociações[327].

Nesse ponto, ressalve-se que o caso concreto, sob a perspectiva de direito material, pode justificar a incidência de lei temática específica, como a Lei dos Crimes Contra a Ordem Tributária ou a Lei dos Crimes Contra o Sistema Financeiro Nacional, cenário em que os resultados exigidos e os prêmios possíveis são diferentes.

De qualquer modo, a nova redação da Lei n. 12.850/2013 não deixa espaço para dúvidas no que concerne à impossibilidade de se criarem prêmios não previstos ou de se exigir do colaborador resultado além do estipulado expressamente.

Convém ainda ressaltar que o ato de homologação de acordo de colaboração evidentemente implica atuação anterior do Magistrado no curso da persecução penal, mas nem por isso há de se concluir no sentido de eventual contaminação de sua imparcialidade, na esteira da dúvida levantada por Ana Carolina Filippon Stein[328], acompanhando-se a disciplina geral do sistema processual quanto à decretação de cautelares ou de outras medidas restritas de liberdade ou de intimidade antes do próprio ajuizamento da ação penal.

---

[327] Em sentido diverso: TORTATO, Moacir Rogério. O papel do juiz na delação premiada. *Revista Jurídica da Universidade de Cuiabá e Escola da Magistratura Mato-Grossense*. Cuiabá, v. 1, n. 1, p. 304, jul.-dez. 2019.

[328] STEIN, Ana Carolina Filippon. A colaboração premiada e o "novo(?)" processo penal: há lugar para a imparcialidade do julgador e a presunção de inocência do delatado, em futuro processo? *Boletim do IBCCrim*, São Paulo, ano 26, n. 303, p. 15-16, fev. 2018. Também traz objeções ao sistema processual de colaboração premiada e eventual contaminação da imparcialidade do juiz: SAVOIA, Francisco Simões Pacheco. *Colaboração premiada e princípio da imparcialidade*. Curitiba: Juruá, 2018, p. 159-163.

Contudo, a introdução do Juiz de Garantias no sistema processual penal por meio da Lei n. 13.964/2019 pode conduzir a raciocínio distinto. A vingarem as normas insculpidas nos arts. 3º-A a F do Código de Processo Penal, decisões como a decretação de prisões processuais ou de medidas cautelares reais devem ficar a cargo de Juiz distinto até o recebimento da denúncia, de modo a também se atribuir competência, por critério lógico, ao Juiz de garantias para a decisão acerca da homologação do acordo de colaboração premiada na fase inquisitorial, conforme expressamente prevê o art. 3º-B, XVII, do Estatuto Processual Penal[329].

Ainda que não se tencione aprofundar o debate a respeito do Juiz de garantias, registre-se que não é razoável admitir, por presunção legal a justificar a separação dos juízos decisórios, que o fato de o Juiz atuar na fase de investigação o torna automaticamente parcial para a fase processual. Existe uma clara confusão entre *tomar conhecimento* e *firmar convencimento*, como explicou Mauro Fonseca Andrade[330]. Firma-se convicção apenas ao final da demanda penal com a entrega da prestação jurisdicional e após o cotejo completo do conjunto dos elementos de convicção. Não há razões de ordem prática para se acreditar que a decretação de cautelares implicaria, *ipso facto*, contaminação da parcialidade do Magistrado prolator. O custo – financeiro/estrutural/logístico – do Juiz de Garantias parece ser um tanto maior que o bônus – processual – esperado, notadamente em se tratando do sistema judiciário brasileiro, deficiente em tantas frentes, e das dificuldades orçamentárias vividas em tempos duros como os atuais.

---

[329] BRASIL. *Código de Processo Penal (1941)*. Art. 3º-B. O juiz das garantias é responsável pelo controle da legalidade da investigação criminal e pela salvaguarda dos direitos individuais cuja franquia tenha sido reservada à autorização prévia do Poder Judiciário, competindo-lhe especialmente: [...] XVII – decidir sobre a homologação de acordo de não persecução penal ou os de colaboração premiada, quando formalizados durante a investigação. A discussão sobre a pertinência ou não da introdução do juiz de garantias ao sistema processual brasileiro é tema que se afasta do escopo desse trabalho. Registre-se apenas que as disposições citadas tiveram a eficácia suspensa por decisão liminar do Ministro Luiz Fux nos autos da medida cautelar da ADIN n. 6.299/DF e a que decisão final ficará a cargo do Plenário da Suprema Corte. Disponível em: https://www.conjur.com.br/dl/fux-liminar-juiz-garantias-atereferendo.pdf. Acesso em: 23 nov. 2020.

[330] Palestra proferida no Webinário CNPG – Temas de Direito Penal, realizado nos dias 13 a 16 out. 2020 e organizado pelo Ministério Público do Estado de Minas Gerais.

De lado a aludida questão, a competência para homologar o acordo é do Juiz para o qual o respectivo termo, as declarações do colaborador e a cópia do procedimento forem distribuídos livremente ou, eventualmente, daquele que estiver prevento, nos termos das regras gerais sobre o tema estabelecidas pelo Código de Processo Penal[331], incluídas as normas próprias de conexão e de continência[332].

No que se refere às possibilidades recursais para impugnar a decisão que não homologar o acordo de colaboração premiada, aponta-se, por se tratar de decisão com força definitiva e que não revolve mérito, a possibilidade de se interpor apelação, fundamentada no art. 593, II, do Código de Processo Penal[333].

3.9.4 Legitimidade: agentes do Estado que podem negociar colaboração

No que diz respeito ao órgão estatal legitimado para entabular acordo de colaboração premiada, a lei menciona a legitimidade

---

[331] Entendemos pertinente traçar outras linhas sobre o tema da competência para a homologação do acordo de colaboração premiada no tópico 3.9.5 (Oportunidade: momento adequado para a celebração do ajuste), na medida em que há desdobramentos relacionados à fase da persecução penal em que o termo é distribuído para tal finalidade.

[332] "[...] Necessidade de indicar, ainda que em caráter provisório e sem efeitos vinculantes, o Juízo competente. Declinação da competência dos mesmos fatos e sujeitos para dois Juízos diversos. Inexistência de razões para tanto. 4. **Competência do Juízo da 13ª Vara Federal de Curitiba, por conexão ou continência. Interpretação do Pleno no sentido de que os fatos a serem reputados conexos com feitos da Operação Lava Jato são os relativos a "fraudes e desvios de recursos no âmbito da Petrobras"** – Questão de Ordem no Inquérito 4.130, Rel. Min. Dias Toffoli, julgada em 23.9.2015. Ausência de conexão aparente. 5. Competência territorial do Juízo Federal do Distrito Federal. 6. Agravos regimentais providos para reformar a decisão agravada apenas quanto à determinação de remessa de cópia dos atos de colaboração à Justiça Federal no Paraná. Maioria" BRASIL. *Supremo Tribunal Federal*. Pet 7075, Rel. Min. Edson Fachin, Rel. p/ Acórdão Min. Gilmar Mendes, Segunda Turma, j. 15-08-2017, Acórdão Eletrônico, DJe-229, Divulg 05-10-2017, Public 06-10-2017.

[333] "Conquanto o novo diploma não preveja expressamente recurso da recusa na homologação do acordo, como o ato tem natureza de decisão com força de definitiva, desafia recurso de apelação, como dispõe o art. 593, II, do Código de Processo Penal". FERRO, Ana Luiza Almeida; PEREIRA, Flávio Cardoso; GAZZOLA, Gustavo dos Reis. *Criminalidade Organizada*: comentários à Lei 12.850, de 02 de agosto de 2013. Curitiba: Juruá, 2014, p.138. Em sentido diverso, sustenta Eugênio Pacelli a decisão que rejeita a homologação desafia recurso em sentido estrito, por aplicação analógica da regra do art. 581, I, do Código de Processo Penal. PACELLI, Eugênio. *Curso de processo penal*. 20. ed. São Paulo: Atlas, 2016, p. 868. De qualquer modo, como indicam Cleber Masson e Vinícius Marçal, a falta de previsão legal e a celeuma doutrinária abrem espaço para admissão de ambas as formas de impugnação com base no princípio da fungibilidade previsto do art. 579 do Código de Processo Penal. MASSON, Cleber; MARÇAL, Vinícius. *Crime organizado*. 2. ed. Rio de Janeiro: Forense; São Paulo: Método, 2016, p. 179.

concorrente do Ministério Público e da Autoridade Policial, nos termos do art. 4º, §§2º[334], 4º[335] e 6º[336], da Lei n. 12.850/2013. No que se refere à regra do §4º, as observações referentes à exclusiva legitimidade do Ministério Público para entabular acordo de imunidade foram objeto de abordagem em seção própria.

Naquela oportunidade, também se destacou que o perdão judicial pode ser proposto apenas pelo *Parquet*, na medida em que, diante da sua natureza jurídica de causa de extinção da punibilidade, a celebração de acordo de colaboração que veicule o aludido prêmio por Delegado de Polícia, implicaria verdadeira violação de prerrogativa do Ministério Público como titular exclusivo da ação penal pública.

Justamente por essa razão, o legislador estabeleceu a sistemática estampada no §2º, a qual define que a Autoridade Policial poderá representar ao Juiz pela concessão do perdão judicial sempre ouvido o Ministério Público.

Nessa ordem de ideias, depreendem-se duas possibilidades no que concerne à legitimidade da Polícia Judiciária para entabular acordo que eventualmente preveja perdão judicial. Se o acordo firmado pela Autoridade Policial prevê, *ab initio*, o perdão judicial, deverá ser encaminhado para parecer do Órgão do Ministério Público com atribuições para analisá-lo antes da homologação judicial. Caso o Ministério Público concorde com os termos do ajuste, poderá o Juiz homologá-lo, se os demais requisitos estiverem adimplidos. Na hipótese oposta, havendo discordância do Promotor de Justiça ou do Procurador da República, o Juiz

---

[334] BRASIL. *Lei n. 12.850/2013*. Art. 4º, §2º. Considerando a relevância da colaboração prestada, o Ministério Público, a qualquer tempo, e o delegado de polícia, nos autos do inquérito policial, com a manifestação do Ministério Público, poderão requerer ou representar ao juiz pela concessão de perdão judicial ao colaborador, ainda que esse benefício não tenha sido previsto na proposta inicial, aplicando-se, no que couber, o art. 28 do Decreto-Lei n. 3.689, de 3 de outubro de 1941 (Código de Processo Penal).
[335] BRASIL. *Lei n. 12.850/2013*. Art. 4º, §4º. Nas mesmas hipóteses do *caput* deste artigo, o Ministério Publico poderá deixar de oferecer denúncia se a proposta de acordo de colaboração referir-se à infração de cuja existência não tenha prévio conhecimento e o colaborador: I – Não for o líder da organização criminosa; II – for o primeiro a prestar efetiva colaboração nos termos deste artigo.
[336] BRASIL. *Lei n. 12.850/2013*. Art. 4º, §6º. O juiz não participará das negociações realizadas entre as partes para a formalização do acordo de colaboração, que ocorrerá entre o delegado de polícia, o investigado e o defensor, com a manifestação do Ministério Público, ou, conforme o caso, entre o Ministério Público e o investigado ou acusado e seu defensor.

não poderá homologar o acordo e, caso discorde da opinião do Ministério Público, deverá se valer da regra posta no art. 28 do Código de Processo Penal.

De outro lado, o acordo de colaboração premiada levado a efeito pela Polícia Judiciária poderá prever prêmio distinto do perdão judicial. Nesse caso, aponta a Lei de Combate ao Crime Organizado que o Delegado de Polícia, nos autos da investigação, ou o Ministério Público, a qualquer tempo, poderão representar ao Juiz pela concessão de perdão ao colaborador, na hipótese de as particularidades do caso justificarem o incremento do prêmio. Trata-se de verdadeiro aditamento ao acordo, o qual, por força da natureza do prêmio, deverá sempre contar com o aval do Ministério Público, quando ele próprio não for o autor do pleito.

Em suma, o Ministério Público tem legitimidade exclusiva para o acordo de imunidade. O acordo de colaboração premiada que envolver perdão judicial deverá contar com a concordância do Ministério Público, se proposto pelo Delegado de Polícia, observada a regra do art. 4º, §2º, da Lei n. 12.850/2013. Nas demais hipóteses, o *Parquet* e a Polícia Judiciária têm legitimidade concorrente para os ajustes de colaboração premiada.

A questão foi definitivamente dirimida após o julgamento da ADIN n. 5.508/DF, proposta pelo Procurador-Geral da República e que tinha como objeto o reconhecimento da inconstitucionalidade dos §§4º e 6º, do art. 4º, da Lei n. 12.850/2013, os quais atribuem à Polícia Judiciária a legitimidade para celebrar acordos de colaboração premiada. O Supremo Tribunal Federal, ao julgar improcedente a citada demanda constitucional, validou a literalidade das disposições questionadas e reafirmou a legitimidade concorrente da Polícia Judiciária para celebrar acordos de colaboração premiada, ressalvada premiação que atente contra prerrogativas constitucionais do Ministério Público, nas condições há pouco discutidas.

Evidentemente, o Juiz de Direito não tem competência para celebrar acordos de colaboração premiada, independentemente dos prêmios envolvidos, cabendo a ele, em um primeiro momento, deliberar sobre a legalidade, a voluntariedade e a regularidade do ajuste e, em segunda oportunidade, quando do julgamento do mérito da lide penal, decidir acerca da eficácia da colaboração e, se confirmada, atribuir o prêmio pactuado.

Por último, convém mencionar que não há sentido, sob a perspectiva sistemática, em conferir legitimidade para acordo de colaboração ao assistente de acusação. De um lado, vale lembrar que não existe a figura jurídica em apreço na fase de inquérito policial. Nessa etapa, como dispõe o art. 14 do Código de Processo Penal[337], cabe ao ofendido ou ao seu representante legal, e ao averiguado ou indiciado requerer diligências que reputar pertinentes ao Delegado de Polícia. Em solo judicial, poderá se habilitar como assistente da acusação a vítima ou seu representante legal, ou ainda, na falta do ofendido, as pessoas relacionadas no art. 31 do Código de Processo Penal[338].

Os poderes do assistente do Ministério Público vêm definidos em regra de direito excepcional prevista no art. 271 do Estatuto Processual Penal[339], certo que não existe na Lei de Combate ao Crime Organizado ou em qualquer dos diplomas que fazem alusão à colaboração premiada norma a conferir legitimidade autônoma ao assistente para essa finalidade. Por certo, não existe impedimento para que o assistente proponha ou até intermedeie a colaboração premiada, a qual, no entanto, deverá ser efetivamente levada a termo pelo órgão legitimado.

3.9.5 Oportunidade: momento adequado para a celebração do ajuste

Não há limitação temporal para a celebração de acordo de colaboração premiada ou, em outras palavras, o ajuste pode ser levado a termo na fase de investigação, durante o processo criminal em qualquer instância ou até mesmo em hipótese de demanda penal com sentença já transitada em julgado.

---

[337] BRASIL. *Código de Processo Penal (1941)*. Art. 14. O ofendido, ou seu representante legal, e o indiciado poderão requerer qualquer diligência, que será realizada, ou não, a juízo da autoridade.

[338] BRASIL. *Código de Processo Penal (1941)*. Art. 268. Em todos os termos da ação pública, poderá intervir, como assistente do Ministério Público, o ofendido ou seu representante legal, ou, na falta, qualquer das pessoas mencionadas no art. 31.

[339] BRASIL. *Código de Processo Penal (1941)*. Art. 271. Ao assistente será permitido propor meios de prova, requerer perguntas às testemunhas, aditar o libelo e os articulados, participar do debate oral e arrazoar os recursos interpostos pelo Ministério Público, ou por ele próprio, nos casos dos arts. 584, §1º, e 598.

A conclusão sacada no parágrafo anterior decorre da observação do art. 4º, *caput*[340], e §5º[341], da Lei n. 12.850/2013. No âmbito da Lei de Lavagem de Dinheiro, há indicação expressa no sentido de que a colaboração pode ocorrer *a qualquer tempo*[342]. Já tivemos a oportunidade de discorrer acerca dos prêmios possíveis e suas eventuais limitações, mas urge frisar que, com relação à colaboração premiada relacionada à condenação definitiva, a legislação traz apenas duas possibilidades de contrapartida, justamente reduzir a pena até a metade e progredir de regime independentemente do cumprimento de requisitos objetivos.

A partir dessas premissas, abre-se uma discussão quanto ao órgão jurisdicional competente para homologar o acordo. Por certo, se se trata de investigação em andamento, existem duas possibilidades: se já houve ou não distribuição do expediente para o juízo criminal responsável. Se houve distribuição anterior, certamente estará o juízo respectivo prevento para decidir acerca da homologação do acordo de colaboração premiada. Se os autos de investigação ainda não foram distribuídos, o acordo de colaboração premiada deverá ser distribuído livremente para uma das varas criminais do foro adequado para a persecução penal dos fatos que são objeto de apuração, cenário que tornará o citado juízo prevento para o exame do feito principal e dos seus desdobramentos.

Evidentemente e para além de qualquer dúvida, o juízo competente para processar a ação penal também o é para homologar o acordo de colaboração premiada celebrado durante a fase judicial. Se não esgotada a jurisdição de 1º grau, caberá ao juízo de piso a

---

[340] BRASIL. *Lei n. 12.850/2013*. Art. 4º. O juiz poderá, a requerimento das partes, conceder o perdão judicial, reduzir em até 2/3 (dois terços) a pena privativa de liberdade ou substituí-la por restritiva de direitos daquele que tenha colaborado efetiva e voluntariamente com a investigação e com o processo criminal, desde que dessa colaboração advenha um ou mais dos seguintes resultados [...].

[341] BRASIL. *Lei n. 12.850/2013*, §5º. Se a colaboração for posterior à sentença, a pena poderá ser reduzida até a metade ou será admitida a progressão de regime ainda que ausentes os requisitos objetivos.

[342] BRASIL. *Lei n. 9.613/1998*. Art. 1º, §5º. A pena poderá ser reduzida de um a dois terços e ser cumprida em regime aberto ou semiaberto, facultando-se ao juiz deixar de aplicá-la ou substituí-la, **a qualquer tempo**, por pena restritiva de direitos, se o autor, coautor ou partícipe colaborar espontaneamente com as autoridades, prestando esclarecimentos que conduzam à apuração das infrações penais, à identificação dos autores, coautores e partícipes, ou à localização dos bens, direitos ou valores objeto do crime.

homologação. Caso eventualmente o feito se encontre em grau de recurso, a decisão acerca da homologação deve ser levada adiante pelo Desembargador Relator, em 2ª instância, ou pelo Ministro Relator em situações em que houver admissão de recurso especial ou de recurso extraordinário. Em órgãos jurisdicionais colegiados, o juízo de homologação é monocrático, ao passo que a decisão sobre a sua eficácia e a atribuição do prêmio correlato cabem ao colegiado competente para julgar o mérito, evidentemente, sem prejuízo de eventual reconhecimento de nulidade ou de ilegalidade superveniente[343].

Caso se identifique nas provas reunidas por meio de colaboração premiada envolvimento de indivíduos sem prerrogativa de foro perante o Tribunal em que homologado o acordo, deverá ser determinada a remessa de cópias para o juízo competente para que por lá sejam adotadas as providências adequadas para a eventual persecução penal do delatado[344].

---

[343] "Ementa: QUESTÃO DE ORDEM EM PETIÇÃO. COLABORAÇÃO PREMIADA. I. DECISÃO INICIAL DE HOMOLOGAÇÃO JUDICIAL: LIMITES E ATRIBUIÇÃO. REGULARIDADE, LEGALIDADE E VOLUNTARIEDADE DO ACORDO. MEIO DE OBTENÇÃO DE PROVA. PODERES INSTRUTÓRIOS DO RELATOR. RISTF. PRECEDENTES. II. DECISÃO FINAL DE MÉRITO. AFERIÇÃO DOS TERMOS E DA EFICÁCIA DA COLABORAÇÃO. CONTROLE JURISDICIONAL DIFERIDO. COMPETÊNCIA COLEGIADA NO SUPREMO TRIBUNAL FEDERAL. 1. **Nos moldes do decidido no HC 127.483, Rel. Min. Dias Toffoli, Tribunal Pleno, DJe de 3.2.2016, reafirma-se a atribuição ao Relator, como corolário dos poderes instrutórios que lhe são conferidos pelo Regimento Interno do STF, para ordenar a realização de meios de obtenção de prova (art. 21, I e II do RISTF), a fim de, monocraticamente, homologar acordos de colaboração premiada, oportunidade na qual se restringe ao juízo de regularidade, legalidade e voluntariedade da avença, nos limites do art. 4º, §7º, da Lei n. 12.850/2013. 2. O juízo sobre os termos do acordo de colaboração, seu cumprimento e sua eficácia, conforme preceitua o art. 4º, §11, da Lei n. 12.850/2013, dá-se por ocasião da prolação da sentença (e no Supremo Tribunal Federal, em decisão colegiada), não se impondo na fase homologatória tal exame previsto pela lei como controle jurisdicional diferido, sob pena de malferir a norma prevista no §6º do art. 4º da referida Lei n. 12.850/2013, que veda a participação do juiz nas negociações, conferindo, assim, concretude ao princípio acusatório que rege o processo penal no Estado Democrático de Direito**. 3. Questão de ordem que se desdobra em três pontos para: (i) resguardar a competência do Tribunal Pleno para o julgamento de mérito sobre os termos e a eficácia da colaboração, (ii) reafirmar, dentre os poderes instrutórios do Relator (art. 21 do RISTF), a atribuição para homologar acordo de colaboração premiada; (iii) salvo ilegalidade superveniente apta a justificar nulidade ou anulação do negócio jurídico, acordo homologado como regular, voluntário e legal, em regra, deve ser observado mediante o cumprimento dos deveres assumidos pelo colaborador, sendo, nos termos do art. 966, §4º, do Código de Processo Civil, possível ao Plenário analisar sua legalidade". BRASIL. *Supremo Tribunal Federal*. Pet 7074 QO, Rel. Min. Edson Fachin, Tribunal Pleno, j. 29-06-2017, Acórdão Eletrônico DJe-085, Divulg 02-05-2018, Public 03-05-2018.

[344] "Ementa: procedimento penal instaurado a partir de depoimento prestado em regime de colaboração premiada – indicação de envolvimento de indivíduos sem prerrogativa de foro perante o Supremo Tribunal Federal – consequente remessa de cópia dos autos ao

Questão que causa maior perplexidade diz respeito à competência para homologar o acordo ao se tratar de colaboração premiada levada adiante em sede de execução penal, ou seja, nas situações em que é aplicável o art. 4º, §5º, da Lei n. 12.850/2013. À primeira vista, poderia haver inclinação para se ponderar quanto à competência do próprio juízo das execuções penais responsável pelo cumprimento da sentença referente ao processo em que o acordo deve surtir efeitos. Entrementes, observa-se que não há regulamentação específica nas normas processuais sobre colaboração premiada, tampouco indicação na Lei de Execuções de competência para decidir sobre a homologação de ajuste de colaboração[345]. Por essa razão, como mencionam Ana Luiza Almeida Ferro, Flávio Cardoso Pereira e Gustavo Reis Gazzola, se transitada em julgado a sentença condenatória, a competência para homologar o acordo deve se definir por distribuição, desvinculando-se do juízo da causa, uma vez que está encerrada para ele a função jurisdicional. O acordo passa a ter natureza de verdadeiro procedimento autônomo[346]. Ainda que se identifique conexão dos fatos revelados

---

juízo constitucionalmente competente – conexão entre delito eleitoral e infrações penais comuns – competência penal da justiça eleitoral para apreciação e julgamento do feito – regra expressa inscrita no art. 35, II, do Código Eleitoral – norma impregnada de força, valor e eficácia de lei complementar – jurisprudência consolidada no âmbito da colenda segunda turma desta Suprema Corte a respeito da matéria – doutrina e outros precedentes – recurso de agravo improvido". BRASIL. *Supremo Tribunal Federal*. Pet 5801 Agr-Segundo, Rel. Min. Celso de Mello, Segunda Turma, j. 22-02-2019, Acórdão Eletrônico, DJe-043, Divulg. 28-02-2019, Public. 01-03-2019. "Ementa: AGRAVO REGIMENTAL NA PETIÇÃO. HOMOLOGAÇÃO ACORDO DE COLABORAÇÃO PREMIADA. DESMEMBRAMENTO PROCESSUAL. COMPETÊNCIA PRESERVADA PARA DECIDIR ACERCA DE PEDIDO DE COMPARTILHAMENTO. POSSIBILIDADE. INSURGÊNCIA DESPROVIDA. 1. Transpassado positivamente o crivo judicial acerca da regularidade, da legalidade e da voluntariedade do acordo de colaboração premiada, incumbe ao Juízo responsável pela homologação do negócio jurídico o gerenciamento dos elementos subjacentes ao termo de acordo, que permanece sob sua supervisão. 2. O desmembramento de determinados fatos componentes do acordo de colaboração premiada, com o redirecionamento de material e de elementos correlatos, não implica a supressão dos poderes da autoridade judicial competente na condução do acordo de colaboração. 3. O compartilhamento de elementos de informação é amplamente admitido pela jurisprudência desta Corte quando presente motivação razoável para autorizar a pretensão. Precedentes. 4. Agravo regimental desprovido". BRASIL. *Supremo Tribunal Federal*. Pet 7509, Rel. Min. Edson Fachin, Segunda Turma, j. 03-04-2018, Acórdão Eletrônico DJe-092, Divulg 11-05-2018, Public 14-05-2018.

[345] BRASIL. *Lei de Execuções Penais*. Art. 66.

[346] FERRO, Ana Luiza Almeida; PEREIRA, Flávio Cardoso; GAZZOLA, Gustavo dos Reis. *Criminalidade organizada*: comentários à Lei 12.850, de 02 de agosto de 2013. Curitiba: Juruá, 2014, p.133-134.

pelo colaborador tardio ou continência em razão da delação a recair sobre indivíduos até então desconhecidos, o fato de haver sentença em execução no que concerne ao colaborador afasta vinculação do juízo responsável pela sua condenação, por força da ressalva da parte final do art. 82 do Código de Processo Penal[347].

3.9.6 Rescisão *lato sensu*

Opta-se pela expressão rescisão *lato sensu* para aglutinar em gênero as diversas situações em que as tratativas ou o próprio acordo, em suas diversas fases, são rompidos por ato unilateral de uma das partes ou por consenso.

Em primeiro plano, deve-se considerar a hipótese de retratação por uma das partes ainda na fase pré-acordo. Como estudado em seção própria, a proposta de acordo é iniciativa do pretenso colaborador, a qual, uma vez recebida pelo órgão de persecução penal, viabilizará a instauração de procedimento administrativo cujo escopo é obter mais informações e provas aptas a conferir credibilidade à proposta. O recebimento significa que o Órgão do Ministério Público ou o Delegado de Polícia vislumbrou interesse público no conteúdo a ser revelado pelo pretenso colaborador, mas, por certo, não existe garantia de que o acordo será levado adiante.

Durante a fase de tratativas, é possível que o órgão estatal ou o próprio proponente da colaboração percam o interesse no acordo, seja porque, por exemplo, a unidade de persecução penal obteve provas relevantes por outros meios ou porque o pretenso colaborador percebeu que a massa probatória não lhe é desfavorável como em princípio vislumbrara.

Na hipótese de o Estado perder interesse no acordo de colaboração premiada, o art. 3º-B, §6º, da Lei n. 12.850/2013[348],

---

[347] BRASIL. *Código de Processo Penal (1941)*. Art. 82. Se, não obstante a conexão ou continência, forem instaurados processos diferentes, a autoridade de jurisdição prevalente deverá avocar os processos que corram perante os outros juízes, salvo se já estiverem com sentença definitiva. Neste caso, a unidade dos processos só se dará, ulteriormente, para o efeito de soma ou de unificação das penas.

[348] BRASIL. *Lei n. 12.850/2013*. Art. 3º-B, §6º. Na hipótese de não ser celebrado o acordo por iniciativa do celebrante, esse não poderá se valer de nenhuma das informações ou provas apresentadas pelo colaborador, de boa-fé, para qualquer outra finalidade.

determina que o celebrante – órgão estatal – não poderá se valer de qualquer das informações ou provas apresentadas pelo colaborador de boa-fé. Trata-se de mecanismo legal criado para impedir que o órgão de persecução penal simule interesse inexistente para instaurar a fase de tratativas com o único escopo de obter informações do pretenso colaborador que nunca celebrará acordo efetivo.

Note-se que a Lei de Combate ao Crime Organizado não faz menção ao desinteresse superveniente do possível colaborador na fase pré-acordo, cenário que sinaliza não haver óbice para que o Delegado de Polícia ou o Ministério Público se valha das informações ou das provas recebidas durante as tratativas.

Por certo, não há impedimento para que ambas as partes desistam de levar adiante as tratativas para futuro acordo de colaboração premiada, cenário que o excogitado evento funcionará como verdadeiro distrato a prever o destino das informações e das provas levantadas pelo colaborador no decorrer das negociações preparatórias.

Opta-se por chamar de retratação unilateral ou bilateral a rescisão da avença na fase de tratativas, com as consequências há pouco indicadas. Diante das mesmas consequências de direito, pode ser tratada pela mesma nomenclatura a situação em que a rescisão diz respeito a termo de acordo assinado e não homologado.

Nessa ordem de pensamento, se houver retratação após a assinatura do acordo de colaboração premiada e antes da homologação judicial, é de se afirmar que o acordo existe e está completo sob o ponto de vista formal, mas pende executoriedade que será atribuída à avença após a chancela do Juiz. A Lei de Combate ao Crime Organizado estipula, no art. 4º, §10[349], que as partes podem se retratar do acordo, cenário em que as provas produzidas pelo colaborador e que o prejudiquem não poderão ser usadas em seu desfavor. No entanto, o legislador não esclarece em que momento pode ocorrer a retratação e se haveria destinos diferentes com relação à prova produzida a depender dessa situação.

---

[349] BRASIL. *Lei n. 12.850/2013*. Art. 4º, §10. As partes podem retratar-se da proposta, caso em que as provas autoincriminatórias produzidas pelo colaborador não poderão ser utilizadas exclusivamente em seu desfavor.

É correto ponderar que, antes da homologação do acordo, pende a atribuição de eficácia. Por essa razão, se houver retratação pelo celebrante, deve ser aplicado por analogia o art. 3º-B, §6º, da Lei n. 12.850/2013. Do mesmo modo, não existe empecilho para que o Estado e o colaborador, consensualmente, desistam do acordo assinado, firmem um distrato e sequer encaminhem o termo para homologação, deliberando no ato rescisório acerca do destino das informações entregues ao celebrante.

Cenário distinto pode ser reportado em situações de acordos de colaboração premiada homologados judicialmente. Nesse contexto, o ajuste está completo e gera os efeitos estabelecidos em lei. A questão é discutir o rompimento da avença nessas condições e o que fazer com a prova produzida em decorrência do acordo. Por esse motivo, na medida em que se trata de fenômeno jurídico distinto, de rigor nominá-lo como rescisão em sentido estrito, destacando-o da retratação aplicável nas cenas acima desenhadas.

Se a rescisão é bilateral, ou seja, se existe um distrato, correta é a aplicação da regra estabelecida no art. 4º, §10, da Lei n. 12.850/2013, ainda que a legislação não distinga retratação e rescisão neste dispositivo. Entretanto, a importância da diferenciação entre retratação e rescisão *stricto sensu* ganha musculatura ao se identificar o rompimento da avença por descumprimento unilateral. Nessa hipótese, estabelecem os §§17[350] e 18[351] do art. 4º, as consequências para a situação de quebra do acordo levada a efeito pelo colaborador, justamente a rescisão da avença e, por certo, do prêmio que lhe seria atribuído por ocasião da identificação de eficácia em análise de mérito.

A lei não menciona rescisão na hipótese de descumprimento unilateral por parte do Estado, mas é evidente que o colaborador não poderia ser prejudicado nessa situação e que a eficácia da colaboração deverá ser avaliada pelo Juiz de Direito, conferindo-se o prêmio a que tem direito o investigado ou o acusado[352].

---

[350] BRASIL. *Lei n. 12.850/2013*. Art. 4º, §17. O acordo homologado poderá ser rescindido em caso de omissão dolosa sobre os fatos objeto da colaboração.

[351] BRASIL. *Lei n. 12.850/2013*. Art. 4º, §18. O acordo de colaboração premiada pressupõe que o colaborador cesse o envolvimento em conduta ilícita relacionada ao objeto da colaboração, sob pena de rescisão.

[352] Nesse sentido: SOUZA, Renne do Ó; PIEDADE, Antonio Sergio. A colaboração premiada como instrumento de política criminal funcionalista. *Revista Jurídica ESMP-SP*. São Paulo, v. 14, p. 113, 2018.

Questão tormentosa, no entanto, é o destino das provas entregues pelo colaborador que, por agir de má-fé, deu azo à rescisão unilateral do compromisso, situação que não é solucionada pela lei. Não parece a melhor solução aplicar-se o disposto no art. 4º, §10, da Lei n. 12.850/2013 porquanto implicaria beneficiar aquele que agiu, injustificadamente, de modo a não cumprir com os compromissos assumidos. Em suma, seria beneficiar quem agiu de má-fé, descartando-se as provas que possam lhe prejudicar e que foram por ele produzidas ou indicadas. É justamente essa a discussão que pende de decisão no Supremo Tribunal Federal e será decidida pelo Colegiado no bojo da Petição n. 7.003. O caso, que envolveu o acordo de imunidade entabulado entre o Ministério Público Federal e, em especial, o empresário Joesley Mendonça Batista, remete à decisão do Pretório Excelso a pretensão de rescisão da avença deduzida em juízo pela Procuradoria-Geral da República e o pretendido aproveitamento das provas produzidas pelo colaborador[353].

É provável que o Supremo Tribunal Federal opte por solução que prestigie os princípios da boa-fé e da lealdade processual, de maneira a rescindir o acordo e manter a validade das provas colhidas em decorrência dele, mesmo aquelas prejudiciais ao colaborador[354].

De qualquer maneira, pertinentes as observações de Guilherme Madeira Dezem e de Luciano Anderson de Souza no sentido de que a decisão acerca da rescisão do acordo deve obedecer aos postulados do devido processo legal: contraditório, ampla defesa, possibilidade de instrução e decisão. Em outras palavras, não se concebe decisão sobre a rescisão unilateral sem a possibilidade de produção probatória com direito a recurso[355].

---

[353] Os autos foram conclusos ao Relator Ministro Edson Fachin, em 03 de agosto de 2020. Disponível em: http://portal.stf.jus.br/processos/detalhe.asp?incidente=5183169. Acesso em: 20 ago. 2020.

[354] Nesse sentido, Brenno Gimenes Cesca defende: "[...] a validade das provas obtidas a partir da colaboração em nada se relaciona com o cumprimento/descumprimento do acordo. O inadimplemento enseja sua rescisão, mas não sua invalidade. Rescindido o acordo, nenhuma repercussão possui essa decisão nas provas obtidas licitamente a partir dele". CESCA, Brenno Gimenes. O espaço negocial das partes na colaboração premiada da lei das organizações criminosas e a averiguação de sua legalidade pelo juiz na fase homologatória. *Boletim do IBCCrim*, São Paulo, ano 26, n. 308, p. 7, jul. 2018.

[355] DEZEM, Guilherme Madeira; SOUZA, Luciano Anderson de. *Comentários ao Pacote Anticrime* – Lei n. 13.964/19. São Paulo: RT, 2020, p. 215 (e-*book*).

Pode haver necessidade de se colherem elementos de convicção em procedimento específico para aferir o descumprimento do compromisso assumido pelo colaborador de modo a justificar, se o caso, a distribuição de pedido específico ao Juiz competente para suspender os efeitos do acordo de colaboração até o encerramento do expediente correlato e eventual rescisão da avença.

Quanto aos elementos de prova e seus reflexos com relação exclusivamente a terceiros, já decidiu o Supremo Tribunal Federal sobre o aproveitamento do acervo probante, na medida em que a rescisão tem efeitos somente entre as partes, de maneira a não atingir a esfera jurídica de terceiros[356].

Por fim, importa considerar a possibilidade de se anular o acordo de colaboração premiada. Nessa situação, diante de cenário

---

[356] "PROCESSO PENAL. ACORDO DE COLABORAÇÃO PREMIADA. POSSIBILIDADE DE RESCISÃO OU DE REVISÃO TOTAL OU PARCIAL. SUSTAÇÃO DE OFERECIMENTO DE DENÚNCIA CONTRA O PRESIDENTE DA REPÚBLICA NA SUPREMA CORTE. DESCABIMENTO. ANÁLISE DE TESES DEFENSIVAS PELO STF. IMPOSSIBILIDADE. PRECEDÊNCIA DO JUÍZO POLÍTICO DE ADMISSIBILIDADE PELA CÂMARA DOS DEPUTADOS. INTELIGÊNCIA DOS ARTS. 51, I, E 86, DA CRFB. PRECEDENTES. EVENTUAL DESCUMPRIMENTO DE CLÁUSULAS DOS TERMOS DO ACORDO. POSSIBILIDADE DE RESCISÃO TOTAL OU PARCIAL. EFEITOS LIMITADOS ÀS PARTES ACORDANTES. PRECEDENTES. 1. O juízo político de admissibilidade por dois terços da Câmara dos Deputados em face de acusação contra o Presidente da República, nos termos da norma constitucional aplicável (CRFB, art. 86, *caput*), precede a análise jurídica pelo Supremo Tribunal Federal, se assim autorizado for a examinar o recebimento da denúncia, para conhecer e julgar qualquer questão ou matéria defensiva suscitada pelo denunciado. Precedentes. 2. A possibilidade de rescisão ou de revisão, total ou parcial, de acordo homologado de colaboração premiada, em decorrência de eventual descumprimento de deveres assumidos pelo colaborador, não propicia, no caso concreto, conhecer e julgar alegação de imprestabilidade das provas, porque a rescisão ou revisão tem efeitos somente entre as partes, não atingindo a esfera jurídica de terceiros, conforme reiteradamente decidido pelo Supremo Tribunal Federal". BRASIL. *Supremo Tribunal Federal*. Inq 4483 QO, Rel. Min. Edson Fachin, Tribunal Pleno, j. 21-09-2017. No mesmo sentido: "Ementa: Direito Penal e processual penal. Ação Penal. Corrupção Passiva e Tentativa de Obstrução à Investigação de Organização Criminosa. Materialidade e Indícios Suficientes de Autoria. Recebimento da Denúncia. I. Preliminares 1. No rito da Lei n. 8.038/1990, não há espaço, entre o oferecimento da denúncia e o juízo de admissibilidade a ser proferido pelo Tribunal, para dilações probatórias. Indeferimento de requerimento de acesso – prévio à apresentação da resposta – a outras provas supostamente relacionadas ao inquérito. 2. O eventual auxílio de membro do Ministério Público na negociação de acordo de colaboração não afeta a validade das provas apresentadas pelos colaboradores, pois: a) não há indício consistente de que o fato fosse de conhecimento da Procuradoria-Geral da República; b) o acordo de colaboração foi celebrado de forma voluntária; **c) ainda que rescindido o acordo, as provas coletadas podem ser utilizadas contra terceiros (art. 4º, §10, da Lei n. 12.850/2013)**; [...]". BRASIL. *Supremo Tribunal Federal*. Inq 4506, Rel. Min. Marco Aurélio. Rel. p/ Acórdão: Min. Luís Roberto Barroso, Primeira Turma, j. 17-04-2018, Acórdão Eletrônico DJe-183, Divulg 03-09-2018, Public 04-09-2018 [grifo nosso]."

de nulidade em decorrência, por exemplo, de fraude ou de coação, não há dúvidas de que o acordo declarado nulo não surtirá qualquer efeito e que as provas a ele atreladas, porque contaminadas, também não poderão ser aproveitadas[357].

3.9.7 Sigilo

A Lei de Combate ao Crime Organizado estabelece que, até o recebimento da denúncia ou da queixa-crime que imputar os possíveis fatos criminosos objeto de acordo de colaboração premiada, impõe-se o sigilo da avença. Trata-se de hipótese de sigilo legal a ensejar reconhecimento de possível nulidade por ofensa à norma correlata que veicula matéria de ordem pública[358].

Nessa linha de pensamento, o procedimento que materializa a colaboração premiada, acompanhado das declarações do colaborador e dos autos da investigação, é distribuído de forma sigilosa e diretamente ao Juiz competente para o exame de homologação, o qual deverá decidir em quarenta e oito horas[359].

Com o recebimento da inicial, a regra é a plena publicidade, e a lei oferece ao colaborador medidas de proteção que eventualmente se afigurarem pertinentes. Da mesma forma, a publicidade pode ser limitada em cenários em que o caso concreto recomende a manutenção do sigilo, ainda que após o acolhimento da denúncia

---

[357] Conforme observa Leonardo Costa Dantas, especificamente quanto à falta de voluntariedade do acordo, uma das hipóteses que podem conduzir à declaração de nulidade: "As provas obtidas por meio de colaboração premiada viciada em sua voluntariedade devem, diante disso, ser banidas do processo, independentemente da relevância dos fatos por elas apurados, inadmitindo-se, inclusive, as provas delas derivadas, por força da teoria dos frutos das árvores envenenadas, adotadas pelo Código de Processo Penal, em seu art. 157, §1º. Note-se que, diante disso, a própria confissão implícita do imputado não pode ser considerada como prova válida, uma vez que foi realizada no bojo da colaboração e, portanto, também foi maculada pelo vício de vontade que tornou ilícito o acordo". COSTA, Leonardo Dantas. *Delação premiada*: a atuação do Estado e a relevância da voluntariedade do colaborador com a Justiça. Curitiba: Juruá, 2017, p. 192.
[358] BRASIL. *Lei n. 12.850/2013*. Art. 7º, §3º. O acordo de colaboração premiada e os depoimentos do colaborador serão mantidos em sigilo até o recebimento da denúncia ou da queixa-crime, sendo vedado ao magistrado decidir por sua publicidade em qualquer hipótese.
[359] BRASIL. *Lei n. 12.850/2013*. Art. 7º. O pedido de homologação do acordo será sigilosamente distribuído, contendo apenas informações que não possam identificar o colaborador e o seu objeto. §1º As informações pormenorizadas da colaboração serão dirigidas diretamente ao juiz a que recair a distribuição, que decidirá no prazo de 48 (quarenta e oito) horas.

ou da queixa-crime, observando-se o disposto na Súmula Vinculante n. 14 do Supremo Tribunal Federal[360].

Uma vez que se cuida de hipótese de sigilo cogente, o Juiz ou qualquer servidor público ou agente de Estado que, em contato com os autos do procedimento, violar o comando de reserva de conteúdo, poderá incorrer no delito de violação de sigilo funcional, nos termos do art. 325 do Código Penal[361].

Note-se que o legislador recrudesceu a regra de sigilo por meio das alterações levadas adiante pelo Pacote Anticrime. Na sua redação original, a Lei de Combate ao Crime Organizado estabelecia o mesmo mecanismo de publicidade apenas depois do recebimento da exordial acusatória, mas era lacônica quanto à eventual situação de fato apta a ensejar, por meio de decisão fundamentada do Juiz, levantamento do sigilo mesmo antes do excogitado evento processual[362].

De outra sorte, urge tecer alguns comentários relacionados às regras de sigilo do acordo de colaboração premiada com relação aos advogados ou defensores públicos que representem os interesses de colaboradores ou de investigados ou corréus delatados. A sistemática geral acerca da questão está regulada no art. 7º, §2º, da Lei n. 12.850/2013[363], a qual assegura ao defensor, no interesse do representado, amplo acesso aos elementos de prova concernentes ao exercício do direito de defesa, mas ressalvadas as diligências em andamento.

Em primeiro plano, importa ponderar a quem efetivamente o dispositivo se dirige, uma vez que advogados ou defensores podem representar interesses em flancos diversos do jogo processual

---

[360] CESCA, Brenno Gimenes. O espaço negocial das partes na colaboração premiada da lei das organizações criminosas e a averiguação de sua legalidade pelo juiz na fase homologatória. *Boletim do IBCCrim*, São Paulo, ano 26, n. 308, p. 7, jul. 2018.

[361] BRASIL. *Código Penal (1940)*. Art. 325. Revelar fato de que tem ciência em razão do cargo e que deva permanecer em segredo, ou facilitar-lhe a revelação: Pena – detenção, de seis meses a dois anos, ou multa, se o fato não constitui crime mais grave.

[362] BRASIL. *Lei n. 12.850/2013* (Redação original do art. 7º, §3º). O acordo de colaboração premiada deixa de ser sigiloso assim que recebida a denúncia, observado o disposto no art. 5º.

[363] BRASIL. *Lei n. 12.850/2013*. Art. 7º, §2º. O acesso aos autos será restrito ao juiz, ao Ministério Público e ao delegado de polícia, como forma de garantir o êxito das investigações, assegurando-se ao defensor, no interesse do representado, amplo acesso aos elementos de prova que digam respeito ao exercício do direito de defesa, devidamente precedido de autorização judicial, ressalvados os referentes às diligências em andamento.

quando se cuida de colaboração premiada[364]. Por certo, o defensor do colaborador tem acesso amplo aos termos do acordo de colaboração premiada e às diligências a partir de suas declarações deflagradas, desde que se identifique a pertinência de sua intervenção. Se participou das tratativas e firmou o acordo, não há qualquer razão lógica para obstar o acesso do advogado do colaborador aos autos do procedimento correlato. Evidentemente, eventual vazamento de informações antes do levantamento do sigilo implicará rompimento das tratativas, valendo lembrar que o recebimento da proposta para formalizar o acordo define o marco de confidencialidade previsto no art. 3º-B, *caput*, da Lei n. 12.850/2013.

A discussão, portanto, assume contornos mais complexos no que diz respeito ao acesso aos autos da colaboração e de seus desdobramentos pelos advogados que assistem o investigado ou corréu delatado, bem como a necessidade de adequação da Súmula Vinculante n. 14[365] ao regramento de sigilo imposto em cena de colaboração premiada.

Nessa quadra, nos termos de iterativa jurisprudência do próprio Pretório Excelso, a interpretação da apontada súmula em sede de colaboração premiada implica reconhecer a legitimidade da decisão que nega o acesso aos autos ao advogado do delatado no que diz respeito às diligências em andamento ainda que se lastreie o pleito com base na necessidade de exercer em sua plenitude o direito de defesa do implicado[366].

---

[364] "Qual a meta do jogo processual? A vitória pode ser a resposta mais direta. Entretanto, para que se possa saber a dimensão da vitória é preciso entender qual a estratégia, a saber, se o jogador-acusador pretende a condenação e, de outro lado, se o jogador-defensor busca a absolvição, a extinção da punibilidade (prescrição, decadência, etc.) ou a pena reduzida. É preciso saber o que significa, para o adversário, naquele processo, vencer. E a vitória no jogo processual depende da manifestação do Estado Juiz". ROSA, Alexandre Morais da. *A teoria dos jogos aplicada ao processo penal*. 2. ed. Lisboa: Rei dos Livros, 2015, p. 77.

[365] Súmula Vinculante n. 14: É direito do defensor, no interesse do representado, ter acesso amplo aos elementos de prova que, já documentados em procedimento investigatório realizado por órgão com competência de polícia judiciária, digam respeito ao exercício do direito de defesa.

[366] "Ementa: AGRAVO REGIMENTAL EM RECLAMAÇÃO. MATÉRIA CRIMINAL. ALEGAÇÃO DE VIOLAÇÃO À SÚMULA VINCULANTE 14. SUCEDÂNEO RECURSAL. INVIABILIDADE. COLABORAÇÃO PREMIADA. INEXISTÊNCIA DE CELEBRAÇÃO DE ACORDO. ALEGAÇÃO DE AUSÊNCIA DE ELEMENTOS DE CORROBORAÇÃO. AUSÊNCIA DE ADERÊNCIA ESTRITA. AGRAVO DESPROVIDO.
1. A inexistência de argumentação apta a infirmar o julgamento monocrático conduz

Em suma, especificamente quanto ao acesso aos autos da colaboração e ao termo de declarações do colaborador, como já decidiu a Suprema Corte, o decisório judicial deve se balizar por dois requisitos: o primeiro, positivo – o ato de colaboração deve apontar a responsabilidade criminal do requerente; o segundo, negativo – a informação cujo acesso se busca não pode se referir a diligências em curso[367]. Não há direito a acesso universal a todas as investigações derivadas a partir de determinadas declarações prestadas em acordo de colaboração premiada, mas apenas àquelas que efetivamente se refiram de alguma maneira ao delatado[368].

à manutenção da decisão recorrida. 2. A reclamação constitucional pressupõe relação de aderência estrita entre o ato impugnado e o paradigma invocado como violado, bem como "não se qualifica como sucedâneo recursal nem configura instrumento viabilizador do reexame do conteúdo do ato reclamado, eis que tal finalidade revela-se estranha à destinação constitucional subjacente à instituição dessa medida processual. (Rcl 4381 AgR, Relator (a): Min. CELSO DE MELLO, Tribunal Pleno, julgado em 22/06/2011). 3. **A teor da Súmula Vinculante 14, constitui "direito do defensor, no interesse do representado, ter acesso amplo aos elementos de prova que, já documentados em procedimento investigatório realizado por órgão com competência de polícia judiciária, digam respeito ao exercício do direito de defesa", sendo que, conforme a jurisprudência desta Suprema Corte, tal prerrogativa não alcança diligências em formação ou em andamento. Precedentes. [...]".** BRASIL. *Supremo Tribunal Federal.* Rcl 27229 AgR-segundo, Rel. Min. Edson Fachin, Segunda Turma, j. 15-06-2018, Processo Eletrônico DJe-127, Divulg 26-06-2018, Public 27-06-2018 [grifo nosso].

[367] "Reclamação. 2. Direito Penal. 3. Delação premiada. "Operação Alba Branca". Suposta violação à Súmula Vinculante 14. Existente. TJ/SP negou acesso à defesa ao depoimento do colaborador Marcel Ferreira Júlio, nos termos da Lei n. 12.850/13. Ocorre que o art. 7º, §2º, do mesmo diploma legal consagra o "amplo acesso aos elementos de prova que digam respeito ao exercício do direito de defesa", ressalvados os referentes a diligências em andamento. É ônus da defesa requerer o acesso ao juiz que supervisiona as investigações. O acesso deve ser garantido caso estejam presentes dois requisitos. Um, positivo: o ato de colaboração deve apontar a responsabilidade criminal do requerente (INQ 3.983, Rel. Min. Teori Zavascki, Tribunal Pleno, julgado em 3.3.2016). Outro, negativo: o ato de colaboração não deve referir-se à diligência em andamento. A defesa do reclamante postulou ao Relator do processo o acesso aos atos de colaboração do investigado. 4. Direito de defesa violado. 5. Reclamação julgada procedente, confirmando a liminar deferida". BRASIL. *Supremo Tribunal Federal.* Rcl 24116, Rel. Min. Gilmar Mendes, Segunda Turma, j. 13-12-2016, Processo Eletrônico, DJe-028, Divulg 10-02-2017, Public 13-02-2017.

[368] "[...] **Tratando-se de colaboração premiada contendo diversos depoimentos, envolvendo diferentes pessoas e, possivelmente, diferentes organizações criminosas, tendo sido prestados em ocasiões diferentes, em termos de declaração separados, dando origem a diferentes procedimentos investigatórios, em diferentes estágios de diligências, não assiste a um determinado denunciado o acesso universal a todos os depoimentos prestados. O que a lei lhe assegura é o acesso aos elementos da colaboração premiada que lhe digam respeito.** [...] (Inq 2606, Rel. Min. LUIZ FUX, Tribunal Pleno, julgado em 11/11/2014, DJe-236 DIVULG 01-12-2014 PUBLIC 02-12-

Importante frisar, contudo, que a negativa de acesso ao advogado do delatado aos autos da investigação ou do procedimento de colaboração premiada deverá ser considerada inidônea se a decisão se lastrear exclusivamente em indicação genérica ao art. 7º, §§2º e 3º, da Lei n. 12.850/2013, sem qualquer fundamento concreto em diligências em execução e nos prejuízos possíveis ao se permitir sua abertura prematura à defesa[369].

3.9.8 Limites legais à atividade jurisdicional derivados do acordo

Em linhas gerais, a atividade jurisdicional em sede de colaboração premiada pode ser depreendida do estudo das regras

---

2014), exige uma imposição hierárquica ou de direção (Inq 2191, Relator(a): Min. CARLOS BRITTO, Tribunal Pleno, julgado em 08/05/2008, PROCESSO ELETRÔNICO DJe-084 DIVULG 07-05-2009 PUBLIC 08-05-2009) que não se acha nem demonstrado nem descrita nos presentes autos. 11. Denúncia parcialmente recebida, prejudicados os agravos regimentais". BRASIL. *Supremo Tribunal Federal*. Inq 3983, Rel. Min. Teori Zavascki, Tribunal Pleno, j. 03-03-2016, Acórdão Eletrônico DJe-095, Divulg 11-05-2016, Public 12-05-2016 [grifo nosso].

[369] "[...] **Na espécie, o juízo reclamado em momento nenhum assentou que no procedimento sob sua jurisdição, no qual o agravante figura na condição de investigado, existiriam única e exclusivamente diligências em andamento que precisariam ser preservadas. 3. A decisão reclamada, de cunho genérico, não se lastreia em nenhuma peculiaridade do caso concreto para justificar a negativa de acesso aos autos pela defesa, limitando-se a invocar a regra legal do sigilo dos depoimentos prestados pelo colaborador (art. 7º, §3º, da Lei n. 12.850/13), cuja finalidade seria "preservar a eficácia das diligências investigativas instauradas a partir do conteúdo dos depoimentos e documentos apresentados pelo colaborador". 4. Limitou-se o juízo reclamado a aduzir que o agravante já teria obtido "acesso aos depoimentos [dos colaboradores] publicizados perante o Supremo Tribunal Federal", e que não lhe cabia, "sob prejuízo das investigações, acompanhar em tempo real as diligências pendentes e ainda a serem realizadas". 5. Essa fundamentação é inidônea para obstar o acesso da defesa aos autos. 6. O Supremo Tribunal Federal assentou a essencialidade do acesso por parte do investigado aos elementos probatórios formalmente documentados no inquérito – ou procedimento investigativo similar – para o exercício do direito de defesa, ainda que o feito seja classificado como sigiloso. Precedentes. 7. Nesse contexto, independentemente das circunstâncias expostas pela autoridade reclamada, é legítimo o direito de o agravante ter acesso aos elementos de prova devidamente documentados nos autos do procedimento em que é investigado e que lhe digam respeito, ressalvadas apenas e tão somente as diligências em curso. 8. Agravo regimental provido para, admitida a reclamação, julgá-la procedente".** BRASIL. *Supremo Tribunal Federal*. Rcl 28903 AgR, Rel. Min. Edson Fachin, Rel. p/ Acórdão: Min. Dias Toffoli, Segunda Turma, j. 23-03-2018, Processo Eletrônico DJe-123, Divulg 20-06-2018, Public 21-06-2018 [grifo nosso].

insertas no art. 4º, §§7º[370], 7º-A[371], 8º[372], 10[373], 11[374] e 16[375], da Lei n. 12.850/2013.

No que se refere à homologação, discutiu-se o tema em seção própria. Nessa oportunidade, será aprofundada a análise do sistema processual de colaboração premiada sob a ótica das decisões sobre o juízo de admissibilidade da acusação, das decisões que decretam cautelares pessoais ou reais e, com mais razão, da sentença de mérito.

As decisões judiciais lançadas em procedimentos investigatórios ou em autos de processo criminal sujeitos a reflexos de acordo de colaboração premiada estão atreladas a um regime de prova legal ou tarifada negativa correlacionado aos §§10 e 16 acima apontados.

Em alguma medida, ponderou-se no estudo da rescisão *lato sensu* da avença os reflexos da regra do §10, quando sinalizado que o acordo rescindido deve implicar descarte das provas desfavoráveis ao colaborador e por ele mesmo produzidas. Ressalve-se, como já discutido, possível rescisão unilateral por culpa exclusiva do colaborador à espera de definição pelo Pleno do Supremo Tribunal Federal.

De qualquer modo, ao se cuidar de hipótese de aplicação literal do §10, está o Juiz proibido de fundamentar qualquer decisão judicial contrária aos interesses do colaborador com base em material probatório dessa natureza.

---

[370] BRASIL. *Lei n. 12.850/2013*. Art. 4º, §7º. Realizado o acordo na forma do §6º deste artigo, serão remetidos ao juiz, para análise, o respectivo termo, as declarações do colaborador e cópia da investigação, devendo o juiz ouvir sigilosamente o colaborador, acompanhado de seu defensor, oportunidade em que analisará os seguintes aspectos na homologação: [...]

[371] BRASIL. *Lei n. 12.850/2013*. Art. 4º, §7º-A. O juiz ou o tribunal deve proceder à análise fundamentada do mérito da denúncia, do perdão judicial e das primeiras etapas de aplicação da pena, nos termos do Decreto-Lei n. 2.848, de 7 de dezembro de 1940 (Código Penal) e do Decreto-Lei n. 3.689, de 3 de outubro de 1941 (Código de Processo Penal), antes de conceder os benefícios pactuados, exceto quando o acordo prever o não oferecimento da denúncia na forma dos §§4º e 4º-A deste artigo ou já tiver sido proferida sentença.

[372] BRASIL. *Lei n. 12.850/2013*. Art. 4º, §8º. O juiz poderá recusar a homologação da proposta que não atender aos requisitos legais, devolvendo-a às partes para as adequações necessárias.

[373] BRASIL. *Lei n. 12.850/2013*. Art. 4º, §10. As partes podem retratar-se da proposta, caso em que as provas autoincriminatórias produzidas pelo colaborador não poderão ser utilizadas exclusivamente em seu desfavor.

[374] BRASIL. *Lei n. 12.850/2013*. Art. 4º, §11. A sentença apreciará os termos do acordo homologado e sua eficácia.

[375] BRASIL. *Lei n. 12.850/2013*. Art. 4º, §16. Nenhuma das seguintes medidas será decretada ou proferida com fundamento apenas nas declarações do colaborador: I – Medidas cautelares reais ou pessoais; II – Recebimento de denúncia ou queixa-crime; III – Sentença condenatória.

Ao lado da apontada limitação legal, o §16 esclarece que não haverá fundamentação idônea para as decisões que decretam medidas cautelares, recebem a inicial acusatória ou definem o mérito da lide penal com supedâneo exclusivo nas palavras do colaborador. Conforme destacam Cleber Masson e Vinícius Marçal, cuida-se da *regra da corroboração* ou *corroborative evidence*[376] derivada, evidentemente, da própria natureza jurídica da colaboração premiada identificada como meio de obtenção de prova. Isolada e sem evidências, as palavras do colaborador não têm qualquer peso probatório.

Nesse sentido, a Lei n. 13.964/2013 estendeu o leque de decisões judiciais que não podem se balizar pelas palavras do colaborador, ao acrescentar expressamente, na esteira do que a jurisprudência consolidara, as proibições relacionadas ao recebimento da denúncia e à decretação de cautelares de qualquer natureza[377].

Em interpretação mais rigorosa à aludida vedação, o Supremo Tribunal Federal rejeitou denúncia lastreada em declarações prestadas por mais de um colaborador[378], construindo precedente, portanto, desfavorável à chamada corroboração recíproca cruzada ou *mutual corroboration*[379].

Respeitadas as limitações ao julgador fixadas na Lei de Combate ao Crime Organizado, o juízo de mérito da causa penal em que executado um acordo de colaboração premiada tem como premissa julgar a eficácia objetiva da colaboração. Não há direito líquido e certo

---

[376] MASSON, Cleber; MARÇAL, Vinícius. *Crime organizado*. 2. ed. Rio de Janeiro: Forense; São Paulo: Método, 2016, p. 188.

[377] Redação original: §16. Nenhuma sentença condenatória será proferida com fundamento apenas nas declarações de agente colaborador. Nesse sentido, aos 26 de junho de 2018 foi trancada a ação penal movida pelo Ministério Público do Estado de São Paulo em face do então Deputado Estadual Fernando Capez em denúncia recebida originariamente pelo Órgão Especial do Tribunal de Justiça de São Paulo e lastreada nos elementos de convicção colhidos durante a Operação Alba Branca – BRASIL. *Supremo Tribunal Federal*. Habeas Corpus n. 158.319/SP, Rel. Min. Gilmar Mendes, DJe 26-6-2018.

[378] "[...] Imputação calcada em depoimentos de réus colaboradores. **Ausência de provas minimamente consistentes de corroboração.** *Fumus commissi delicti* **não demonstrado. Inexistência de justa causa para a ação penal.** Denúncia rejeitada (art. 395, III, CPP) [...] 11. Se 'nenhuma sentença condenatória será proferida com fundamento apenas nas declarações de agente colaborador' (art. 4º, §16, da Lei n. 12.850/13), é lícito concluir que essas declarações, por si sós, não autorizam a formulação de um juízo de probabilidade de condenação e, por via de consequência, não permitem um juízo positivo de admissibilidade da acusação. 13. Denúncia rejeitada, nos termos do art. 395, III, do Código de Processo Penal" [grifo nosso].

[379] As expressões são usadas por Vinícius Marçal e Cleber Masson. MASSON, Cleber; MARÇAL, Vinícius. *Crime organizado*. 2. ed. Rio de Janeiro: Forense; São Paulo: Método, 2016, p. 189.

à atribuição do prêmio estabelecido na avença ao colaborador[380]. A definição de mérito da demanda penal e a respectiva atribuição do benefício dependem do exame da eficácia da contribuição prestada, juízo que deve ocorrer por ocasião da prolação da sentença de mérito, nos termos do art. 4º, §11, da Lei n. 12.850/2013[381].

Vale lembrar que, nessa etapa processual, está superada a avaliação de regularidade, de legalidade, de adequação e de voluntariedade, próprios do juízo homologatório, mas não há impedimento para que se reconheça eventual nulidade ou ilegalidade superveniente ou eventualmente não identificada por ocasião da homologação. Especialmente em órgãos colegiados, em que a decisão de homologação é monocrática e o juízo de mérito é coletivo, não existe impedimento para a revisão do decisório que chancelou a legalidade da avença, desde que, por certo, levantem-se fundamentos idôneos para tanto[382].

---

[380] De todo pertinente a conclusão de Rosmar Antonni Rodrigues Cavalcanti Alencar no sentido de que a colaboração premiada encerra negócio jurídico sob condição suspensiva, na medida em que as benesses estipuladas decorrem da comprovação da eficácia dos antecedentes aos quais estão atreladas. ALENCAR, Rosmar Antonni Rodrigues Cavalcanti. Limites jurídicos da delação premiada e a necessidade de controle recursal contra sentença homologatória. *Parahyba judiciária*. João Pessoa, v. 11, n. 11, p. 423, 2018. Disponível em: ohttps://www.jfpe.jus.br/images/stories/docs_pdf/biblioteca/artigos_periodicos/RosmarAntonniRodriguesCdeAlencar/Limites_parahyba_judiciaria_n11_2018.pdf. Acesso em: 16 nov. 2020.

[381] Note-se que a própria publicidade do termo de colaboração premiada faz sentido apenas diante da necessidade de se aferir a sua efetividade no momento adequado, como já se decidiu – "Ementa: AGRAVO REGIMENTAL. INQUÉRITO. PEDIDO DE ACESSO A TERMO DO ACORDO DE COLABORAÇÃO. SIGILO LEGAL. LEI 12.850/2013. NEGÓCIO JURÍDICO PERSONALÍSSIMO. PRECEDENTE: HC 127.483/PR. ACESSO GARANTIDO AOS TERMOS DE DEPOIMENTO DO COLABORADOR. AGRAVO REGIMENTAL DESPROVIDO. **O Termo do Acordo de Colaboração permanece em sigilo até que sobrevenha eventual decisão de recebimento da denúncia, ocasião em que sua juntada aos autos assume relevância, unicamente para o fim de verificar-se a efetividade da Colaboração, em cotejo com as obrigações assumidas pelo Colaborador perante o *Parquet* [...]**". BRASIL. *Supremo Tribunal Federal*. Inq 4619 AgR, Rel. Min. Luiz Fux, Primeira Turma, j. 10-09-2018, Acórdão Eletrônico DJe-202, Divulg 24-09-2018, Public 25-09-2018 [grifo nosso].

[382] A título de exemplo, Leonardo Costa Dantas, ao discorrer sobre o pressuposto da voluntariedade da colaboração, indica que o vício decorrente da falta dela implica em nulidade absoluta e, portanto, é cognoscível a qualquer tempo: "Isso significa que a análise da voluntariedade da colaboração premiada não fica restringida ao momento da homologação do acordo (art. 4º, §7º, da Lei n. 12.850/13). Se, após a homologação do acordo, vier ao conhecimento do juiz que há um vício que retirou a vontade efetiva do agente para a prática do ato, sua nulidade absoluta deve ser decretada". COSTA, Leonardo Dantas. *Delação premiada*: a atuação do Estado e a relevância da voluntariedade do colaborador com a Justiça. Curitiba: Juruá, 2017, p. 190.

Ao se decidir pela falta de efetividade da contribuição do colaborador, é vedada a vinculação do prêmio estipulado em acordo de colaboração premiada. O exame de eficácia é questão de mérito, na medida em que o seu reconhecimento implica extinção (pelo perdão judicial) ou modificação (em razão de diminuição de penas ou de substituição da pena corporal) do direito de punir do Estado[383]. Nesse diapasão, eventual sentença que não reconhecer a efetividade da contribuição do colaborador e, portanto, denegar-lhe o prêmio, poderá ser objeto de irresignação por meio de recurso de apelação, previsto no art. 593, I, do Código de Processo Penal[384]. Urge recordar que, mesmos nas hipóteses em que apenas parte da sentença seja o tópico do inconformismo, o recurso pertinente é a apelação por força do disposto no art. 593, §4º, do mesmo diploma[385].

Em se tratando de sentença judicial, o exame da eficácia da colaboração deve contar com fundamentação específica, de modo a dar ensejo, em caso de condenação do colaborador, à declaração de extinção da punibilidade em razão de perdão judicial pactuado ou à modificação da pena de acordo com as balizas do acordo. A atribuição dos prêmios deve respeitar o procedimento trifásico para a dosimetria da sanção, no que concerne ao abatimento por incidência de redutor acordado e o momento adequado para

---

[383] Assim como o reconhecimento da eficácia da colaboração premiada é matéria de mérito por ensejar extinção ao alteração do direito punir, em recente julgado o Tribunal Regional Federal da 4ª Região decidiu que a regra do Código de Processo Penal que estabeleceu o acordo de não persecução é norma de direito material a justificar aplicação benéfica retroativa, tratando-se de verdadeira preliminar de mérito, por implicar atenuação das consequências da conduta, a discussão sobre a sua aplicabilidade àquele caso concreto: Tribunal Regional Federal da 4ª Região (TRF-4). ACR 5002247-69.2019.4.04.7204/SC, Relator: Cláudia Cristina Cristofani, 7ª Turma, 29.7.2020. Ementa: Apelação criminal. Direito Penal. Direito Processual Penal. Crimes contra a honra. Art. 138 do CP, c/c Art. 141, II, do CP. Preliminares de mérito. Mérito. Autoria e dolo comprovados. Dosimetria. Redução das penas pecuniárias. Questão de ordem. Acordo de não persecução penal. Art. 28-A do Código de Processo Penal. Pacote Anticrime. Normal de índole material. *Novatio legis in mellius*. Atenuação das consequências da conduta delitiva. Aplicabilidade aos processos em andamento com denúncia recebida antes da vigência da Lei n. 13.964/2019. Preliminar de mérito. Inaplicabilidade da Súmula 448 do STF.

[384] BRASIL. *Código de Processo Penal (1941)*. Art. 593. Caberá apelação no prazo de 5 (cinco) dias: I – Das sentenças definitivas de condenação ou absolvição proferidas por juiz singular [...].

[385] BRASIL. *Código de Processo Penal (1941)*. Art. 593, §4º. Quando cabível a apelação, não poderá ser usado o recurso em sentido estrito, ainda que somente de parte da decisão se recorra.

eventual substituição da pena corporal por sanções restritivas de direitos[386].

Nesse trilho, o art. 4º, §7º-A, da Lei n. 12.850/2013 estipula que o mérito da imputação, do perdão judicial e das primeiras etapas da aplicação da pena devem ser apreciados antes da concessão dos benefícios pactuados. Em que pese não haver indicação precisa acerca do momento em que a eficácia da colaboração premiada deve ser examinada, parece correto apontar que o estudo global do quadro probatório, ao indicar as responsabilidades penais decorrentes de prova alcançada pela contribuição do colaborador e os demais desdobramentos, perfaz fundamentação suficiente para o reconhecimento da eficácia. Nada impede que o Juiz ou o Tribunal optem por frisar os fundamentos da decisão em capítulo específico da sentença para, posteriormente, aplicar o prêmio atribuível ao colaborador.

A exceção é a existência de acordo de imunidade homologado, quadro que, como discutido, traduz flexibilização à obrigatoriedade da ação penal pública. Se não existe pretensão punitiva deduzida em face do colaborador, também não existirá sentença de mérito com relação a ele, nos termos da ressalva prevista na parte final do citado §7º-A.

Entretanto, o fato de não existir exame de mérito nessa hipótese não significa que o Juiz deixará de decidir acerca da eficácia da sua colaboração. O ajuste de imunidade está atrelado à ação penal cuja justa causa se sustenta exatamente nos elementos de convicção oferecidos pelo colaborador e que justificaram a sua exclusão da lide penal. Ao final, por ocasião da sentença, o Magistrado deverá avaliar se, de acordo com o material probante amealhado, efetivamente faz jus o colaborador ao prêmio máximo acordado. Se se decidir pela ineficácia das contribuições, está rescindido *ipso facto* o ajuste e os autos deverão ser devolvidos ao Ministério Público para que ajuíze a respectiva ação penal, ressalvando-se a possibilidade de se aplicar o disposto no art. 28 do Código de Processo Penal.

Por essa razão, para se conferir maior segurança ao acordo, a Lei n. 13.964/2019 construiu a fase preliminar com possibilidade

---

[386] Referência apenas aos benefícios previstos na Lei de Combate ao Crime Organizado, os quais não correspondem de forma idêntica aos prêmios previstos em outros diplomas legais, como estudado em capítulo específico.

de dilação probatória, de modo a se viabilizar a aferição da credibilidade das declarações do colaborador antes da assinatura do termo e da homologação.

Sem prejuízo, o art. 4º, §3º, da Lei n. 12.850/2013[387], abre caminho para a suspensão do prazo para oferecimento de denúncia ou da marcha processual por até seis meses, prorrogáveis pelo mesmo período – suspendendo-se também a prescrição, até que sejam cumpridas as medidas de colaboração. Objetiva-se conferir tempo para que o órgão de persecução penal afira se as palavras do colaborador são dignas de crédito, como também o grau de efetividade da sua contribuição para as investigações ou para o processo, na medida em que a eficácia da colaboração é medida para eleição do prêmio mais adequado ao caso (art. 4º, §§1º e 2º, da Lei n. 12.850/2013).

A apontada suspensão pode ser ou não necessária, a depender da situação concreta, de modo a fazer sentido condicioná-la a requerimento expresso do órgão de Estado responsável pelas investigações ou pela condução da ação penal.

3.9.9 Direitos e deveres do colaborador

Os direitos e deveres do colaborador são identificados no art. 4º, §§9º[388], 12[389], 14[390], 15[391], 18[392] e no art. 5º[393], ambos da Lei n. 12.850/2013.

---

[387] BRASIL. *Lei n. 12.850/2013*. Art. 4º, §3º. O prazo para oferecimento de denúncia ou o processo, relativos ao colaborador, poderá ser suspenso por até 6 (seis) meses, prorrogáveis por igual período, até que sejam cumpridas as medidas de colaboração, suspendendo-se o respectivo prazo prescricional.

[388] BRASIL. *Lei n. 12.850/2013*, §9º. Depois de homologado o acordo, o colaborador poderá, sempre acompanhado pelo seu defensor, ser ouvido pelo membro do Ministério Público ou pelo delegado de polícia responsável pelas investigações.

[389] BRASIL. *Lei n. 12.850/2013*, §12. Ainda que beneficiado por perdão judicial ou não denunciado, o colaborador poderá ser ouvido em juízo a requerimento das partes ou por iniciativa da autoridade judicial.

[390] BRASIL. *Lei n. 12.850/2013*, §14. Nos depoimentos que prestar, o colaborador renunciará, na presença de seu defensor, ao direito ao silêncio e estará sujeito ao compromisso legal de dizer a verdade.

[391] BRASIL. *Lei n. 12.850/2013*, §15. Em todos os atos de negociação, confirmação e execução da colaboração, o colaborador deverá estar assistido por defensor.

[392] BRASIL. *Lei n. 12.850/2013*, §18. O acordo de colaboração premiada pressupõe que o colaborador cesse o envolvimento em conduta ilícita relacionada ao objeto da colaboração, sob pena de rescisão.

[393] BRASIL. *Lei n. 12.850/2013*. Art. 5º. São direitos do colaborador: I – Usufruir das medidas de proteção previstas na legislação específica; II – Ter nome, qualificação, imagem e

Ao lado do direito à assistência por advogado ou Defensor Público em todas as etapas da colaboração (além do citado art. 4º, §15, o legislador frisa a imprescindibilidade da atuação de advogado em qualquer das etapas da colaboração nos art. 3º-B, §5º e 3º-C, *caput*, e §§1º e 2º), o catálogo próprio de direitos estampado no art. 5º da Lei de Combate ao Crime Organizado remete, em primeiro plano, à aplicação da Lei n. 9.807/1999. Consoante discutido em capítulo próprio, o diploma legal em testilha funciona como verdadeira lei geral no que diz respeito aos aspectos materiais da colaboração premiada justamente por não discorrer de combate específico a qualquer forma de criminalidade.

A par disso, as normas citadas constroem estruturas próprias de tutela do colaborador como consectário lógico para que possa efetivamente contribuir com o sistema de justiça criminal. Evidentemente, antes de eventual interesse do colaborador em evitar as agruras da persecução penal, há valores de peso maior envolvidos, como a sua própria vida, integridade física e psíquica. Não existiria colaboração processual sem estruturas normativas e logísticas adequadas para a proteção do colaborador[394].

Além da incidência da lei de proteção, cenário que, por certo, sequer demandaria menção expressa na Lei n. 12.850/2013, o legislador garante ao colaborador a preservação da sua imagem e dos seus dados qualificativos; condução separada dos demais coautores e partícipes; participação nas audiências sem contato visual com os outros corréus; não revelação de sua identidade pelos meios de comunicação, incluídas fotografias e captação de imagens, sem prévia autorização; além de direito a cumprir pena ou medida cautelar em estabelecimento penal diverso dos demais imputados.

---

demais informações pessoais preservados; III – Ser conduzido, em juízo, separadamente dos demais coautores e partícipes; IV – Participar das audiências sem contato visual com os outros acusados; V – Não ter sua identidade revelada pelos meios de comunicação, nem ser fotografado ou filmado, sem sua prévia autorização por escrito; VI – Cumprir pena ou prisão cautelar em estabelecimento penal diverso dos demais corréus ou condenados.

[394] No Estado de São Paulo, a proteção aos investigados e réus colaboradores pode contar com a interferência do Programa Estadual de Proteção a Vítimas e Testemunhas, Secretaria de Justiça e Cidadania e da Segurança Pública (PROVITA). Disponível em: https://justica.sp.gov.br/index.php/coordenacoes-e-programas/programa-estadual-de-protecao-a-vitimas-e-testemunhas-provita/. Acesso em: 06 set. 2020.

Como ferramenta para tutelar a administração da justiça e, subsidiariamente, a intimidade do colaborador[395], a própria Lei de Combate ao Crime Organizado dispõe que é crime a relação da identidade ou a conduta de fotografar ou filmar o colaborador, sem sua prévia autorização por escrito[396]. O tipo penal em destaque é aplicável em qualquer cenário processual em que exista colaboração premiada homologada, seja em fase de investigação policial, durante o curso da ação penal ou em sede de execução de sentença condenatória, independentemente de a avença se assentar, sob a perspectiva de direito material, na Lei n. 12.850/2013 ou em outro diploma legal. A elementar *colaborador* pressupõe a existência de um acordo válido e eficaz, de modo que não há crime se o candidato a colaborador for exposto ainda na fase de tratativas ou, ainda que firmado o termo, antes da sua homologação[397].

Também é direito do colaborador a sua oitiva, a qualquer tempo, sempre acompanhado pelo seu defensor, pelo Membro do Ministério Público ou pelo Delegado de Polícia responsável pelas investigações. Com efeito, uma vez que o colaborador pode dar azo

---

[395] Cezar Roberto Bitencourt e Paulo César Busato criticam duramente a proteção à imagem do colaborador: "Parece-nos uma demasia falar em obrigação de proteger 'a figura e a imagem do colaborador', ou, mais precisamente, afirmar que este tipo penal 'visa preservar a figura do colaborador, posto que sua imagem deve ser preservada'. Devemos tomar algum cuidado para não transformarmos um 'delinquente delator' em 'herói nacional'. Tudo bem que o 'bom ladrão' foi perdoado por Cristo na cruz, mas, vamos lá, 'menos pessoal', muito menos, usando uma linguagem coloquial!". BITENCOURT, Cezar Roberto; BUSATO, Paulo César. *Comentários à Lei de Organização Criminosa*. São Paulo: Saraiva, 2014, p. 195. No entanto, importante lembrar que o valor em questão, a justificar proteção por meio do direito penal, deriva do interesse coletivo de eficiência do sistema de persecução penal e das ferramentas a ele atreladas. O direito subjetivo em análise deve ser visto sob a perspectiva geral e não como mero capricho legislativo. Em uma sociedade pródiga em bradar por direitos e avarenta no que tange ao reconhecimento de deveres, como no Brasil, importa rememorar que o Pacto de San José da Costa Rica, no seu art. 32, preceitua a correlação entre deveres e direitos, bem como que não há direitos absolutos, sendo limitados pelos direitos dos demais, pela segurança de todos e pelas justas exigências do bem comum. Veja-se em reforço: "É sabido que os direitos das pessoas não são ilimitados, quer na ordem jurídica interna quer na órbita internacional. Numa sociedade democrática, todo direito encontra limites, quer nos direitos das outras pessoas, quer no interesse da coletividade etc. A Convenção Americana também deixa expresso este ponto de vista, sempre no sentido de dar prevalência ao interesse *geral* em detrimento do individual". GOMES, Luiz Flávio; MAZZUOLI, Valerio de Oliveira. *Comentários à Convenção Americana Sobre Direitos Humanos*: Pacto de San José da Costa Rica. 3. ed. São Paulo: RT, 2010, p. 215.

[396] BRASIL. *Lei n. 12.850/2013*. Art. 18. Revelar a identidade, fotografar ou filmar o colaborador, sem sua prévia autorização por escrito: Pena – reclusão, de 1 (um) a 3 (três) anos, e multa.

[397] MASSON, Cleber; MARÇAL, Vinícius. *Crime organizado*. 2. ed. Rio de Janeiro: Forense; São Paulo: Método, 2016, p. 73.

à rescisão unilateral do acordo por eventuais omissões dolosas e, nessa linha de pensamento, perder o direito ao benefício previsto no termo, de rigor que possíveis lacunas nas suas declarações possam ser colmatadas a qualquer tempo. Ao lado do apontado direito subjetivo, portanto, caminha ombreada a obrigação de trazer à baila a integralidade dos fatos para os quais concorreu e que tenham relação direta com o objeto da investigação[398].

De outro lado, importante previsão está insculpida no §12, citado há pouco, que aponta a possibilidade de oitiva do colaborador em juízo por iniciativa das partes ou do Juiz. Traduz direito subjetivo do colaborador a oitiva a qualquer tempo pelo órgão de persecução penal, mas o ponto em referência se afigura como dever de o colaborador repisar as declarações prestadas, ratificando-as em solo judicial, sob pena de rescisão do acordo.

Com efeito, é inerente ao acordo de colaboração premiada, independentemente de cláusula expressa lançada no termo – que no mais das vezes efetivamente existe –, o compromisso de ratificação das declarações do colaborador sob o crivo do contraditório. Seria um absoluto contrassenso admitir-se a viabilidade de retratação do colaborador em juízo, mantendo-se os benefícios a que teria direito. Se se retratar, a avença deverá ser rescindida por escandalosa omissão dolosa sobre os fatos objeto da colaboração e, portanto, não haverá que se cobrar o reconhecimento dos prêmios antes pactuados por ocasião da sentença final.

O colaborador, ao prestar declarações em juízo, pode ter sido beneficiado por um acordo de imunidade e, por essa razão, não compõe o polo passivo da ação penal na qual o ajuste surtirá efeitos. Por outro ângulo, a avença que prevê benefício diverso, ainda que se trate de perdão judicial, implicará dedução da pretensão punitiva também em face do investigado que contribuiu. Na primeira hipótese, ele está na posição de colaborador-testemunha[399], enquanto

---

[398] E não todos os fatos de que tem conhecimento, conforme discutido no capítulo referente à fase de tratativas. Não há relação entre a colaboração premiada e o arrependimento completo do colaborador (art. 3º-C, §3º). No acordo de colaboração premiada, o colaborador deve narrar todos os fatos ilícitos para os quais concorreu e que tenham relação direta com os fatos investigados.

[399] A expressão colaborador-testemunha é inspirada no direito processual penal italiano em que o acusado, ao efetuar o chamamento de corréu ou discorrer sobre fatos aptos a implicar

na segunda trata-se de colaborador-réu. A lei, como apontado, não distingue entre as duas figuras, de maneira que podem surgir dúvidas acerca do meio processual pelo qual suas declarações serão colhidas sob a égide do contraditório.

Nesse compasso, o colaborador-réu deve ser efetivamente interrogado, ressalvando-se seu compromisso em repisar os fatos declarados ao Ministério Público ou à Polícia Judiciária. O interrogatório do colaborador, portanto, é realizado após a instrução processual, atendida a ordem do art. 400 do Código de Processo Penal[400], e antes dos interrogatórios dos demais imputados, diante da regra do §10-A, do art. 4º, da Lei n. 12.850/2013[401].

De qualquer modo, não se olvide que é obrigatória a participação de advogado do delatado no interrogatório do colaborador, na medida em que há efetiva atribuição de responsabilidade criminal [402].

---

responsabilidade de terceiros no interrogatório, assume a posição de testemunha no que diz respeito a tais fatos. Art. 64, 3, "c", do Codice di Procedura Penale: "[...]se renderà dichiarazioni su fatti che concernono la responsabilità di altri, assumerà, in ordine a tali fatti, l'ufficio di testimone, salve le incompatibilità previste dall'art. 197 e le garanzie di cui all'art. 197-bis". Seguindo o mesmo caminho, Nicola Framarino Dei Malatesta estuda o "[...] testemunho sobre fato alheio, do acusado que confessa, no todo ou em parte". MALATESTA, Nicola Framarino Dei. *A lógica das provas em matéria criminal*. Tradução de Paolo Capitanio. 2. ed. Campinas: Bookseller, 2001, p. 475-486.

[400] BRASIL. *Código de Processo Penal (1941)*. Art. 400. Na audiência de instrução e julgamento, a ser realizada no prazo máximo de 60 (sessenta) dias, proceder-se-á a tomada de declarações do ofendido, à inquirição das testemunhas arroladas pela acusação e pela defesa, nesta ordem, ressalvado o disposto no art. 222 deste Código, bem como aos esclarecimentos dos peritos, às acareações e ao reconhecimento de pessoas e coisas, interrogando-se, em seguida, o acusado.

[401] BRASIL. *Lei n. 12.850/2013*. Art. 4º, §10-A. Em todas as fases do processo, deve-se garantir ao réu delatado a oportunidade de manifestar-se após o decurso do prazo concedido ao réu que o delatou. A norma estampada no art. 4º, §10-A, da Lei n. 12.850/2013 foi inserida pela Lei n. 13.964/2019, a qual positivou entendimento levado adiante pelo Supremo Tribunal Federal ainda em 2019 no sentido de que o delatado deve se manifestar após o delator. BRASIL. *Supremo Tribunal Federal*. HC n. 166.373/DF, Rel. Min. Edson Fachin, DJe 2-10-2019. "O Tribunal, por maioria, concedeu a ordem de *habeas corpus*, para anular a decisão do juízo de primeiro grau, determinando-se o retorno dos autos à fase de alegações finais, a qual deverá seguir a ordem constitucional sucessiva, ou seja, primeiro a acusação, depois o delator e por fim o delatado, nos termos do voto do Ministro Alexandre de Moraes, Redator para o acórdão, vencidos os Ministros Edson Fachin (Relator), Luís Roberto Barroso, Luiz Fux, Cármen Lúcia e Marco Aurélio. Prosseguindo no julgamento e após proposta feita pelo Ministro Dias Toffoli (Presidente), o Tribunal, por maioria, decidiu pela formulação de tese em relação ao tema discutido e votado neste *habeas corpus*, já julgado, vencidos os Ministros Alexandre de Moraes, Ricardo Lewandowski e Marco Aurélio. Em seguida, o julgamento foi suspenso para fixação da tese em assentada posterior. Plenário, 02-10-2019".

[402] "[...] O Supremo Tribunal e o Superior Tribunal de Justiça firmaram que o indevido cerceamento ao direito de realizar perguntas é causa de nulidade do processo. A ausência de advogados dos corréus ao interrogatório de acusado diverso, desde que devidamente

É de todo aconselhável que a oitiva do colaborador seja feita presencialmente, mas não há qualquer impedimento para que ele seja auscultado por meio de carta precatória nas situações em que a Estatuto Processual Penal assim estabelece ou por videoconferência.

Conquanto haja previsão expressa de que a expedição de carta precatória não suspende a instrução criminal[403], a existência de previsão cogente no sentido de que, em todas as fases do processo, é garantida ao delatado a oportunidade de se manifestar após o delator pode ensejar interpretação a reconhecer nulidade em qualquer situação de inversão da ordem das argumentações das partes, nos termos da lei especial.

De outra banda, o colaborador-testemunha deve ser ouvido em declarações no contexto das oitivas propostas pelo órgão acusador[404]. Na medida em que o colaborador não denunciado tem vínculo direto com os fatos investigados, sua condição é de informante[405].

---

intimados, não gera nulidade, pela faculdade da participação. **Excepciona-se a regra da faculdade da participação quando há a imputação de crimes pelo interrogado aos demais réus, como nos casos de colaboração premiada.** Mesmo com a declaração de nulidade das imputações constantes do interrogatório do delator, subsistem elementos de prova material e testemunhal suficientes, autônomos e independentes, para além de dúvida razoável, a sustentar a condenação do recorrente. Nulidade reconhecida, com base nos arts. 563 e 566 do CPP, apenas para declarar a imprestabilidade do interrogatório do delator em relação ao recorrente, sem determinação de repetição dos atos do processo, decisão tomada, no ponto, por maioria [...]" BRASIL. *Supremo Tribunal Federal*. AO 2093, Rel. Min. Cármen Lúcia, Segunda Turma, j. 03-09-2019, Acórdão Eletrônico DJe-220, Divulg 09-10-2019, Public 10-10-2019 [grifo nosso].

[403] BRASIL. *Código de Processo Penal (1941)*. Art. 222. A testemunha que morar fora da jurisdição do juiz será inquirida pelo juiz do lugar de sua residência, expedindo-se, para esse fim, carta precatória, com prazo razoável, intimadas as partes. §1º A expedição da precatória não suspenderá a instrução criminal.

[404] Por não se tratar de testemunha em sentido estrito, o colaborador nessa condição não comete falso testemunho, mas pode incorrer no crime de colaboração caluniosa previsto no art. 19 da Lei n. 12.850/2013: "Imputar falsamente, sob pretexto de colaboração com a Justiça, a prática de infração penal a pessoa que sabe ser inocente, ou revelar informações sobre a estrutura de organização criminosa que sabe inverídicas: Pena – reclusão, de 1 (um) a 4 (quatro) anos, e multa". O delito em questão pode ser cometido por ocasião das declarações prestadas perante o órgão de persecução mesmo antes da celebração do acordo (a lei se refere em *pretexto de colaboração*, sinalizando que a existência de avença homologada não é pressuposto para tipificação da conduta) ou por ocasião da oitiva do celebrante em juízo, seja na condição de colaborador-réu ou de colaborador-testemunha.

[405] "[...] **De todo modo, por não terem sido ouvidos na fase do interrogatório judicial, e considerando a colaboração prestada nos termos da delação premiada que celebraram com o Ministério Público, é perfeitamente legítima sua oitiva na fase da oitiva de testemunhas, porém na condição de informantes. Precedente. 8.** Respeito ao princípio do contraditório e necessidade de viabilizar o cumprimento, pelos acusados, dos termos do acordo de colaboração, para o qual se exige a efetividade da colaboração, como preveem os

Como desdobramento inerente à obrigação de repisar em juízo as declarações que deram azo à deflagração do acordo de colaboração premiada, esclarece o §14 que o celebrante, nos depoimentos prestados, renunciará, na presença de seu defensor, ao direito ao silêncio e estará sujeito ao compromisso legal de dizer a verdade.

Efetivamente, o colaborador-réu assume o compromisso de não exercer o direito constitucional ao silêncio ao assinar o termo de colaboração. Em que pese a experiência prática sinalizar que os órgãos estatais, por cautela, optam por redigir cláusula expressa nesse sentido, a obrigação decorre diretamente do texto da lei independentemente dos termos do ajuste.

Rememore-se que a colaboração premiada é ato voluntário. Se assim o é, a manifestação de vontade do colaborador deve abarcar ponderação quanto ao plexo de deveres por ele assumidos e cujo descumprimento ensejará a ruptura do compromisso. Não se trata de exceção a irrenunciabilidade de qualquer direito fundamental, como a garantia ao silêncio, prevista no art. 5º, LXIII, da Constituição Federal[406], mas de restrição[407] assentida e decorrente do compromisso assumido por ocasião da assinatura do termo de colaboração premiada e da imperiosa eficácia da sua contribuição, que restará prejudicada na hipótese de o colaborador optar por se calar em juízo.

Embora a lei mencione o compromisso legal de dizer a verdade, a interpretação mais adequada ao sistema de colaboração premiada dá conta de que o atrelamento à verdade significa a repetição das declarações em solo judicial, sob pena de incorrer, como visto, em crime específico se a delação traduzir calúnia. Não há tomada de compromisso na forma do art. 203 do Código

---

arts. 13 e 14 da Lei n. 9.807/1999. 9. Questão de ordem resolvida para julgar ausente violação à decisão do Plenário que indeferiu o desmembramento do feito e, afastando sua condição de testemunhas, manter a possibilidade de oitiva dos corréus colaboradores nestes autos, na condição de informantes". BRASIL. *Supremo Tribunal Federal*. AP 470 QO-terceira, Rel. Min. Joaquim Barbosa, Tribunal Pleno, j. 23-10-2008, DJe-079, Divulg 29-04-2009, Public 30-04-2009, Ement Vol 02358-01, PP-00102, RTJ VOL-00211-01, PP-00037 [grifo nosso].

[406] BRASIL. *Constituição Federal (1988)*. Art. 5º, LXIII. O preso será informado de seus direitos, entre os quais o de permanecer calado, sendo-lhe assegurada a assistência da família e de advogado; [...].

[407] Robert Alexy discorre com profundidade sobre restrição a direitos fundamentais no âmbito do modelo de princípios. ALEXY, Robert. *Teoria dos direitos fundamentais*. Tradução de Virgílio Afonso da Silva. 2. ed. São Paulo: Malheiros, 2011, p. 276-340.

de Processo Penal[408], porém, o descumprimento do dever de falar a verdade – incompatível com o exercício do direito ao silêncio – implicará perda do benefício[409].

Por último, ainda como desdobramento lógico do compromisso assumido de contribuir com o sistema de justiça, incumbe ao colaborador cessar qualquer envolvimento em conduta ilícita relacionada ao objeto da colaboração, sob pena de rescisão. A hipótese, que decorria da vida prática e era deduzida costumeiramente em cláusula específica no termo de colaboração, com a Lei n. 13.964/2019, foi erigida à condição de obrigação legal do colaborador, a ensejar a ruptura *ipso facto* do respectivo acordo em caso de descumprimento.

---

[408] BRASIL. *Código de Processo Penal (1941)*. Art. 203. A testemunha fará, sob palavra de honra, a promessa de dizer a verdade do que souber e lhe for perguntado, devendo declarar seu nome, sua idade, seu estado e sua residência, sua profissão, lugar onde exerce sua atividade, se é parente, e em que grau, de alguma das partes, ou quais suas relações com qualquer delas, e relatar o que souber, explicando sempre as razões de sua ciência ou as circunstâncias pelas quais possa avaliar-se de sua credibilidade.

[409] "Na sentença também poderá ser avaliada a constância do colaborador, que poderá perder o benefício prometido em caso de retratação ou modificação da versão inicialmente apresentada, em descumprimento ao dever de falar a verdade, imposto pelo §14 do art. 4º". BALTAZAR JÚNIOR, José Paulo. *Crimes federais*. 9. ed. São Paulo: Saraiva, 2014, p. 1.297.

CAPÍTULO 4

COLABORAÇÃO PREMIADA APLICADA AO PROCEDIMENTO DO TRIBUNAL DO JÚRI

4.1 Apontamentos de caráter geral sobre o Tribunal do Júri: breves indicações sobre institutos de justiça penal negocial contextualizados no procedimento especial

O Tribunal do Júri no Brasil está alicerçado em plano constitucional, de um lado, como direito fundamental de todo cidadão de participar das decisões do Poder Judiciário e, de outro, como garantia individual formal do acusado de ser julgado pelos seus pares[410].

Ainda na Constituição Federal, o modelo de Júri brasileiro está desenhado por meio das seguintes balizas imutáveis[411], nos termos do art. 5º, XXXVIII, da Carta Magna[412]:

✓ plenitude de defesa;
✓ soberania dos veredictos;

---

[410] NUCCI, Guilherme de Souza. *Tribunal do Júri*. São Paulo: RT, 2008, p. 39-41.
[411] BRASIL. *Constituição Federal (1988)*. Art. 60. A Constituição poderá ser emendada mediante proposta: [...] §4º. Não será objeto de deliberação a proposta de emenda tendente a abolir: [...] IV – os direitos e garantias individuais.
[412] BRASIL. *Constituição Federal (1988)*. Art. 5º. Todos são iguais perante a lei, sem distinção de qualquer natureza, garantindo-se aos brasileiros e aos estrangeiros residentes no País a inviolabilidade do direito à vida, à liberdade, à igualdade, à segurança e à propriedade, nos termos seguintes: [...] XXXVIII – é reconhecida a instituição do júri, com a organização que lhe der a lei, assegurados: a) a plenitude de defesa; b) o sigilo das votações; c) a soberania dos veredictos; d) a competência para o julgamento dos crimes dolosos contra a vida; [...].

✓ sigilo das votações;
✓ competência mínima para o julgamento dos crimes dolosos contra a vida.

A plenitude de defesa, talvez o mais incompreendido e mal aplicado princípio constitucional atrelado ao Tribunal do Júri, é definido por Guilherme de Souza Nucci a fomentar "[...] de certo modo, o desequilíbrio das partes, privilegiando-se a atuação da defesa, em virtude das várias peculiaridades da situação processual. Há que se garantir ao defensor o amplo acesso às provas e sua produção, sem se importar, em demasia, com a forma ou com os prazos estipulados pela lei ordinária" [...]. "Se a defesa é *plena*, a integralidade de seu exercício pressupõe fazê-lo da maneira que bem lhe aprouver, valendo-se de qualquer estratégia lícita. Convenha-se ser perfeitamente legítimo levantar tese existente em direito, porém só manifestada na tréplica" [413].

Respeitosamente, não. A extração de conteúdo máximo à literalidade da expressão *plena* traz diversos entraves jurídicos e práticos para a consecução escorreita dos trabalhos durante a sessão plenária de julgamento no Tribunal do Júri.

Por certo, *plenitude* de defesa há de ser entendida com extensão diversa de defesa *ampla*, ou seja, é mais elástica. Contudo, não há por que inferir que a plenitude de defesa viabiliza a derrogação de prazos e de outras regras processuais ou a conferência de tratamento desequilibrado em favor do defensor.

Como qualquer outro princípio constitucional, a *plenitude* de defesa é balizada nos limites e em cotejo com os demais princípios de mesma ordem, os quais, se colidentes, devem conduzir à harmonização possível para se lhes garantir efetividade. Os princípios, como a plenitude de defesa, são concretizados por meio das regras que lhe conferem conteúdo. Não há direito fundamental absoluto e imune a qualquer restrição[414], seja a defesa ampla ou plena, de modo que seus contornos devem ser lapidados em respeito também ao contraditório, ao direito à segurança, à dignidade da vítima, dentre outros.

---

[413] NUCCI, Guilherme de Souza. *Princípios constitucionais penais e processuais penais*. 3. ed. São Paulo: RT, 2013, p. 335-336.

[414] ALEXY, Robert. *Teoria dos direitos fundamentais*. Tradução de Virgílio Afonso da Silva. São Paulo: Malheiros, 2011, p. 281-285.

Nessa toada, *plenitude* de defesa deve ser compreendida como o direito ao uso de recursos atécnicos e desconectados do universo jurídico, a argumentação com base em clemência ou o apelo à peroração exclusivamente sentimental, ainda que em descompasso com o conjunto probatório, tanto pela defesa técnica como pelo próprio réu em sede de autodefesa. No mais, as regras do jogo são aquelas dispostas na própria Constituição Federal e no Código de Processo Penal, vedando-se o abuso de direito, como os apartes desmedidos e o excessivo questionamento ao orador para indicar a lauda a que se refere a argumentação, a inovação de tese pela defesa na tréplica ou a realização de tréplica sem réplica.

De outra parte, o princípio da soberania dos veredictos, como ensina José Frederico Marques, traduz problema situado no campo da competência funcional e determina que o Júri deve se manifestar sobre o crime e a responsabilidade do réu, ao passo que o Juiz Presidente, não soberanamente, dispõe sobre a aplicação da pena. A causa, nos Tribunais Superiores, pode ser revisada apenas quanto à regularidade do veredicto, sem substituí-lo, limitando-se, se o caso, a rescindi-lo. Quanto à decisão do Juiz Togado, a competência funcional será de grau, podendo a jurisdição superior retificá-la[415].

As votações são sigilosas, garantindo-se que cada jurado decida conforme a sua íntima convicção. Dessa forma, resguarda-se a independência dos Juízes leigos, destituídos de garantias ao contrário dos Juízes togados, assegurando-se que decidam em sala secreta, sem a presença do público, livres de qualquer pressão, ameaça, violência ou coação, seja pela presença ostensiva de parentes da vítima ou pela ameaçadora coesão de amigos e de familiares do réu[416].

A Constituição Federal ainda atribui ao Tribunal do Júri competência mínima para julgar os crimes dolosos contra a vida. Significa que, insculpido em cláusula pétrea, por mais que alguns critiquem, o Júri *sempre* decidirá acerca da responsabilidade de autores de delitos desse jaez. Não há qualquer impedimento para que o legislador ordinário aumente a competência do Tribunal

---

[415] MARQUES, José Frederico. *A instituição do júri*. Campinas: Bookseller, 1997, p. 80.
[416] MARREY, Adriano; FRANCO, Alberto Silva; STOCO, Rui. *Teoria e prática do júri*. 6. ed. São Paulo: RT, 1997, p. 364-365.

Popular, mas é vedado a ele qualquer proposta de lei tendente a suprimir ou a diminuir a competência estabelecida na Carta Magna.

A legislação em vigor no Brasil até esta data estabelece os crimes dolosos contra a vida no Capítulo I, do Título I, do Código Penal: homicídio, participação em suicídio, infanticídio e aborto. Vale aqui uma observação: a Lei n. 13.968/2019 alterou o art. 122 do Código Penal para definir o crime de participação em automutilação[417]. Ressalvadas as opiniões eventualmente contrárias, a inclusão da disposição no catálogo dos crimes contra a vida é imprecisa. Não há na segunda parte do tipo penal em questão efetiva tutela da vida humana, mas, certamente, disposição de proteção à saúde e à integridade física. A conduta de automutilar-se não atenta contra a própria vida, sob pena de não ser possível diferenciá-la do próprio suicídio tentado. Nesse passo, faria mais sentido a sua inclusão entre as formas de lesões corporais. Em resumo: em que pese a sua inserção no próprio art. 122 citado, a participação em automutilação não é delito de competência do Tribunal do Júri.

Adiante serão traçadas linhas mais extensas sobre a competência do Júri Popular e o princípio da soberania dos veredictos diante das importantes implicações dessas balizas nas decisões de casos em que deva surtir efeito um acordo de colaboração premiada.

Neste capítulo, superadas as breves indicações das bases fundamentais constitucionais de estruturação do Tribunal do Júri, urge acrescentar algumas sinalizações visando compatibilizar estruturas de justiça penal negociada ao procedimento especial. De fato, as discussões sobre colaboração premiada não esgotam os questionamentos sobre os possíveis espaços de consenso no Júri, os quais são empregados desde o advento da Lei n. 9.099/1995.

Com efeito, a partir das considerações encaminhadas no primeiro capítulo desse texto, adicione-se que a transação penal, a composição civil dos danos e a suspensão condicional do processo são institutos de justiça negocial compatíveis com o procedimento

---

[417] BRASIL. *Código Penal (1940)*. Art. 122. Induzir ou instigar alguém a suicidar-se ou a praticar automutilação ou prestar-lhe auxílio material para que o faça: Pena – reclusão, de 6 (seis) meses a 2 (dois) anos.

do Tribunal do Júri. O art. 60, parágrafo único[418], do diploma legislativo em referência traz expressamente essa diretriz ao apontar as hipóteses em que as regras de conexão e de continência implicarão atração de delitos de menor potencial ofensivo para julgamento conjunto com o crime doloso contra a vida.

Por exemplo, se um dos autores responde por homicídio intencional praticado contra determinada vítima e o segundo implicado por lesão corporal dolosa de natureza leve cometida contra outro ofendido, em que pese a *vis atracttiva* da Vara do Júri, uma vez que identificada eventual conexão probatória, o autor da infração de baixa lesividade poderá ser beneficiado pelos desdobramentos legais da composição civil ou, se frustrada, da transação penal. A audiência preliminar, nesse caso, pode ser designada separadamente ou na mesma solenidade em que ocorrerá a instrução processual referente ao homicídio.

Além da situação destacada, importante recordar que a Lei n. 13.968/2019 alterou o Código Penal de modo a construir a única infração penal dolosa contra a vida de menor potencial ofensivo. Nessa ordem lógica, ao criminalizar a participação em suicídio independentemente de qualquer resultado naturalístico, transformando a figura fundamental em crime formal, o legislador optou por cominar sanção máxima de dois anos de reclusão, cenário que encerra a infração mencionada à definição de delito de baixa lesividade da Lei n. 9.099/1995[419].

Para além de qualquer dúvida, a competência constitucional do Tribunal do Júri para processar e julgar os delitos dolosos contra a vida não é alterada diante da nova formatação da forma simples de participação em suicídio, embora devam ser aplicadas, de uma forma ou de outra, também nesse caso, as medidas despenalizadoras da Lei dos Juizados Especiais Criminais.

---

[418] BRASIL. *Lei n. 9.099/1995*. Art. 60. O Juizado Especial Criminal, provido por juízes togados ou togados e leigos, tem competência para a conciliação, o julgamento e a execução das infrações penais de menor potencial ofensivo, respeitadas as regras de conexão e continência. Parágrafo único. Na reunião de processos, perante o juízo comum ou o tribunal do júri, decorrentes da aplicação das regras de conexão e continência, observar-se-ão os institutos da transação penal e da composição dos danos civis.

[419] BRASIL. *Lei n. 9.099/1995*. Art. 122. Induzir ou instigar alguém a suicidar-se ou a praticar automutilação ou prestar-lhe auxílio material para que o faça. Pena – reclusão, de 6 (seis) meses a 2 (dois) anos.

No mesmo trilho, a suspensão condicional do processo, aplicável a qualquer infração penal, abrangida ou não pela Lei n. 9.099/1995, desde que atendidos seus requisitos legais, também pode ser oferecida ao autor de crime doloso contra a vida, não apenas nas hipóteses em que o delito com pena mínima de até um ano deva ser processado perante a Vara do Júri por conexão ou por continência, mas também nas situações em que, objetivamente, as sanções previstas para a infração que atenta contra a vida humana permitam a incidência da benesse. São elas: participação em suicídio na forma fundamental – já citada – e qualificada (art. 122, *caput*, e §1º[420], do Código Penal), autoaborto, consentimento para a prática de aborto e aborto praticado com o consentimento da gestante (arts. 124[421] e 126, *caput*[422], do Código Penal).

Em qualquer dos casos indicados, se a composição civil, a transação penal ou a suspensão condicional do processo for incabível ou restar frustrada, a persecução penal deverá prosseguir perante a Vara do Júri competente, obedecendo-se o procedimento previsto nos arts. 406 a 497 do Código de Processo Penal e conferindo-se a palavra final de mérito ao Conselho de Sentença.

Por último, convém lembrar que o recente acordo de não persecução penal, inaugurado pela Lei n. 13.964/2019, é inaplicável a qualquer delito cometido com violência, quadro que poderia, à primeira vista, sinalizar obstáculo intransponível para a sua aplicação em casos de ilícito doloso contra a vida humana. Lamenta-se a opção restritiva do legislador no que tange ao desenho normativo do acordo de não persecução penal. Como visto, medidas despenalizadoras de natureza negocial não são incompatíveis com os crimes dolosos contra a vida. Nesse diapasão, afastar a aplicabilidade de se ajustar um acordo dessa espécie em situações de menor gravidade como a participação em suicídio, o aborto praticado pela própria gestante ou o seu consentimento para o abortamento é caminho aberto na contramão da noção de processo penal funcional.

---

[420] BRASIL. *Código Penal (1940)*. Art. 122, §1º. Se [...] da tentativa de suicídio resulta lesão corporal de natureza grave ou gravíssima, nos termos dos §§1º e 2º do art. 129 deste Código: Pena – reclusão, de 1 (um) a 3 (três) anos.

[421] BRASIL. *Código Penal (1940)*. Art. 124. Provocar aborto em si mesma ou consentir que outrem lho provoque. Pena – detenção, de um a três anos.

[422] BRASIL. *Código Penal (1940)*. Art. 126. Provocar aborto com o consentimento da gestante. Pena – reclusão, de um a quatro anos.

Por essas razões, é razoável ponderar-se que as hipóteses de delitos de competência do Tribunal do Júri que admitem transação penal ou suspensão condicional do processo – arroladas linhas atrás –, por ordem lógica, também devem albergar, em tese, a possibilidade de se ajustar acordo de não persecução. Em todas elas, a pena mínima prevista não supera os quatro anos indicados objetivamente pelo art. 28-A do Código de Processo Penal[423]. Vale lembrar que, na participação em suicídio, a conduta do sujeito ativo não exterioriza violência física, a qual é executada pelo titular do bem jurídico que se propõe a dar cabo da própria existência. De outro lado, os cenários de autoaborto, de consentimento da gestante para o abortamento e de aborto com aquiescência da mãe envolvem conduta reveladora de violência contra a vida intrauterina, mas sem qualquer dano direto à gestante. Do ponto de vista sistemático e teleológico, negar o acordo nas situações analisadas implicaria orientação ilógica e injustificável do sistema de justiça negociada em hipóteses em que há opção anterior, clara e direta, de se evitar o modelo litigioso para a equação do problema penal.

4.2 Legislação de regência: eventual conexão com o delito de organização criminosa

A multiplicidade de leis a tratar de colaboração premiada gera dificuldades de encadeamento dos possíveis prêmios espalhados pelo Código Penal e pela legislação extravagante, implicando questões antinômicas que mereceram tratamento em capítulo próprio.

Como argumentado, defendeu-se linhas atrás que as diversas normas de direito material sobre colaboração premiada convivem, quadro que enseja alguma perplexidade e que poderia dar azo à reforma legislativa no sentido de se uniformizar o regramento legislado quanto aos benefícios penais próprios da colaboração premiada no Brasil.

---

[423] BRASIL. *Código de Processo Penal (1941)*. Art. 28-A. Não sendo caso de arquivamento e tendo o investigado confessado formal e circunstancialmente a prática de infração penal sem violência ou grave ameaça e com pena mínima inferior a 4 (quatro) anos, o Ministério Público poderá propor acordo de não persecução penal, desde que necessário e suficiente para reprovação e prevenção do crime, mediante as seguintes condições ajustadas cumulativa e alternativamente: [...].

É verdade que a justiça negociada deve ser fomentada e não restrita à determinada categoria de infrações[424]. Contudo, a preponderância da vida humana no sistema jurídico-penal de proteção dos direitos fundamentais enseja olhar mais cauteloso, conforme será discutido adiante.

Em primeiro plano, como indicado por Pedro Henrique Demercian, assenta-se a premissa de que a persecução penal ligada ao fenômeno das organizações criminosas é objeto de microssistema jurídico próprio regulamentado pela Lei n. 12.850/2013. As características dessa forma de criminalidade justificam o vasto catálogo de ferramentas especiais de investigação nela previstos, dentre as quais se destaca a colaboração premiada. O mesmo raciocínio é válido para a persecução dos crimes de lavagem de dinheiro, legitimando-se o desenho premial ampliado da Lei n. 9.613/1998.

Além dos argumentos alinhavados na discussão pertinente ao conflito aparente de normas penais de colaboração premiada, convém anotar que as premiações mais elásticas previstas na Lei n. 12.850/2013 ou na Lei n. 9.613/1998 consideram as dificuldades probatórias específicas dos ambientes que envolvem organização criminosa[425] ou braqueamento de capitais[426].

---

[424] DEMERCIAN, Pedro H. A colaboração premiada e a lei das organizações criminosas. *Revista Jurídica ESMP-SP*, v. 9, n.1, p. 53-88, jan.-jun. 2016, p. 83: "[...] o combate ao crime organizado não pode ser feito como nos tempos mais venturosos do século passado. Os altíssimos índices de criminalidade e a explosão de processos criminais envolvendo essa peculiar prática criminosa são fenômenos que explicam um tratamento próprio e diferenciado. [...] já é tempo de ampliar no Brasil as formas de consenso, admitindo-as a qualquer espécie de crime, tornando a nossa Justiça mais célere e menos burocrática. É recomendável a ampliação da Justiça Consensual e não o contrário".

[425] "No âmbito do crime organizado há acentuadas dificuldades probatórias. Algumas decorrem do fato em si de serem os delitos cometidos por uma pluralidade de agentes e por meio de uma organização, o que traz dificuldades na comprovação da autoria. Além disso, como os delitos são cometidos de forma profissional e visando lucro, os agentes preocupam-se antecipadamente em evitar a sua descoberta e em destruir ou dificultar o acesso às evidências, além de criar dados falsos, engendrar álibis, fabricar autores e induzir falsas confissões. Por fim, em alguns casos, há uma tentativa posterior em evitar a persecução penal, adotando-se estratégias como a corrupção de agentes públicos encarregados da persecução penal e a violência ou ameaça contra testemunhas, vítimas e servidores públicos [...]". BALTAZAR JÚNIOR, José Paulo. *Crime organizado e proibição de insuficiência*. Porto Alegre: Livraria do Advogado, 2010, p. 169-170.

[426] "O crime de lavagem de dinheiro é complexo e de difícil prova. A ocultação ou a dissimulação de produto do crime são atividades desenvolvidas de forma a evitar a sua detecção pelas autoridades públicas. Não raramente, envolvem a prática de transações financeiras complexas, como emprego de subterfúgios possíveis para evitar seu desvelamento, como, por exemplo, a utilização de pessoas interpostas, *off-shores* ou

Nesse passo, a previsão de benefícios aptos a criar obstáculo, a extinguir ou a alterar o direito de punir estatal compõe arsenal de barganha com maior musculatura por força da complexidade estrutural das organizações delituosas e da sua evidente implicação no campo da prova, cenário que também se identifica na persecução penal da lavagem de dinheiro.

Até se pode argumentar que, em outros crimes de colarinho branco, como os contra a ordem tributária ou o sistema financeiro nacional, também são identificáveis dificuldades probatórias de igual grandeza. A aludida ponderação poderia justificar uma alteração legislativa, mas não, forçosamente, a extensão de prêmios não disciplinados na lei, por mera interpretação, argumento que poderia levar à inviável ampliação dos benefícios para qualquer delito, independentemente da disciplina da norma específica, conclusão especialmente temerária em se tratando de crimes dolosos contra a vida.

Na medida em que existe tensão entre os direitos e as garantias fundamentais dos investigados e dos acusados em palco de obtenção de prova em sede de barganha processual – a qual se legitima pela necessidade de adequado aparelhamento do Estado para enfrentar as formas mais complexas de criminalidade – não há espaço para ampliar os espaços de consenso para além das balizas da lei de regência. Do contrário, haveria diminuição do espectro de proteção do bem jurídico por conveniência processual sem que se identificasse o ambiente criminoso capaz de conferir supedâneo para a incidência da ferramenta especial de investigação.

Apesar disso, é real a possibilidade de se identificar conexão entre o delito de organização criminosa e qualquer ilícito doloso contra a vida, cenário que implicará na incidência da *vis attractiva*[427] do Tribunal do Júri e na reunião de processos e de julgamento.

---

ainda a remessa do numerário ao exterior a fim de dificultar seu rastreamento devido às dificuldades inerentes à cooperação jurídica internacional. Também é prática comum a estruturação das operações de forma a burlar os sistemas de controle, o que é denominado internacionalmente *smurfing* [...]". MORO, Sergio Fernando. *Crime de lavagem de dinheiro*. São Paulo: Saraiva, 2010, p. 70.

[427] BRASIL. *Código de Processo Penal (1941)*. Na determinação da competência por conexão ou continência, serão observadas as seguintes regras: I – no concurso entre a competência do júri e a de outro órgão da jurisdição comum, prevalecerá a competência do júri; [...].

O delito de organização criminosa[428] é um dos vários crimes de associação previstos no sistema punitivo brasileiro[429]. Os elementos especializantes das organizações desse tipo estão previstos na sua definição, insculpida no art. 1º, §1º, da Lei n. 12.850/2013[430], os quais podem ser pontualmente alinhavados: 1. número mínimo de quatro pessoas; 2. ordenação estruturada com divisão de tarefas; 3. fim de obter vantagem de qualquer natureza; 4. meios de consecução de finalidades representados por crimes com penas máximas acima de quatro anos ou por delitos à distância.

Se, eventualmente, o grupo criminoso organizado, além dos elementos acima identificados, ainda se estruturar como milícia privada ou esquadrão, os fatos devem se subsumir à norma prevista no art. 288-A do Código Penal[431], objetivamente mais grave, sem que se percam as ferramentas próprias de investigação previstas na Lei n. 12.850/2013.

Independentemente do enquadramento típico do grupo criminoso organizado, permanecem as dificuldades relacionadas à sua conexão com os crimes contra a vida, notadamente o homicídio doloso inserido em atividades de milícia ou de esquadrão da morte em que o crime de sangue é seu objeto principal[432].

---

[428] BRASIL. *Lei n. 12.850/2013*. Art. 2º. Promover, constituir, financiar ou integrar, pessoalmente ou por interposta pessoa, organização criminosa: Pena – reclusão, de 3 (três) a 8 (oito) anos, e multa, sem prejuízo das penas correspondentes às demais infrações penais praticadas.

[429] Art. 35 da Lei n. 11.343/2006 (associação para o tráfico); art. 2º da Lei n. 2.889/1956 (associação para o genocídio); arts. 16 e 24 da Lei n. 7.170/1983 (associação para atentar contra o regime vigente ou o Estado de Direito ou para formação de organização militar); art. 288 do Código Penal (associação criminosa); art. 288-A do Código Penal (constituição de milícia privada).

[430] BRASIL. *Lei n. 12.850/2013*. Art. 1º, §1º. Considera-se organização criminosa a associação de 4 (quatro) ou mais pessoas estruturalmente ordenada e caracterizada pela divisão de tarefas, ainda que informalmente, com objetivo de obter, direta ou indiretamente, vantagem de qualquer natureza, mediante a prática de infrações penais cujas penas máximas sejam superiores a 4 (quatro) anos, ou que sejam de caráter transnacional.

[431] BRASIL. *Código Penal (1940)*. Art. 288-A. Constituir, organizar, integrar, manter ou custear organização paramilitar, milícia particular, grupo ou esquadrão com a finalidade de praticar qualquer dos crimes previstos neste Código: Pena – reclusão, de 4 (quatro) a 8 (oito) anos.

[432] Marcelo Batlouni Mendroni destaca que o homicídio pode ser atividade principal ou secundária da organização criminosa embora, no mais das vezes, os grupos criminosos tendem a evitá-lo, na medida em que "[...] causam clamor da opinião pública e colocam os órgãos de persecução penal em alerta máximo e intenso trabalho de esclarecimento e captura dos executores e mandantes". MENDRONI, Marcelo Batlouni. *Crime organizado*: aspectos legais e mecanismos gerais. 6. ed. São Paulo: Atlas, 2016, p. 36-42; 44.

Nesse sentido, discute-se quanto à possibilidade de consenso com base nos prêmios previstos na Lei n. 12.850/2013 tanto para o crime de organização como para o delito doloso contra a vida, ou se, existindo a anotada conexão, o homicídio poderá ser negociado com base apenas nos prêmios da Lei n. 9.807/1999 ao passo que a persecução penal da organização poderá ser abrandada por contribuição efetiva de acordo com o catálogo premial da Lei de Combate ao Crime Organizado.

Conquanto não haja posição doutrinária formada acerca do tema em se tratando de Tribunal do Júri, as discussões relacionadas à aplicação dos prêmios da Lei n. 12.850/2013 aos *crimes conexos à organização criminosa* podem ajudar a solução do ponto proposto.

Segundo Eugênio Pacelli de Oliveira, as regras da Lei n. 12.850/2013 são aplicáveis apenas ao crime de organização e não a todos os delitos engendrados pelo grupo[433]. De outro lado, Renato Brasileiro de Lima trabalha com a perspectiva de que, mesmo nas hipóteses de crimes que possuem regras específicas de colaboração premiada, não se pode alijá-los da concessão dos benefícios da Lei de Combate ao Crime Organizado[434].

Respeitosamente, o argumento utilitarista não convence. Com efeito, consolidou-se neste trabalho o raciocínio no sentido de que as diversas leis de colaboração premiada convivem, de modo que não se descortina sentido jurídico na conclusão a apontar que a reunião de processos e de julgamento possa alterar esse pensamento[435].

Nesse sentido, a conveniência processual a determinar a junção de julgamentos não deve implicar em modificar a aplicação das regras de direito material relacionadas à colaboração

---

[433] PACELLI, Eugênio. *Curso de processo penal*. 20. ed. São Paulo: Atlas, 2016, p. 856-857.
[434] LIMA, Renato Brasileiro de. *Legislação criminal especial comentada*. 2. ed. Salvador: Juspodivm, 2014, p. 530-531: "[...] sob pena de esvaziamento da eficácia da colaboração premiada. Ora, se o agente souber que eventual prêmio legal ficará restrito ao crime de organização criminosa, dificilmente terá interesse em celebrar o acordo de colaboração premiada".
[435] TOURINHO FILHO, Fernando da Costa. *Processo penal*. v. 2. 27. ed. São Paulo: Saraiva, 2005, p. 197-198. Conexão, nos dizeres de Fernando da Costa Tourinho Filho, é o nexo entre duas infrações: "[...] entrelaçadas por um vínculo que aconselha a junção dos processos, propiciando, assim, ao julgador perfeita visão do quadro probatório e, de consequência, melhor conhecimento dos fatos, de todos os fatos, de molde a poder entregar a prestação jurisdicional com firmeza e justiça".

premiada[436]. Vale insistir: seria de todo salutar que o legislador unificasse as normas de direito penal sobre o tema, mas trata-se de opção político-criminal de atribuição do Parlamento. É certo que o mesmo assunto não deve ser disciplinado por mais de uma lei[437], mas, nesse caso, o foi.

Diante do exposto, uma vez identificada conexão entre o crime doloso contra a vida e o delito de organização criminosa ou de milícia privada montada com a formatação prevista no art. 1º, §1º, da Lei n. 12.850/2013, as negociações entre o órgão de persecução penal e o investigado ou o acusado, no que toca aos homicídios dolosos, estarão restritas aos prêmios previstos na Lei n. 9.807/1999[438].

Não faz sentido obstar a colaboração premiada no que diz respeito aos crimes dolosos contra a vida, ainda que a reforma processual do Tribunal do Júri, ocorrida em 2008, não tenha feito menção ao tema. Por certo, não se depreende da lógica do sistema de colaboração premiada e do próprio procedimento especial incompatibilidade intransponível, revelando-se a Lei n. 9.807/1999 como base geral aplicável aos casos dessa natureza no que se refere ao direito material. Contudo, há certamente restrições, reveladas nas limitações materiais especiais indicadas no capítulo seguinte, diante da posição de preponderância da vida humana no sistema de tutela penal, além da necessidade de se harmonizar a ferramenta em estudo com as particularidades do procedimento do Júri.

---

[436] Em reforço, o próprio Código de Processo Penal, no art. 80, faculta ao juiz, também por questões prático-processuais, separar os processos ou os julgamentos se assim reputar conveniente. *In verbis*: "será facultativa a separação dos processos quando as infrações tiverem sido praticadas em circunstâncias de tempo ou de lugar diferentes, ou, quando pelo excessivo número de acusados e para não lhes prolongar a prisão provisória, ou por outro motivo relevante, o juiz reputar conveniente a separação".

[437] BRASIL. *Lei Complementar n. 95/1998*. Art. 7º, IV. O mesmo assunto não poderá ser disciplinado por mais de uma lei, exceto quando a subsequente se destine a complementar lei considerada básica, vinculando-se a esta por remissão expressa.

[438] Evidentemente, podem ser identificados cenários de absoluta dificuldade probatória em crimes de homicídio doloso, ainda que não contextualizados em cena de organização criminosa ou de milícia privada, como em casos de linchamentos ou de outras formas de manifestações multitudinárias. Para aprofundamento: FRIGGI, Márcio. *Crimes multitudinários*: homicídio perpetrado por agentes em multidão. Curitiba: Juruá, 2016. A leitura mais restritiva levada a efeito neste texto não elide as possibilidades de uso da colaboração premiada, mas procura encontrar ponto de equilíbrio entre a utilização das ferramentas de negociação processual e a dimensão da proteção exigível à vida humana.

4.3 A vida humana como epicentro do sistema de proteção jurídico-penal: limites materiais à negociação

Não é demais lembrar que a missão do direito penal é proteger bens jurídicos[439], entendidos, nas palavras de Maria Luiza Schäfer Streck, como os valores e interesses de relevância constitucional ligados explícita ou implicitamente aos direitos e deveres fundamentais[440].

Em que pese a evolução da ideia de bem jurídico para a proteção de objetos coletivos, a vida, de todo modo, é valor essencial e inquestionável, desde sempre reconhecida como merecedora da proteção do direito penal. Atrelada à dignidade da pessoa humana é pressuposto para o exercício dos demais direitos assegurados ao homem.

Nas precisas palavras de Nelson Hungria, a vida é sublinhada como pressuposto da personalidade e supremo bem individual[441].

A Constituição Federal assegura o direito à vida em sua dupla acepção, qual seja, o direito de continuar vivo e de se ter vida digna quanto à subsistência. Nessa senda, o direito fundamental à vida deve ser entendido como direito a um nível de vida adequado com a condição humana, isto é, direito à alimentação, vestuário,

---

[439] Afasta-se do propósito deste trabalho discussão acerca de posicionamentos contrários à aludida finalidade do direito penal, como o defendido por Günher Jakobs. JAKOBS, Günther. *Fundamentos do direito penal*. Tradução de André Luís Callegari. Colaboração de Lúcia Kalil. São Paulo: RT, 2003, p. 110-115.

[440] STRECK, Maria Luiza Schäfer. *Direito penal e Constituição*. Porto Alegre: Livraria do Advogado, 2009, p. 40.

[441] "A pessoa humana, sob o duplo ponto de vista material e moral, é um dos mais relevantes objetos da tutela penal. Não a protege o Estado apenas por obséquio ao indivíduo, mas principalmente, por exigência de indeclinável interesse público ou atinente a elementares condições da vida em sociedade. Pode dizer-se que, à parte os que ofendem ou fazem periclitar os interesses específicos do Estado, todos os crimes constituem, em última análise, lesão ou perigo de lesão contra a pessoa. Não é para atender a uma diferenciação essencial que os crimes particularmente chamados contra a pessoa ocupam setor autônomo entre as *species delictorum*. A distinção classificatória justifica-se apenas porque tais crimes são dos que mais imediatamente afetam a pessoa. Os bens físicos ou morais que eles ofendem ou ameaçam estão intimamente consubstanciados com a personalidade humana. Tais são: a vida, a integridade corporal, a honra e a liberdade". HUNGRIA, Nelson. *Comentários ao Código Penal*. v. 5. 3. ed. Rio de Janeiro: Forense,1955, p. 14.

assistência médico-odontológica, educação, cultura, lazer e demais condições vitais[442].

Vale dizer que a completa proteção à vida humana, sob a ordem constitucional, está indiscutivelmente atrelada à concretização dos princípios e objetivos fundamentais da República, bem como à efetivação dos demais direitos fundamentais e dos direitos sociais.

Pretende-se, com supedâneo nas diretrizes sublinhadas, registrar que a vida humana não é protegida pelo direito penal por se tratar de raciocínio lógico e indiscutível calcado em base empírica e no próprio sentido do valor vida, embora pudesse ser.

A vida humana é abraçada pelo direito penal porque o legislador está obrigado, por mandamento constitucional, a proceder assim. Conquanto não exista comando explícito nesse sentido, há mandado constitucional de criminalização implícito a sustentar esta ilação.

Contudo, a existência de mandados de penalização é questionada por alguma doutrina. Janaína Conceição Paschoal discorre no sentido de que, ao se tomar a Constituição como fundamento do direito penal, segue-se para a sua maximização, na medida em que toda aparente necessidade de proteção penal desencadeará um levante pela efetivação do direito à criminalização, quando, na verdade, o texto constitucional traz apenas uma *possibilidade* de criminalizar[443].

Ao contrário de Janaína Conceição Paschoal, Luiz Luisi, ao tratar das relações entre a Constituição e o direito penal, aponta que os princípios penais traduzem, em geral, orientação ao legislador infraconstitucional no sentido de determinar a ele a elaboração de normas incriminadoras destinadas à proteção de valores supraindividuais, como o meio ambiente, o trabalho e a cultura.

---

[442] MORAES, Alexandre de. *Direitos humanos fundamentais*. 4. ed. São Paulo: Atlas, 2002, p. 87.
[443] PASCHOAL, Janaína Conceição. *Constituição, criminalização e direito penal mínimo*. São Paulo: RT, 2003, p. 75. Ainda: "Assim, tem-se que, se se pretende ser fiel ao objetivo de realizar o ideal de um Direito Penal mínimo, somente se pode vislumbrar na Constituição Federal um limite positivo ao poder punitivo estatal, afastando a tese de que a Carta Magna constituiria um seu fundamento e que, por isso, obrigaria, perante a primeira necessidade, a criminalização". "[...] Assumir que o constituinte já avalia o merecimento e a necessidade da tutela penal, estando, portanto, o legislador obrigado a criminalizar, significa voltar as costas ao necessário caráter material da lei e da própria Constituição, importando ainda a desconsideração dos princípios informadores do Direito Penal mínimo, que, em última instância, pauta-se na necessidade efetiva e não meramente formal da tutela penal". PASCHOAL, Janaína Conceição. *Constituição, criminalização e direito penal mínimo*. São Paulo: RT, 2003, p. 76-84.

Destaca, em continuação, que os princípios referidos, em sua quase totalidade, traduzem *exigências* de criminalização para a proteção de bens coletivos, embora possam ser concernentes aos aspectos gerais do direito penal[444].

No mesmo compasso de Luiz Luisi, Antonio Carlos da Ponte registra que a Constituição Federal brasileira, na esteira de Constituições de países europeus, como as da Alemanha, Espanha, Itália, França e da própria Comunidade Europeia, estabelece mandados explícitos e implícitos de criminalização. Significa dizer que os aludidos mandados constitucionais indicam matérias sobre as quais o legislador ordinário não tem a faculdade de legislar, mas a obrigatoriedade de tratar, protegendo determinados bens ou interesses de forma adequada e, dentro do possível, integralmente[445].

Indicam-se, como mandados explícitos de criminalização as disposições encontradas na Constituição Federal nos arts. 5º, XLII[446], XLIII[447] e XLIV[448]; 7º, X[449]; 227, §4º[450]; e 225, §3º[451].

---

[444] LUISI, Luiz. *Os princípios constitucionais penais*. 2. ed. Porto Alegre: Sergio Antonio Fabris, 2003, p. 13-14.

[445] PONTE, Antonio Carlos da. *Crimes eleitorais*. São Paulo: Saraiva, 2008, p. 151-152. Além da existência de mandados de criminalização, importa considerar quais as consequências no caso de descumprimento da ordem constitucional, registro também destacado pelo autor: "No ordenamento jurídico brasileiro, o não atendimento a um mandado de criminalização por parte do Poder Legislativo não traz, no âmbito legal, qualquer consequência, a não ser a instituição do Congresso Nacional em mora legislativa, desde que, para tanto, tenha sido proposta ação direta de inconstitucionalidade por omissão, a arguição de descumprimento de preceito fundamental ou mandado de injunção. Esse é o grande problema que acomete o assunto, qual seja, não há qualquer tipo de sanção efetiva destinada ao legislador que, de forma dolosa ou não, deixa de proceder ao enfrentamento de matéria que seria obrigatório". PONTE, Antonio Carlos da. *Crimes eleitorais*. 2. ed. São Paulo: Saraiva, 2016, p. 174-175.

[446] BRASIL. *Constituição Federal (1988)*. Art. 5º [...], LXII. A prática do racismo constitui crime inafiançável e imprescritível, sujeito à pena de reclusão, nos termos da lei.

[447] BRASIL. *Constituição Federal (1988)*. Art. 5º [...], LXIII. A lei considerará crimes inafiançáveis a insuscetíveis de graça ou anistia a prática da tortura, o tráfico ilícito de entorpecentes e drogas afins, o terrorismo e os definidos como hediondos, por eles respondendo os mandantes, os executores e os que, podendo evitá-los, se omitirem.

[448] BRASIL. *Constituição Federal (1988)*. Art. 5º [...], XLIV. Constitui crime inafiançável e imprescritível a ação de grupos armados, civis ou militares, contra a ordem constitucional e o Estado Democrático.

[449] BRASIL. *Constituição Federal (1988)*. Art. 7º, X. Proteção do salário na forma da lei, constituindo crime sua retenção dolosa.

[450] BRASIL. *Constituição Federal (1988)*. Art. 227, §4º. A lei punirá severamente o abuso, a violência e a exploração sexual da criança e do adolescente.

[451] BRASIL. *Constituição Federal (1988)*. Art. 225, §3º. As condutas e as atividades lesivas ao meio ambiente sujeitarão os infratores, pessoas físicas ou jurídicas, a sanções penais e administrativas, independentemente da obrigação de reparar os danos causados.

Acrescente-se no rol dos mandados de criminalização o art. 5º, §3º, da Carta Magna[452], o qual, embora não se cuide de comando constitucional direto, confere posição de emenda aos tratados e convenções internacionais sobre direitos humanos aprovados por quórum qualificado[453].

A vida humana, conquanto não esteja albergada em ordem constitucional direta de criminalização, nos dizeres de Luciano Feldens, compõe o epicentro do sistema de proteção jurídico-penal, acompanhada da liberdade e da dignidade humana[454].

Efetivamente, ao desenvolver o raciocínio que desemboca na ilação da existência de mandados implícitos de criminalização, o autor direciona as seguintes conclusões[455]:

- ✓ Da opção constitucional pela existência de um *sistema penal* afigura-se lógica a afirmação de que *estaria vedado*, desde logo, uma espécie de *abolicionismo penal*;
- ✓ Um sistema jurídico-penal constitucionalmente exigido deveria fazer-se representado por um catálogo de crimes, no qual deveriam constar, pelo menos, as condutas cuja criminalização é expressamente requerida pela Constituição;
- ✓ Afirmada a vontade do poder constituinte quanto à existência de um sistema de proteção jurídico-penal, indaga-se quanto à suficiência de criminalização apenas das condutas cuja penalização é expressa e constitucionalmente determinada. A título de exemplo, seria constitucional a despenalização do homicídio doloso, ao passo que

---

[452] BRASIL. *Constituição Federal (1988)*. Art. 5º [...], §3º. Os tratados e convenções internacionais sobre direitos humanos que forem aprovados, em cada Casa do Congresso Nacional, em dois turnos, por três quintos dos votos dos respectivos membros, serão equivalentes às emendas constitucionais.

[453] Como exemplo, cite-se o art. 20 da Convenção das Nações Unidas contra a Corrupção, adotada em 31 de outubro de 2003, assinada pelo Brasil em 9 de dezembro de 2003, e promulgada pelo Decreto n. 5.687/2006, o qual determina a criminalização do enriquecimento ilícito assim definido como o incremento significativo do patrimônio de um funcionário público relativo aos seus ingressos legítimos que não podem ser razoavelmente justificados por ele. Trata-se de mandado de criminalização explícito diante do comando do art. 5º, §3º, da Constituição Federal considerada a corrupção atentado direto contra os direitos humanos, embora tal ordem de penalização ainda não tenha sido atendida pelo legislador.

[454] FELDENS, Luciano. *A Constituição penal*. Porto Alegre: Livraria do Advogado, 2005, p. 139.

[455] FELDENS, Luciano. *A Constituição penal*. Porto Alegre: Livraria do Advogado, 2005, p. 117-118.

a retenção dolosa de salário do trabalhador constitui mandado expresso de criminalização? Não estaria o legislador, antes disso, indiretamente obrigado a proteger a própria vida do trabalhador?

Esse o ponto fundamental da discussão. Dentre tantos argumentos que sinalizam para a existência de mandados implícitos de criminalização – que extrapolam os limites deste trabalho[456] –, dúvidas não há de que a vida humana, pressuposto para a existência e fruição de direitos subjetivos e para realização de outros valores, não pode restar afastada da tutela penal por questões políticocriminais[457].

Conquanto não tenha o constituinte expressamente imposto a criminalização do atentado contra a vida humana na forma que o fez quanto às disposições enumeradas há pouco, é certo que a inviolabilidade do direito à vida, estampada no art. 5º da Constituição Federal, associada à nota de magnitude do direito em referência, habilita-o a exigir proteção pela normativa penal[458].

Entretanto, a identificação dos mandados constitucionais implícitos de criminalização não pode se dar no campo subjetivo. A eleição de critérios seguros mostra-se imprescindível para que não haja violação do corpo constitucional, sob pretexto de preservá-lo[459].

---

[456] Para aprofundamento da discussão doutrinária quanto à existência de mandados implícitos, recomenda-se: TURESSI, Flávio Eduardo. *Bens jurídicos coletivos*: proteção penal, fundamentos e limites constitucionais à luz dos mandados de criminalização. Curitiba: Juruá, 2015, p. 172-176.

[457] Sobre a questão, em estudo sobre a proibição de insuficiência, José Paulo Baltazar Júnior, valendo-se de Marin Borowski, destaca que até "[...] mesmo em decorrência do seu *status* de direitos fundamentais, não há dúvida sobre o efeito vinculante dos direitos de proteção, o que, no caso da Alemanha, é objeto de disposição constitucional expressa (LF, art. 1º, 3). Se assim não fosse, o legislador poderia, por exemplo, revogar o dispositivo que incrimina o homicídio, sem que a questão pudesse ser objeto de controle de constitucionalidade". BALTAZAR JÚNIOR, José Paulo. *Crime organizado e proibição de insuficiência*. Porto Alegre: Livraria do Advogado, 2010, p. 54.

[458] FELDENS, Luciano. *A Constituição penal*. Porto Alegre: Livraria do Advogado, 2005, p. 141-142.

[459] Especificamente, esclarece Antonio Carlos da Ponte: "Sob tal ótica, justifica-se o reconhecimento de um mandado implícito quando o bem protegido ou que se busca proteção, apesar de afigurar-se como preponderante dentro da ordem constitucional, não contar com previsão expressa e tampouco com a consequente previsão normativa; caso esta já se encontre no ordenamento jurídico, afigure-se como débil, insuficiente ou ineficaz. Em regra, situações extremadas justificarão seu reconhecimento". PONTE, Antonio Carlos da. *Crimes eleitorais*. 2. ed. São Paulo: Saraiva, 2016, p. 189.

Em outras palavras, a vida humana é direito fundamental inviolável e se afigura valor jurídico com magnitude e supremacia na hierarquia dos bens desse jaez. Está disposta no epicentro do sistema de proteção jurídico-penal, espelhado na Constituição Federal, certo que a tutela da vida humana contra os atentados mais graves justifica o reconhecimento de imperativo implícito de proteção. Nesse diapasão, o crime de homicídio doloso é de previsão obrigatória e sua conformação legal não está ao talante do legislador; retirá-lo do Código Penal implicaria ato inconstitucional, passível de correção por via judicial. No mesmo trilho, proteção deficiente do predito bem jurídico, depreendida do sistema punitivo, poderia legitimar medida no mesmo sentido ou atividade legislativa que encaminhasse solução em sede político-criminal[460].

É sob essa ótica que deve ser enfrentada a proteção da vida humana diante das mais variadas formas de atentados e de contextos. Dentre as questões que se colocam, sobreleva importância a identificação de eventuais limites à atividade processual negocial no que se refere à persecução penal dos crimes dolosos contra a vida.

Além dos possíveis impedimentos de ordem material identificados por Carlos Frederico Coelho Nogueira e discutidos em capítulo específico, relacionados, pontualmente, à vedação do perdão estatal *lato sensu* aos delitos hediondos e equiparados por força de comando constitucional, propõe-se um aprofundamento da discussão sob o prisma dos mandados implícitos de criminalização e, por conseguinte, das possíveis implicações de ordem político-criminais na persecução dos crimes contra a vida humana.

A discussão não se restringe à ingerência penal, mas também diz respeito à identificação das limitações às possibilidades de barganha em casos de delitos dolosos contra a vida, sob pena de violação direta da proibição de proteção deficiente por incompatível aplicação de mecanismos processuais. O processo penal, como instrumento para efetivar os valores tutelados na ordem jurídico-constitucional[461], não pode encaminhar ferramental capaz de corroer a lógica de proteção penal.

---

[460] FRIGGI, Márcio. *Crimes multitudinários*: homicídio perpetrado por agentes em multidão. Curitiba: Juruá, 2016, p. 59.
[461] CARVALHO, Márcia Dometila Lima de. *Fundamentação constitucional do direito penal*. Porto Alegre: Sergio Antonio Fabris, 1992, p. 83.

Ombreados com Carlos Frederico Coelho Nogueira quanto à existência de impedimento constitucional à convenção que estabelece imunidade ou perdão judicial ao colaborador envolvido em delitos hediondos ou equiparados, acrescente-se que a referida vedação também se sustenta, especificamente em relação ao crime de homicídio doloso, ainda que em formato não revelador de hediondez, uma vez identificada a vida humana como epicentro do sistema de proteção jurídico-penal, nos termos há pouco discutidos.

Demais disso, ainda que se aponte a contribuição do imputado como ponto de partida preferível para se diminuir os efeitos deletérios do cárcere prolongado, como explica Jesús-María Silva Sánchez[462], ao lado dela devem ser levantados como balizadores preferenciais a compensação às vítimas e à sociedade. Em casos de homicídio doloso, cujos efeitos são eternos e irreparáveis, inviável se ponderar no sentido de afastamento completo de qualquer resposta punitiva tão somente por força da colaboração processual, por mais importante que possa ser sob o ponto de vista do conjunto das provas, evitando-se que seu efeito seja uma total desfiguração da pena cominada ou imposta, subvertendo a lógica do sistema penal de tutela da vida humana diante do evidente desequilíbrio entre a resposta estatal – ou a ausência dela – e a envergadura do bem jurídico lesado[463].

Nesse contexto, conclui-se pela impossibilidade de qualquer benefício que implique barreira processual para o Estado deduzir a pretensão punitiva em juízo – como o acordo de não denunciar – ou em extinção do *jus puniendi* em razão de colaboração e, portanto, de conveniência probatória.

O raciocínio em destaque não inviabiliza a aplicação da ferramenta de colaboração em persecução de homicídio doloso

---

[462] As lições de Jesús-María Silva Sánchez estão contextualizadas em raciocínio voltado aos benefícios próprios da execução da pena orientados à ressocialização, mas podem ser reconduzidas para os prêmios em cena de colaboração processual, *mutatis mutandis*. SÁNCHEZ SILVA, Jesús-María. *Eficiência e direito penal*. Tradução de Maurício Antonio Ribeiro Lopes. Barueri: Manole, 2004, p. 46. Coleção Estudos de Direito Penal, v. 11.
[463] Segundo Antonio Carlos da Ponte, a "[...] atuação do Direito Penal justifica-se e legitima-se todas as vezes que a proteção ordenada pela Constituição Federal não puder ser alcançada de outra forma, a não ser a instituição de infrações penais e as correspondentes sanções penais, que devem ser proporcionais ao bem jurídico protegido". PONTE, Antonio Carlos da. *Crimes eleitorais*. 2. ed. São Paulo: Saraiva, 2016, p. 189.

desde que se barganhe com premiação diversa, notadamente a redução de pena de um a dois terços prevista na Lei n. 9.807/1999. A partir dessa perspectiva, além das infrações penais contra a vida rotuladas como hediondas pela Lei n. 8.072/1990[464], não podem ser agraciados por perdão em sentido amplo os colaboradores a quem se possa imputar a autoria ou a participação em homicídio doloso simples ou privilegiado, consumado ou tentado, ou ainda, em contexto de participação de menor importância.

Caso o Juiz se depare com um acordo de colaboração premiada que atribua imunidade ou perdão judicial ao envolvido em crime de assassinato, deverá indeferir o pedido de homologação ou devolver o termo às partes para procederem às adequações pertinentes em relação à premiação, nos termos do art. 4º, §8º, da Lei n. 12.850/2013.

Não há espaço para perdoar aquele que atenta contra a vida de outro ser humano, considerando-se a conduta mais repugnante, o homicídio doloso. Os efeitos do comportamento do autor são de reversão impossível, de modo que seu arrependimento não altera o quadro consumado. A leitura do texto legal não pode ser alheia à dor incontornável daqueles que perderam para sempre seus entes queridos pelas mãos de um assassino. Em suma, não se barganha impunidade com o sangue alheio[465].

Como lembrou Edilberto de Campos Trovão, existe uma ideia de proteção mútua que torna o Tribunal do Júri, na defesa da vida humana, uma instituição sólida e eficiente, como um grande pacto: quem quer que seja, se vítima de homicídio, seu algoz deverá

---

[464] BRASIL. Lei n. 8.072/1990. Art. 1º. São considerados hediondos os seguintes crimes, todos tipificados no Decreto-Lei n. 2.848, de 7 de dezembro de 1940 – Código Penal, consumados ou tentados: I – homicídio (art. 121), quando praticado em atividade típica de grupo de extermínio, ainda que cometido por um só agente, e homicídio qualificado (art. 121, §2º, I, II, III, IV, V, VI, VII e VIII); [...].

[465] "Matar alguém, isto é, seja quem for – eis a definição legal do homicídio. A vida é o único bem de recuperação impossível. Para defendê-la, do nascituro ao agonizante, ambulâncias preterem o movimento da cidade, limita-se a liberdade pessoal, interrompe-se a rota dos navios, impõem-se quarentenas e isolamentos, internam-se contagiosos, penetra-se no domicílio, interditam-se casas, obriga-se a vacina, prendem-se médicos e enfermeiras noites inteiras à cabeceira de enfermos. Para proteger a vida de quem matou, contra o justiçamento pela multidão, mobiliza-se a força. A lei pune as reações homicidas das mães desesperadas, das menores seduzidas, dos trabalhadores sem emprego, dos chefes de família despejados, do que não têm pão e remédio para os filhos. As paixões de honra e do bem, da verdade e da beleza não autorizam o crime. **Como privilegiar o matador impelido pelo despeito e pelo egoísmo?**" [grifo nosso]. LYRA, Roberto. *Como julgar, como defender, como acusar*. Rio de Janeiro: José Konfino, 1975, p. 89.

ser processado, julgado e condenado. Se eu for o ofendido, espero a mesma decisão do Tribunal Popular[466]. É preciso que o grande pacto seja cumprido, independentemente dos novos tempos e de qualquer cenário de eventual conveniência na obtenção da prova. Sob outra ótica, os atentados menos gravosos contra a vida humana, como o homicídio culposo, a participação em suicídio, o infanticídio e as várias formas de aborto[467], por não se submeterem à exigência constitucional de criminalização[468], devem ser reunidos em grupo de delitos em que o direito de punir possa ser transacionado com maior flexibilidade de acordo com as regras de justiça negocial, não existindo razão para que se pense de forma diferente no que concerne à colaboração premiada.

4.4 Oportunidade para a celebração de acordo de colaboração e sua respectiva homologação: questões de competência e discussões próprias do Júri

Não há limitação temporal para que se sinalize o interesse à colaboração premiada, iniciativa esta que, como visto, deve partir do candidato a colaborar devidamente assistido por advogado. Por esse

---

[466] TROVÃO, Edilberto de Campos. *Reflexões de um aprendiz de Promotor de Justiça no Tribunal do Júri*. 2. ed. Curitiba: JM, 2005, p. 49-50.

[467] Aníbal Bruno discorre sobre as razões da menor intensidade da proteção penal nos casos de aborto e de infanticídio: "[...] menor importância social da vida nesses períodos e no último caso aquela particular situação psíquica do agente justificam o tratamento privilegiado que o Código concede a essas espécies penais". BRUNO, Aníbal. *Direito penal – parte especial*. t. IV. Rio de Janeiro: Forense, 1966, p. 64. Também quanto à participação em suicídio, uma vez que "[...] o agente não destrói, mas põe em perigo a vida de outrem" (p. 134). Sobre a proteção da vida humana com relação às condutas de aborto, ver: FRIGGI, Márcio; PELLICCIARI, Natalia. Inconstitucionalidade da legalização do aborto no caso de feto com microcefalia. *Revista Jurídica da ESMP-SP*, v. 14, n. 2, p. 48-75, 2018.

[468] "No espectro dos delitos contra a vida, por exemplo, inserem-se, além do homicídio doloso, o homicídio culposo, o auxílio ao suicídio, o infanticídio e várias formas de aborto, com ou sem o consentimento da gestante. Daí indagamos: será que toda e qualquer forma de agressão à vida estaria submetida a uma exigência constitucional de penalização? Assim não nos parece. Afigura-se-nos que a proteção jurídico-penal revela-se constitucionalmente requerida apenas quando os atentados contra a vida revestirem de uma nota especial de gravidade (no que hão de ser dolosos, pelo menos), porquanto então estaríamos diante de uma lesão maior decorrente de um ataque mais violento". FELDENS, Luciano. *A Constituição penal*. Porto Alegre: Livraria do Advogado, 2005, p. 117-118.

ângulo, a deflagração do procedimento preparatório pode ocorrer em sede de investigação, após instalado o processo de conhecimento ou, ainda, em sede de execução penal, viabilizando, conforme o caso, a instauração de investigações ou o ajuizamento de ações penais em face dos delatados ou acerca de fatos até então desconhecidos.

No caso do Tribunal do Júri, em que pese a sua configuração específica a dividir a fase judicial em duas etapas distintas, não há qualquer incompatibilidade entre as regras do procedimento especial e as normas processuais estabelecidas na Lei n. 12.850/2013 no que diz respeito à oportunidade para celebrar a avença premial.

Instaurado o procedimento administrativo preparatório e se bem-sucedidas as tratativas, o termo de colaboração premiada, assinado pelas partes, acompanhado das declarações do colaborador e de cópia da investigação, será remetido para a análise do Magistrado competente para a homologação.

Caso não exista juízo prevento, os autos de colaboração premiada serão distribuídos livremente entre as Varas com atribuição para o processamento de feitos relacionados aos crimes dolosos contra a vida, cenário em que o ato de homologação, com evidente carga decisória declaratória, implicará em prevenção[469].

Se a proposta de colaboração for levantada no dia da sessão plenária e antes da sua instalação, poderá ser requerido o adiamento do julgamento para a instauração do procedimento e o início das tratativas. Caso a intenção de colaborar surja no decorrer da sessão de julgamento, ainda que inusitado, não há obstáculo para que o Juiz determine a dissolução do Conselho de Sentença, acolhendo pedido comum do Ministério Público e do advogado ou do defensor, de modo a viabilizar o início das negociações, caso o órgão acusador identifique razões de interesse público.

Urge pontuar, diante das particularidades do Tribunal do Júri, que o interesse público a ser vislumbrado pelo *Parquet* na colaboração proposta após encerrar-se a primeira fase do procedimento especial deve considerar que a decisão de pronúncia

---

[469] BRASIL. *Código de Processo Penal (1941)*. Art. 83. Verificar-se-á a competência por prevenção toda vez que, concorrendo dois ou mais juízes igualmente competentes ou com jurisdição cumulativa, um deles tiver antecedido aos outros na prática de algum ato do processo ou de medida a este relativa, ainda que anterior ao oferecimento da denúncia ou da queixa (arts. 70, §3º, 71, 72, §2º, e 78, II, c).

admite a acusação, de modo a julgar o caso em termos para a apreciação popular. O *standard probatório* exigível para a pronúncia é, por certo, menor que o esperado para o decreto condenatório, mas maior que o requerido para o recebimento da exordial ou a decretação de medidas cautelares[470]. Como aponta Aramis Nassif, a pronúncia apenas verifica a "[...] admissibilidade da pretensão acusatória, tal como feito quando do recebimento da denúncia, mas, e não é demasia dizer, trata-se de verdadeiro *re-recebimento* da denúncia, agora qualificada pela instrução judicializada"[471].

Nesse diapasão, se o candidato à colaboração pretende, por exemplo, delatar acusados já pronunciados nos exatos termos da pretensão punitiva deduzida pelo Ministério Público, maior rigor deve existir por parte do órgão acusador na avaliação do conteúdo probatório a ser oferecido pelo colaborador. A experiência mostra que, na maior parte dos casos, o imputado foi pronunciado com provas suficientes inclusive para a condenação[472].

Não há, portanto, qualquer dificuldade no processamento da colaboração premiada, nos exatos termos da lei processual de regência. Pontualmente, a lei de organização judiciária pode atribuir competência a órgãos jurisdicionais distintos para as diferentes fases da persecução penal dos crimes dolosos contra a vida, como nas hipóteses em que as Varas de Enfrentamento à Violência Doméstica são responsáveis pelos casos de feminicídio até o encerramento do *judicium accusationis* e a Vara do Júri para o seu encaminhamento a partir da preclusão da decisão de pronúncia. Nesse contexto, os autos de colaboração premiada deverão ser encaminhados ao juízo competente a depender da etapa processual, oportunidade em que o Juiz decidirá acerca da sua homologação.

---

[470] Sobre *standard probatório*, Sérgio Moro aponta que, para fins de condenação, "[...] o que verdadeiramente importa é que o conjunto probatório, quer formado por provas diretas ou indiretas, ou quer exclusivamente por provas diretas ou exclusivamente por provas indiretas, seja robusto o suficiente para alcançar o *standard* de prova próprio do processo penal, de que a responsabilidade criminal do acusado deve ser provada, na feliz fórmula anglo-saxã, acima de qualquer dúvida razoável". MORO, Sergio Fernando. *Crime de lavagem de dinheiro*. São Paulo: Saraiva, 2010, p. 88-89.

[471] NASSIF, Aramis. *O novo júri brasileiro*. Porto Alegre: Livraria do Advogado, 2008, p. 56.

[472] É pressuposto do acordo de colaboração premiada a utilidade e o **interesse público**, como dispõe o art. 3º-A, *caput*, da Lei n. 12.850/2013, ainda que dele seja indissociável, conforme aponta Sérgio Moro, algum juízo de discricionariedade da Polícia ou do Ministério Público. MORO, Sergio Fernando. *Crime de lavagem de dinheiro*. São Paulo: Saraiva, 2010, p. 110.

Se o feito estiver em grau de recurso, seja aquele sacado contra a decisão que encerrou a primeira fase do procedimento ou o interposto a título de impugnação da sentença de mérito construída em atenção ao veredicto do Conselho de Sentença, o manejo do termo de colaboração premiada deve ocorrer no respectivo Tribunal, para quem a causa foi devolvida, cenário em que o relator do recurso, monocraticamente, avaliará sobre sua homologação e a aplicação dos prêmios[473]. Possivelmente, será necessário suspender o processo e o prazo prescricional para aferir-se a eficácia objetiva da colaboração[474].

Outra particularidade do procedimento do Tribunal do Júri pode ter reflexo interessante no caso de colaboração premiada: quando houver impronúncia de acusado e, em face de posterior delação, descortinarem-se provas novas quanto à sua participação no crime contra a vida. A sentença de impronúncia possui natureza terminativa e não faz coisa julgada material. Nos termos das lições de André Nicolitt, essa sentença esgota a atividade processual naquele determinado processo, mas não implica afastamento definitivo da responsabilidade do imputado porquanto faz apenas coisa julgada formal[475]. No caso de se descobrirem provas novas, poderá ser ajuizada outra denúncia ou queixa, nos termos do art. 414, parágrafo único, do Código de Processo Penal[476].

Insta recordar que apenas a prova *substancialmente* nova pode ensejar a reabertura de processo criminal em face do réu impronunciado, ou seja, evidência apta a alterar o convencimento anteriormente formado sobre a inviabilidade do prosseguimento da persecução penal. A prova formalmente nova, isto é, conhecida,

---

[473] Nesse sentido: MASSON, Cleber; MARÇAL, Vinícius. *Crime organizado*. 2. ed. Rio de Janeiro: Forense; São Paulo: Método, 2016, p. 126.
[474] BRASIL. *Lei n. 12.850/2013*. Art. 4º, §3º. O prazo para oferecimento de denúncia ou o processo, relativos ao colaborador, poderá ser suspenso por até 6 (seis) meses, prorrogáveis por igual período, até que sejam cumpridas as medidas de colaboração, suspendendo-se o respectivo prazo prescricional.
[475] NICOLITT, André. *Manual de processo penal*. 3. ed. Rio de Janeiro: Elsevier, 2012, p. 280.
[476] BRASIL. *Código de Processo Penal (1941)*. Art. 414. Não se convencendo da materialidade do fato ou da existência de indícios suficientes de autoria ou de participação, o juiz, fundamentadamente, impronunciará o acusado. Parágrafo único. Enquanto não ocorrer a extinção da punibilidade, poderá ser formulada nova denúncia ou queixa se houver prova nova.

porém não postulada no momento adequado, não justifica a dedução de nova imputação[477].

Nesse cenário, caso o investigado ou o corréu tenha a iniciativa de colaborar e de delatar comparsa impronunciado, formalizado e homologado o respectivo acordo e confirmada a eficácia da sua contribuição, haverá a possibilidade de oferecimento de nova inicial. Outrossim, ao contrário dos demais casos de colaboração tardia em que deve haver distribuição livre de procedimento autônomo, observadas as regras gerais de competência, a contribuição a trazer elementos contra o acusado impronunciado implica oferecer nova denúncia em face do mesmo réu e sobre os mesmos fatos. Para usar uma expressão coloquial, a hipótese acarreta a "reabertura" da ação penal encerrada por falta de justa causa. Ao juízo responsável pela prolação da sentença de impronúncia deve ser encaminhado o termo de colaboração para homologação mesmo nos casos em que o delator já cumpre pena em razão de sentença condenatória transitada em julgado.

Ainda no que toca à colaboração tardia, especificamente aquela tirada depois da sentença condenatória transitada em julgado, é sabido que os prêmios estabelecidos na Lei n. 12.850/2013 para essa etapa se resumem à diminuição de pena e à progressão de regime independentemente do adimplemento dos requisitos legais objetivos. Adotando-se as diretrizes lançadas neste trabalho, abraça-se a perspectiva de que, sob o aspecto de direito penal, apenas os prêmios da Lei n. 9.807/1999 são aplicáveis aos crimes dolosos contra a vida, respeitadas ainda as limitações materiais já estudadas. Nessa ordem de ideias, torna-se inviável a colaboração em sede de execução penal por parte de condenado definitivo por crime de competência do Tribunal do Júri. Demais disso, conforme esclarece César Danilo Ribeiro de Novais, a concessão de redução de pena compete ao Conselho de Sentença de forma que resta impossível a diminuição posterior sem o crivo do Júri Popular[478].

---

[477] AVENA, Norberto. *Manual de processo penal*. 3. ed. Rio de Janeiro: Forense; São Paulo: Método, 2015, p. 514.
[478] NOVAIS, César Danilo Ribeiro de. *A defesa da vida no Tribunal do Júri*. 2. ed. Cuiabá: Carlini & Caniato Editorial, 2018, p. 167. Em adendo, esclareça-se que o autor admite apenas a progressão de regime para o colaborador condenado em definitivo por crime doloso contra a vida, adotando posição que aceita a incidência dos prêmios previstos na Lei n. 12.850/2013 para delitos desse jaez, diferentemente do que sustentamos neste estudo.

4.5 Ordem dos atos processuais e dos julgamentos em Plenário diante da regra prevista no art. 4º, §10-A, da Lei n. 12.850/2013

A regra do art. 4º, §10-A, da Lei n. 12.850/2013, traz desdobramentos no procedimento especial do Tribunal do Júri, não apenas no que diz respeito à ordem de inquirições e de alegações finais das partes na primeira etapa procedimental ou nas oitivas e interrogatórios consolidados em Plenário[479].

Como já discutido nesta pesquisa, a fonte inspiradora da norma em discussão foi o precedente levantado pelo Supremo Tribunal Federal no julgamento do *habeas corpus* n. 166.373/PR, ocasião em que o Pleno, por maioria de votos, concedeu a ordem para anular decisão de Juiz de primeiro grau e determinar o retorno dos autos à fase de alegações finais, pronunciando-se primeiro a acusação, depois o delator e, por fim, o delatado.

O fundamento constitucional da tese vencedora, identificado no voto do Ministro Alexandre de Moraes, é a violação ao princípio constitucional do contraditório ao se inverter a ordem lógica delator-delatado[480].

O contraditório, como ensina Antonio Scarance Fernandes, tem como elementos essenciais a necessidade de informação e a possibilidade de reagir, sem os quais não será pleno e efetivo. Acrescenta-se que as partes devem estar munidas de forças similares[481].

---

[479] Sobre a adequação dos procedimentos em razão da colaboração premiada, não especificamente quanto ao Tribunal do Júri. BORRI, Luiz Antonio; SOARES, Rafael Júnior. A readequação dos procedimentos processuais penais em face da colaboração premiada. *Boletim do IBCCrim*, São Paulo, ano 25, n. 296, p. 15-16, jul. 2017.

[480] BRASIL. *Supremo Tribunal Federal*. HC n. 166.373/PR. Inteiro teor do voto do Ministro Alexandre de Moraes. Disponível em: https://static.poder360.com.br/2019/09/voto-Alexandre-de-Moraes-julgamento-condenacoes-Lava-Jato. Acesso em: 21 nov. 2020. Segundo o Ministro Alexandre de Moraes, "[...] a relação DELATOR x DELATADO é de antagonismo, é de contradição, é de contraditório. Trata-se de situação diversa daquela tratada pelo Código de Processo Penal em relação aos corréus. O interesse do corréu é obter a absolvição [...]. A situação do delator é diversa. O delator não precisa, efetivamente, se defender, pois sua intenção, seu móvel é dar efetividade ao acordo [...]. SEUS INTERESSES SÃO ABSOLUTAMENTE OPOSTOS AO DO DELATADO".

[481] FERNANDES, Antonio Scarance. *Processo penal constitucional*. 7. ed. São Paulo: RT, 2012, p. 57.

É possível identificar-se cenário de colaboração premiada no Tribunal do Júri desde a situação mais simples, como delação do mandante pelo executor do homicídio, até cenários intrincados relacionados à ação de grupos de extermínio.

Independentemente disso, para atender ao comando legal em voga e o precedente bem fundamentado da Suprema Corte, o delator será sempre ouvido antes do delatado. Se se trata de colaborador-testemunha, deve ser auscultado no conjunto das oitivas das testemunhas indicadas pela acusação, se se cuida de colaborador-réu, deve ser o primeiro a ser interrogado, indistintamente, qualquer que seja a fase do procedimento especial.

As características especiais do Tribunal do Júri podem ainda dar ensejo a outros questionamentos acerca dessa temática. A complexidade do caso e, em especial, o número de acusados pode justificar a separação do processo por conveniência, nos termos do art. 80 do Código de Processo Penal[482]. Nessa hipótese, o julgamento do delator deve preceder ao do delatado, sob pena de inversão da ordem definida na disposição em referência.

Há também a possibilidade de cisão do julgamento nas situações indicadas no art. 469, §1º, do Código de Processo Penal [483] ou de diversos outros incidentes de processo, como o não comparecimento do advogado constituído pelo imputado ou a ausência de testemunha arrolada como imprescindível cujo paradeiro seja conhecido, desde que não seja possível a sua condução coercitiva[484].

Qualquer que seja o motivo do adiamento e se inviável a manutenção do julgamento conjunto, a separação deverá obedecer

---

[482] A título de curiosidade, no julgamento do Massacre do Carandiru, por causa do elevado número de réus, as sessões plenárias foram divididas na mesma ordem do número de pavimentos do pavilhão nove da Casa de Detenção, exclusivamente por conveniência do processo, na medida em que mais de setenta acusados foram julgados (autos n. 0338975-60.1996.8.26.0001 do II Tribunal do Júri da Capital/SP).

[483] BRASIL. *Código de Processo Penal (1941)*. Art. 469, §1º. A separação dos julgamentos somente ocorrerá se, em razão das recusas, não for obtido o número mínimo de 7 (sete) jurados para compor o Conselho de Sentença.

[484] BRASIL. *Código de Processo Penal (1941)*. Art. 461. O julgamento não será adiado se a testemunha deixar de comparecer, salvo se uma das partes tiver requerido a sua intimação por mandado, na oportunidade de que trata o art. 422 deste Código, declarando não prescindir do depoimento e indicando a sua localização. §1º Se, intimada, a testemunha não comparecer, o juiz presidente suspenderá os trabalhos e mandará conduzi-la ou adiará o julgamento para o primeiro dia desimpedido, ordenando a sua condução.

a ordem indicada nos arts. 469, §2º[485], e 429[486], ambos do Código de Processo Penal. Entrementes, na hipótese de existir colaborador, a ordem de julgamentos deve considerar a regra da lei especial, de maneira a se garantir o contraditório com o julgamento do delator – e consequente interrogatório e manifestação técnica do defensor – antes do delatado. Não há motivos para que o Juiz organize a pauta de julgamentos da reunião periódica, em caso de sessões plenárias distintas para o colaborador e o delatado, descurando-se do disposto no art. 4º, §10-A, da Lei n. 12.850/2013, o qual, por ser específico, deve prevalecer à ordem geral estabelecida pelo Código de Processo Penal.

Por último, devem ser adaptadas as regras de ordenação das recusas imotivadas e dos debates. Ao se apoiar na lógica inversa deduzida no Código de Processo Penal, conclui-se que, se delator e delatado forem submetidos a julgamento na mesma sessão plenária, a defesa do delatado deve se manifestar sobre a recusa do jurado sorteado antes do advogado do delator e, na sequência, procederá a avaliação de recusa o Membro do Ministério Público, de maneira a concatenar-se a disposição do art. 468, *caput*, do Estatuto Processual Penal[487], única hipótese do sistema processual penal brasileiro em que a defesa se manifesta antes da acusação.

Na mesma linha de raciocínio, por ocasião dos debates, o Juiz deverá franquear a palavra ao Ministério Público e, se presente, ao assistente de acusação, os quais deverão acordar acerca da divisão do tempo para a peroração. No espaço destinado à defesa, primeiro deverá se manifestar o advogado do delator e, na sequência, o defensor do delatado. Se houver mais de um delatado, cabe a eles decidirem, por estratégia defensiva, qual a ordem das manifestações.

---

[485] BRASIL. *Código de Processo Penal (1941)*. Art. 469, §2º. Determinada a separação dos julgamentos, será julgado em primeiro lugar o acusado a quem foi atribuída a autoria do fato ou, em caso de coautoria, aplicar-se-á o critério de preferência disposto no art. 429 deste Código.

[486] BRASIL. *Código de Processo Penal (1941)*. Art. 429. Salvo motivo relevante que autorize alteração na ordem dos julgamentos, terão preferência: I – Os acusados presos; II – Dentre os acusados presos, aqueles que estiverem há mais tempo na prisão; III – Em igualdade de condições, os precedentemente pronunciados.

[487] BRASIL. *Código de Processo Penal (1941)*. Art. 468. À medida que as cédulas forem sendo retiradas da urna, o juiz presidente as lerá, e a defesa e, depois dela, o Ministério Público poderão recusar os jurados sorteados, até 3 (três) cada parte, sem motivar a recusa.

A mesma linha de raciocínio é aplicável se for exercido o direito de réplica pela acusação, abrindo-se espaço para a tréplica dos advogados do delator e do delatado[488].

De lado a clareza do texto legal e do precedente que lhe serviu de fonte, sob olhar crítico também é possível concluir que o cuidado na ordem dos atos processuais efetivamente decorre da postura processual do delator ao imputar responsabilidades à terceira pessoa em troca do prêmio estabelecido no acordo. Por certo, sua posição material não o coloca no papel de acusador oficial, mas substancialmente justifica o ordenação lógico-argumentativa própria da dialética do processo criminal, assentando-se a palavra do delator antes da posição do delatado, de modo a conferir a ele a possibilidade, ao se contrapor ao colaborador em exercício do seu direito de defesa, de perscrutar o conjunto completo de evidências e de argumentos em seu desfavor.

4.6 Competência do Juiz Presidente[489]: a homologação do acordo e as limitações à atividade jurisdicional ambientadas ao procedimento especial

Assim como ocorre nos demais órgãos jurisdicionais colegiados, não há razão para duvidar que a competência para a homologação do acordo de colaboração premiada é do Juiz Presidente do Tribunal do Júri e não do Conselho de Sentença.

---

[488] BRASIL. *Código de Processo Penal (1941)*. Art. 476. Encerrada a instrução, será concedida a palavra ao Ministério Público, que fará a acusação, nos limites da pronúncia ou das decisões posteriores que julgaram admissível a acusação, sustentando, se for o caso, a existência de circunstância agravante. §1º O assistente falará depois do Ministério Público. §2º. Tratando-se de ação penal de iniciativa privada, falará em primeiro lugar o querelante e, em seguida, o Ministério Público, salvo se este houver retomado a titularidade da ação, na forma do art. 29 deste Código. §3º. Finda a acusação, terá a palavra a defesa. §4º. A acusação poderá replicar e a defesa treplicar, sendo admitida a reinquirição de testemunha já ouvida em Plenário.

[489] Para fins pragmáticos, será usada a terminologia Juiz Presidente para designar o magistrado que oficia perante a Vara do Júri, independentemente da fase do procedimento, em que pese se tratar de nomenclatura apropriada para designar o Juiz que efetivamente preside a sessão de julgamento, diante do que dispõe o art. 447 do Código de Processo Penal, a seguir reproduzido.

Nos termos do art. 447 do Código de Processo Penal, o Tribunal do Júri é composto por um Juiz Togado, o qual exerce a sua presidência, e por 25 jurados dos quais 7 serão sorteados para compor o Conselho[490]. Se assim o é, como define Guilherme de Souza Nucci, trata-se de "[...] um órgão colegiado formado, como regra, por vinte e seis pessoas"[491].

Como regra, verdadeiramente, porque não há qualquer impedimento para que o Juiz Presidente, atento às particularidades dos processos que serão submetidos a julgamento nas sessões designadas para a reunião periódica, determine o sorteio de mais de 25 jurados para garantir o quórum mínimo[492] para instalar a sessão ou viabilizar a presença de número suficiente de jurados para compor o Conselho de Sentença após o ciclo de recusas[493].

Conforme estudado no capítulo 3, seções 3.9.3 e 3.9.5, é cediço em jurisprudência e doutrina que a homologação de acordo de colaboração premiada, em casos de competência originária de Tribunais, é do Desembargador ou do Ministro-Relator, a quem incumbe a decisão monocraticamente, relegando-se o exame de eficácia da colaboração ao momento do julgamento de mérito pelo colegiado.

Com efeito, a conclusão é totalmente pertinente, na medida em que a decisão de homologar tem cunho declaratório da presença dos pressupostos exigidos pela lei e, por não envolver qualquer

---

[490] BRASIL. *Código de Processo Penal (1941)*. Art. 447. O Tribunal do Júri é composto por 1 (um) juiz togado, seu presidente e por 25 (vinte e cinco) jurados que serão sorteados dentre os alistados, 7 (sete) dos quais constituirão o Conselho de Sentença em cada sessão de julgamento.

[491] NUCCI, Guilherme de Souza. *Tribunal do Júri*. São Paulo: RT, 2008, p. 117.

[492] BRASIL. *Código de Processo Penal (1941)*. Art. 463. Comparecendo, pelo menos, 15 (quinze) jurados, o juiz presidente declarará instalados os trabalhos, anunciando o processo que será submetido a julgamento.

[493] Como exemplo, no julgamento do Massacre do Carandiru, que contava com mais de vinte réus em cada sessão plenária, optou-se pelo sorteio e convocação de cem jurados para cada sessão para viabilizar a realização dos trabalhos. Vale lembrar que cada acusado é parte e, portanto, cada um tem direito a três recusas imotivadas (REsp. 154.051). Vinte imputados poderiam recusar até sessenta jurados sem qualquer justificativa, inviabilizando a instalação da sessão de julgamento na data aprazada se convocados apenas os vinte e cinco indicados pela lei (autos n. 0338975-60.1996.8.26.0001 do II Tribunal do Júri da Capital/SP). Outra hipótese: em tempos de pandemia, os Juízes Presidentes das Varas do Tribunal do Júri de São Paulo têm tido o cuidado de determinar o sorteio de um número maior de jurados, na medida em que, em razão da referida condição excepcional, é de se esperar que haja queda expressiva no comparecimento dos convocados.

avaliação das palavras do colaborador ou do mérito da demanda penal, não há razão para exigir-se a remessa do procedimento para a decisão do pleno[494].

Desta forma, assim como ocorre nos casos de processos de internalização de sentença estrangeira[495], a homologação do acordo de colaboração premiada apenas lhe concede *exequatur*, de modo que possam surtir os efeitos próprios disciplinados pela legislação.

Na medida em que a lei processual de colaboração premiada não disciplina a competência para a homologação do acordo em órgãos colegiados e não faz absolutamente qualquer referência ao procedimento do Tribunal do Júri, a lacuna pode ser solucionada por analogia às regras próprias de competência para questões da mesma natureza, as quais conferem a atribuição ao Presidente do respectivo Tribunal ou ao Relator do recurso ou da ação originária para decisões de natureza semelhante[496].

O Tribunal do Júri também se afigura como órgão jurisdicional colegiado com competência constitucional própria, motivo pelo qual não se vislumbra qualquer razão próxima ou remota para afastar o raciocínio há pouco encampado no sentido de se reconhecer que a decisão homologatória é monocrática, *in casu*, do Juiz Presidente do Tribunal Popular.

O cenário é ainda mais evidente quando o acordo é distribuído para homologação ainda na fase de investigação ou na primeira fase do rito escalonado, cenários em que a acusação ainda não foi

---

[494] BRASIL. *Supremo Tribunal Federal*. HC n. 127.483/PR, Rel. Min. Dias Toffoli, DJe 25-08-2015. Inteiro teor do acórdão. Disponível em: http://redir.stf.jus.br/paginadorpub/paginador.jsp?docTP=TP&docID=10199666. Acesso em: 21 nov. 2020. Em outros termos, "[...] esse provimento interlocutório, que não julga o mérito da pretensão acusatória, mas sim resolve uma questão incidente, tem natureza meramente homologatória, limitando-se a se pronunciar sobre a "regularidade, legalidade e voluntariedade do acordo (art. 4º, §7º, da Lei n. 12.850/13). [...] A homologação judicial constitui simples fator de atribuição de eficácia do acordo de colaboração. Sem essa homologação, o acordo, embora possa existir e ser válido, não será eficaz, ou seja, não se produzirão os seus efeitos jurídicos diretamente visados pelas partes".

[495] BRASIL. *Código de Processo Civil (2015)*. Arts. 960 a 964; Regimento Interno do Superior Tribunal de Justiça, arts. 216-O a 216-X.

[496] "Os fatos de igual natureza devem ser regulados de modo idêntico. *Ubi eadem legis ratio, ibi eadem legis dispositio*; onde se depare razão igual à lei, ali prevalece a disposição correspondente, da norma referida: era o conceito básico da analogia em Roma. O uso da mesma justifica-se, ainda hoje, porque atribui à hipótese nova os mesmos motivos e o mesmo fim do caso contemplado pela norma existente". MAXIMILIANO, Carlos. *Hermenêutica e aplicação do direito*. 18. ed. Rio de Janeiro: Forense, 1999, p. 209.

admitida para julgamento pelo Júri. Contudo, não há alteração no raciocínio indicado ainda que o termo de acordo seja distribuído após o encerramento do *judicium accusationis*, estando os autos do processo correlato em condições de ser pautado e julgado pelo colegiado leigo, a partir das reflexões há pouco sustentadas. Em acréscimo, convém lembrar que as questões incidentes ou puramente jurídicas, por expressa disposição legal[497], são atribuições do Juiz Togado, de modo que se reforça a conclusão no sentido de que a decisão de conteúdo meramente declaratório que homologa o acordo de colaboração premiada é mesmo de competência do magistrado técnico.

Assim como ocorre em relação aos crimes de competência do juízo comum, os casos submetidos à apreciação do Tribunal do Júri sujeitos aos efeitos de um acordo de colaboração premiada encerram limitações à atividade jurisdicional estabelecidas na lei processual de regência. Com efeito, foram debatidas na seção 3.9.8 as limitações legais à função jurisdicional, às quais devem ser igualmente aplicadas ao rito especial do Júri Popular.

Em adição, importa discutir as anotadas restrições considerando as características específicas do procedimento, notadamente a sua divisão em duas etapas e a necessidade de segunda chancela ao juízo de admissibilidade da acusação, tratada no sistema processual penal como decisão de pronúncia[498].

Para que o Juiz possa prolatar a decisão de pronúncia, nos termos do art. 413, *caput*, do Código de Processo Penal[499], deverá se convencer, fundamentalmente, acerca da existência de indícios suficientes de autoria e de prova da existência material

---

[497] BRASIL. *Código de Processo Penal (1941)*. Art. 497. São atribuições do juiz presidente do Tribunal do Júri, além de outras expressamente referidas neste Código: [...] IV – resolver as questões incidentes que não dependam de pronunciamento do júri; [...] X – resolver as questões de direito suscitadas no curso do julgamento; [...].

[498] DEMERCIAN, Pedro Henrique; MALULY, Jorge Assaf. *Curso de processo penal*. 8. ed. São Paulo: Atlas, 2012, p. 516. Nas palavras de Pedro Henrique Demercian e de Jorge Assaf Maluly, a pronúncia apenas admite "[...] a acusação ou a procedência do *jus accusationis*. Não haverá, nessa oportunidade, decisão condenando ou absolvendo. Trata-se de decisão de caráter meramente processual, passível de reforma por meio de recurso em sentido estrito (art. 581, IV, do CPP)".

[499] BRASIL. *Código de Processo Penal (1941)*. Art. 413. O juiz, fundamentadamente, pronunciará o acusado, se convencido da materialidade do fato e da existência de indícios suficientes de autoria ou de participação.

da infração penal, atentando-se para que a motivação do decisório não influencie posterior deliberação do Colegiado Leigo, sob pena de nulidade[500]. Na medida em que o sistema processual penal se refere às mesmas expressões em diversas outras situações, como para decretar medidas cautelares, é preciso compreender o alcance dos indícios de autoria e da prova da materialidade exigíveis para a pronúncia.

Por certo, o *standard probatório* para admitir a acusação para julgamento pelo Tribunal do Júri encerra solidez de prova para além do esperado para o recebimento da denúncia ou decretação de prisão preventiva. Há de se concluir pela existência de elementos de convicção crivados sob o contraditório que ao menos não contrariem o que amealhado em sede inquisitiva, sob pena de se esvaziar a pronúncia, tornando-a mero desdobramento automático do recebimento da inicial.

Entretanto, não é correta a compreensão de que a pronúncia não pode se fundar exclusivamente em prova obtida na etapa administrativa, como já decidiu o Superior Tribunal de Justiça[501]. Por certo, a atual redação do art. 155, *caput*, do Código de Processo Penal[502], conferida pela Lei n. 11.690/2008, não altera a possibilidade de se fundamentar pronúncia em peças informativas do inquérito policial porque, como visto, trata-se de decisório que não encerra definição de mérito, como se posicionou por diversas vezes o

---

[500] "Na fundamentação da pronúncia deve o juiz usar de prudência, evitando manifestação própria quanto ao mérito da acusação. Cumpre-lhe abster-se de refutar, a qualquer pretexto, as teses da defesa, contra-argumentando com dados do processo, nem mesmo para acolher circunstâncias elementares do crime". MARREY, Adriano; FRANCO, Alberto Silva; STOCO, Rui. *Teoria e prática do Júri*. 6. ed. São Paulo: RT, 1997, p. 222.

[501] "Inicialmente, convém assinalar que não se descura que há no âmbito do Superior Tribunal de Justiça julgados no sentido de admitir a pronúncia do acusado com base em indícios derivados do inquérito policial, sem que isso represente afronta ao art. 155 do CPP: AgRg no AREsp 978.285/SP, Rel. Min. Reynaldo Soares da Fonseca, Quinta Turma, j. 13-06-2017, DJe 21-06-2017; e HC 435.977/RS, Rel. Min. Felix Fischer, Quinta Turma, j. 15-5-2018, DJe 24-5-2018. No caso dos autos, porém, o Tribunal local manteve a decisão que despronunciou o réu tendo em vista ser a prova dos autos um único depoimento extrajudicial, o qual não foi confirmado na fase processual, e a confissão qualificada em juízo do corréu. Desse modo, nota-se a ausência de indícios de autoria delitiva (art. 413 do CPP) submetidos ao devido processo legal". Informativo n. 638 do STJ.

[502] BRASIL. *Código de Processo Penal*. Art. 155. O juiz formará sua convicção pela livre apreciação da prova produzida em contraditório judicial, não podendo fundamentar sua decisão exclusivamente nos elementos informativos colhidos na investigação, ressalvadas as provas cautelares, não repetíveis e antecipadas.

Pretório Excelso[503]. Nesse diapasão, por não definir o deslinde da demanda penal e desde que a prova inquisitiva não seja contrariada pelo caderno probatório colhido em solo judicial, parece prematuro alijar o Juiz competente do julgamento final. Caberá às partes, com ampla liberdade de argumentação e respeitadas as regras dos debates, perante o Conselho de Sentença, justificar ou não a consistência probatória para efeitos de posicionamento efetivamente de mérito.

Comente-se, também por oportuno, que as qualificadoras e as infrações penais conexas ao crime doloso contra a vida só podem ser afastadas por ocasião da pronúncia se foram totalmente improcedentes ou, em outras palavras, "[...] quando houver absoluta falta de justa causa"[504]. Com a pronúncia do delito prevalente, o Juiz técnico perde a competência para apreciar o conexo[505].

---

[503] BRASIL. *Supremo Tribunal Federal*. HC 112626 MC/SP. São Paulo. "Medida Cautelar no Habeas Corpus. Rel. Min. Ricardo Lewandowski, j. 14-03-2012. Processo Eletrônico. DJe-055, Divulg 15-03-2012, Public 16-03-2012. Partes. PACTE.(S): FLAVIO LUIZ REZENDE LOPES. IMPTE. (S): DEFENSORIA PÚBLICA DO ESTADO DE SÃO PAULO. PROC. (A/S) (ES): DEFENSOR PÚBLICO-GERAL DO ESTADO DE SÃO PAULO COATOR (A/S) (ES): SUPERIOR TRIBUNAL DE JUSTIÇA. Decisão: Trata-se de habeas corpus, com pedido de medida liminar, impetrado pela Defensoria Pública do Estado de São Paulo, em favor de FLAVIO LUIZ REZENDE LOPES, contra acórdão da Quinta Turma do Superior Tribunal de Justiça, que denegou a ordem pleiteada no HC 113.754/SP, Rel. Min. Adilson Vieira Macabu (Desembargador convocado do TJ/RJ). A impetrante narra, de início, que o paciente foi denunciado, com outra pessoa, pela suposta prática dos crimes de homicídio duplamente qualificado (art. 121, I e IV, do CP). Relata ainda que, após a formação da culpa, o paciente foi impronunciado pela Magistrada do Juízo do I Tribunal do Júri de São Paulo, que entendeu não serem suficientes as provas colhidas exclusivamente na fase inquisitorial, para a submissão do réu ao júri popular. Inconformado, o *Parquet* estadual interpôs recurso em sentido estrito no Tribunal de Justiça do Estado de São Paulo, que deu parcial provimento ao recurso, submetendo o paciente ao Tribunal do Júri. Consta dos autos ainda que, buscando o restabelecimento da sentença de impronúncia, a defesa impetrou habeas corpus no Superior Tribunal de Justiça, que denegou a ordem, em acórdão assim ementado: 'HABEAS CORPUS. HOMICÍDIO QUALIFICADO. DECISÃO DE PRONÚNCIA FUNDAMENTADA EM PROVAS COLHIDAS NO INQUÉRITO POLICIAL. POSSIBILIDADE. 1. **O juízo de pronúncia limita-se à admissibilidade do fato delituoso, sem manifesta procedência da pretensão punitiva, cuja competência constitucional é conferida ao Tribunal do Júri. 2. Diante disso, é possível a pronúncia ser fundamentada em provas colhidas na fase inquisitorial.** 3. Ordem denegada'. Publique-se. Brasília, 14 de março de 2012. Ministro RICARDO LEWANDOWSKI" [grifo nosso].

[504] DEMERCIAN, Pedro Henrique; MALULY, Jorge Assaf. *Curso de processo penal*. 8. ed. São Paulo: Atlas, 2012, p. 519.

[505] DEMERCIAN, Pedro Henrique; MALULY, Jorge Assaf. *Curso de processo penal*. 8. ed. São Paulo: Atlas, 2012, p. 520.

Estabelecidas as referências mais relevantes para a exata compreensão da decisão de pronúncia, urge comentar acerca das limitações impostas ao Juiz em cenários de colaboração premiada. Antes da Lei n. 13.964/2019, debateu-se nos Tribunais a possibilidade de se alicerçar decisões interlocutórias com base exclusivamente nas palavras do colaborador diante da lacuna da redação original da Lei n. 12.850/2013. Decidiu-se, em consonância à crítica da doutrina, que decisões que importem em restrições à propriedade e à liberdade individual não poderiam ser embasadas apenas nas declarações do colaborador, ainda que em cenário, como já estudado, de colaborações recíprocas cruzadas.

O posicionamento encampado pela jurisprudência inspirou a reforma encaminhada pelo Pacote Anticrime que expressamente vedou a decretação de medidas cautelares ou o recebimento da inicial embasado apenas nas palavras do colaborador, ampliando o óbice original que se restringia à prolação de sentença condenatória nessas mesmas condições.

Em que pese a absoluta omissão do legislador no que concerne à compatibilização das anotadas restrições ao procedimento do Tribunal do Júri e, sem descurar que se tratam de regras de direito excepcional, as quais, em princípio, não devem ser interpretadas extensivamente[506], é lógica a conclusão de que a pronúncia também não pode se lastrear exclusivamente nas declarações do colaborador, as quais, como é próprio do sistema jurídico da colaboração processual, devem ser corroboradas por outras evidências.

Com efeito, a partir do momento em que a legislação expressamente proibiu o próprio recebimento da exordial calcado apenas nas palavras do colaborador, encerrou-se qualquer perspectiva de se aceitar a pronúncia fundamentada nessas condições. Conforme discutido linhas atrás, a pronúncia, assim como o recebimento da denúncia ou da queixa, contém apenas um juízo de admissibilidade da acusação, exigindo-se para alicerçá-la ao menos que a prova inquisitiva não seja contrariada pelos elementos de convicção obtidos sob a umbela do contraditório. Assim, se a lei veda

---

[506] *Exceptiones sunt strictissimæ interpretationis* ("interpretam-se as exceções estritissimamente"). MAXIMILIANO, Carlos. *Hermenêutica e aplicação do direito*. 18. ed. Rio de Janeiro: Forense, 1999, p. 225.

a mencionada fundamentação para decisão que exige menor carga de provas, com mais razão a pronúncia deve também demandar que as declarações do colaborador necessariamente só serão fundamento se robustecidas por outros elementos de convicção.

Em resumo, o princípio da *corroborative evidence* não sofre qualquer alteração na dinâmica do rito especial, o qual deve ser interpretado à luz das referências próprias do sistema de colaboração processual.

4.7 Competência do Conselho de Sentença: decisão acerca da eficácia da colaboração e seus desdobramentos no questionamento aos jurados

A partir das bases constitucionais do Tribunal do Júri, sintetizadas no capítulo 4.1, desenvolve-se o tema proposto nessa seção atrelando-o essencialmente à competência mínima para o julgamento dos crimes dolosos contra a vida e à soberania da decisão tomada pelo Conselho de Sentença.

O Júri brasileiro foi construído com inspiração especialmente no modelo francês, em que os Juízes votam quesitos sobre o fato principal e suas circunstâncias para chegarem a um *veredictum*. A partir da reforma de 2008, o modelo de Tribunal do Júri no país incorporou anglicismo ao tornar obrigatório o quesito absolutório genérico. A pergunta em questão, para além de abarcar possíveis teses de defesa, como a existência de justificativas ou de dirimentes – ajuste interessante no que diz respeito à simplificação do questionário –, inovou no sentido de se impor a pergunta sobre a absolvição ainda que a única tese defensiva se reporte aos quesitos anteriores, como a negativa da existência do fato, do nexo causal ou da própria autoria.

Grande equívoco, sem dúvida. Obrigar o jurado a responder se absolve o réu, em quesito propositivo e indutor de resposta[507],

---

[507] Nesse sentido estão as ponderações de Edilson Mougenot Bonfim, ao sinalizar: "[...] o modelo brasileiro é indutor de resposta, se não absolutória, ao menos equívoca, na medida em que os jurados deverão responder negativamente ao quesito proposto positivamente (o réu deve ser absolvido?)". BONFIM, Edilson Mougenot. *Júri*: do inquérito ao Plenário. 4. ed. São Paulo: Saraiva, 2012, p. 317.

na forma como estampado no art. 483, §2º, do Código de Processo Penal[508], mesmo nas hipóteses em que as teses da defesa técnica e de autodefesa se esgotem nos dois questionamentos anteriores, não tem qualquer sentido lógico. Abre-se a porta para a impunidade gratuita, para absolvições por mera clemência e sem respaldo algum no acervo probatório, enfraquecendo-se a defesa da vida humana, sem que se encontre contraponto razoável para tanto.

De lado a crítica mencionada, consolidou-se a posição acerca da obrigatoriedade da aludida pergunta absolutória, independentemente do caso concreto em julgamento e das discussões específicas de mérito.

De volta ao ponto central, o objeto do questionário é a matéria de fato, além da pergunta absolutória genérica já debatida, nos termos do art. 482, *caput*, do Estatuto Processual Penal[509]. Essa a competência do Conselho de Sentença: decidir sobre a matéria de fato na sua inteireza e concluir acerca da existência ou não de responsabilidade do acusado.

A fonte do questionário, estabelecida no parágrafo único do art. 482[510], é a decisão de pronúncia ou o eventual acórdão nesse sentido, bem como as palavras do imputado consignadas em interrogatório e as alegações das partes nos debates. O Ministério Público, o assistente de acusação ou o querelante, de um lado, estão adstritos aos limites da acusação enquadrada na decisão que a admitiu, ao passo que o defensor tem ampla liberdade de argumentação, em ambiente de plena defesa.

A discussão central nessa seção está conectada à eventual necessidade de indagação aos jurados acerca da eficácia objetiva da colaboração. Se ao Juiz Presidente, como visto, é atribuída a competência de decidir acerca da homologação do acordo de

---

[508] BRASIL. *Código de Processo Penal (1941)*. Art. 483, §2º. Respondidos afirmativamente por mais de 3 (três) jurados os quesitos relativos aos incisos I e II do *caput* deste artigo será formulado quesito com a seguinte redação: O jurado absolve o acusado?

[509] BRASIL. *Código de Processo Penal (1941)*. Art. 482. O Conselho de Sentença será questionado sobre matéria de fato e se o acusado deve ser absolvido.

[510] BRASIL. *Código de Processo Penal (1941)*. Art. 482. Parágrafo único. Os quesitos serão redigidos em proposições afirmativas, simples e distintas, de modo que cada um deles possa ser respondido com suficiente clareza e necessária precisão. Na sua elaboração, o presidente levará em conta os termos da pronúncia ou das decisões posteriores que julgaram admissível a acusação, do interrogatório e das alegações das partes.

colaboração premiada, cabe nesse ponto ponderar acerca da atribuição de decidir, sob perspectiva de fundo, se o colaborador faz jus à premiação combinada, a qual, como cediço, está condicionada ao reconhecimento da eficácia da sua ajuda na busca da contrapartida probatória consignada no termo correlato.

A matéria de fato a que se refere o Código de Processo Penal pode levar à interpretação no sentido de que os jurados devem decidir apenas acerca do *fato principal*, ou seja, da existência de fato típico, da pertinência de eventual causa de justificação ou de dirimentes e das circunstâncias do crime, como eventuais qualificadoras, causas de aumento ou de diminuição de pena. O próprio rol de quesitos expresso no art. 483 do Estatuto Processual Criminal[511] pode levar a essa conclusão. No entanto, é sabido que o questionário alinhavado na lei não esgota as possibilidades de mérito a serem deliberadas pelo Conselho de Sentença, incluindo-se, nesse aspecto, a decisão a respeito da eficácia da colaboração.

Vale lembrar que a colaboração premiada, na forma como desenhada sob a ótica processual na legislação de regência, é negócio jurídico meio para obtenção de prova cuja iniciativa é atribuída, formalmente, ao investigado ou ao imputado acompanhado pelo seu defensor. Nesse sentido, o reconhecimento do auxílio prestado pelo colaborador é matéria de interesse primário da defesa, frisando-se,

---

[511] BRASIL. *Código de Processo Penal (1941)*. Art. 483. Os quesitos serão formulados na seguinte ordem, indagando sobre: I – a materialidade do fato; II – a autoria ou participação; III – se o acusado deve ser absolvido; IV – se existe causa de diminuição de pena alegada pela defesa; V – se existe circunstância qualificadora ou causa de aumento de pena reconhecidas na pronúncia ou em decisões posteriores que julgaram admissível a acusação. §1º A resposta negativa, de mais de 3 (três) jurados, a qualquer dos quesitos referidos nos incisos I e II do *caput* deste artigo encerra a votação e implica a absolvição do acusado. §2º Respondidos afirmativamente por mais de 3 (três) jurados os quesitos relativos aos incisos I e II do *caput* deste artigo será formulado quesito com a seguinte redação: O jurado absolve o acusado? §3º Decidindo os jurados pela condenação, o julgamento prossegue, devendo ser formulados quesitos sobre: I – causa de diminuição de pena alegada pela defesa; II – circunstância qualificadora ou causa de aumento de pena, reconhecidas na pronúncia ou em decisões posteriores que julgaram admissível a acusação. §4º Sustentada a desclassificação da infração para outra de competência do juiz singular, será formulado quesito a respeito, para ser respondido após o 2º (segundo) ou 3º (terceiro) quesito, conforme o caso. §5º Sustentada a tese de ocorrência do crime na sua forma tentada ou havendo divergência sobre a tipificação do delito, sendo este da competência do Tribunal do Júri, o juiz formulará quesito acerca destas questões, para ser respondido após o segundo quesito. §6º Havendo mais de um crime ou mais de um acusado, os quesitos serão formulados em séries distintas.

por certo, que nem por isso o órgão acusador deve deixar de adimplir com a sua palavra e romper, por consequência, o *pacta sunt servanda*. Ministério Público e defensor, nesse ponto, se cumpridas as condições do acordo na integralidade, devem postular, em tese comum, o reconhecimento da eficácia da colaboração, cenário que não retira o conteúdo próprio de verdadeira tese de interesse precípuo do colaborador – e do seu defensor – a sustentar em Juízo o reconhecimento do adimplemento da avença.

Diante desse cenário, impossível negar que a eficácia da colaboração é efetivamente *matéria de fato* cujo reconhecimento refletirá diretamente na extensão do direito de punir do Estado. Com Eduardo Espínola Filho, aponta-se que o questionário deve albergar "[...] o fato principal, as circunstâncias que o integram ou o modificam, as que podem excluir a respectiva criminalidade, ou a punibilidade ou a responsabilidade do réu, cuja situação se examina, as que exasperam ou diminuem a responsabilidade"[512].

Nota-se claramente que a discussão sobre a matéria de fato extrapola os limites do fato típico e das circunstâncias, alcançando outras situações em que o *jus puniendi* é extinto ou modificado.

Por certo, adotadas as diretrizes lançadas neste trabalho, o prêmio passível de barganha nas hipóteses de homicídio doloso, com qualquer contorno, restringe-se à causa de diminuição de pena, situação que é referida como de questionamento obrigatório no art. 483, IV, do Código de Processo Penal.

Entretanto, as formas menos gravosas de crimes contra a vida, especificamente a participação em suicídio, o infanticídio e o aborto podem admitir colaboração premiada sujeita a perdão judicial, se atendidos os pressupostos da Lei n. 9.807/1999.

Nesse ponto, de rigor lembrar que as causas de extinção de punibilidade, como expresso no art. 497, IX, do Estatuto Processual Penal[513], devem ser decididas de ofício e o eventual reconhecimento é de competência do Juiz Presidente.

---

[512] ESPÍNOLA FILHO, Eduardo. *Código de Processo Penal brasileiro anotado*. v. IV. 4. ed. Rio de Janeiro: Borsi, 1954, p. 493-494.

[513] BRASIL. *Código de Processo Penal (1941)*. Art. 497. São atribuições do juiz presidente do Tribunal do Júri, além de outras expressamente referidas neste Código: IX – decidir, de ofício, ouvidos o Ministério Público e a defesa, ou a requerimento de qualquer destes, a arguição de extinção de punibilidade; [...].

De qualquer modo, o perdão judicial, embora se trate de causa de extinção do direito de punir, tem desdobramentos distintos nas hipóteses em que é contemplado em um acordo de colaboração premiada. Fora dele, trata-se de situação que decorre diretamente da lei a ser identificada pelo Juiz quando da prolação da sentença de mérito. Inserida em ajuste de colaboração, está sujeita à condição suspensiva de reconhecimento da sua eficácia. Portanto, não é a natureza do prêmio o balizador adequado para se inferir a obrigatoriedade de se submeter o acordo à apreciação dos jurados, mas o pressuposto para a sua incidência, exatamente o exame de eficácia objetiva. O reconhecimento da aludida eficácia encerra *matéria de fato* a ser decidida pelo Conselho de Sentença, qualquer que seja o benefício acordado entre a acusação e o réu com o seu defensor, lembrando-se que os argumentos levantados em debate pelas partes são fonte do questionário.

Como se nota, ao lado dos quesitos obrigatórios estabelecidos na legislação, existem situações não previstas expressamente e que constituem importante argumento da defesa ou da acusação apto a implicar alteração ou até em extinção do direito de punir. Não apenas a eficácia da colaboração premiada e os seus desdobramentos, mas também, para trazer um exemplo, as situações de inimputabilidade ou de semirresponsabilidade, as quais, igualmente, implicam afastamento ou modificação do *jus puniendi*, como apontam, com modelos de questionário, Adriano Marrey, Alberto Silva Franco e Rui Stoco[514].

Pertinente, nessa linha de ideias, as ponderações de Magarino Torres, no sentido de que incumbe ao Juiz Presidente formular os quesitos expressa ou implicitamente exigidos e os demais – voluntários – apenas a requerimento das partes, que são consultadas a respeito[515]. A eficácia objetiva da colaboração premiada é questionamento de natureza voluntária e demanda argumentação específica de qualquer das partes em Plenário.

Outro exemplo de quesito voluntário é aquele desdobrado a partir da tese de excesso culposo, a qual não encontra correspondência no texto legal e se trata também de análise de fato a ser deliberada pelo Conselho de Sentença.

---

[514] MARREY, Adriano; FRANCO, Alberto Silva; STOCO, Rui. *Teoria e prática do júri*. 6. ed. São Paulo: RT, 1997, p. 523-526.
[515] TORRES, Magarino. *Processo penal do júri no Brasil*. São Paulo: Quórum, 2008, p. 513.

Ainda que a discussão relacionada à eficácia da colaboração seja derivada de um negócio jurídico e exista por conveniência probatória, seus reflexos de natureza penal devem implicar efetivo exame pelo juízo competente para a matéria de fundo. Alijar o Corpo de Jurados dessa decisão significa fazer rosto para a sua competência e a soberania desenhadas no caderno constitucional[516].

Sem dúvida, além da competência mínima para a deliberação de *toda* a matéria de fato pertinente à imputação de crime doloso contra a vida, o necessário questionamento aos jurados acerca da eficácia da colaboração também se arrima no princípio da soberania dos veredictos.

Absoluta perplexidade causaria se o Conselho de Sentença, após o reconhecimento da culpabilidade do acusado e dando azo à consequente condenação, ouvisse a leitura de sentença a declarar a extinção da punibilidade do acusado por força de perdão judicial ou mesmo a redução da pena em patamar de dois terços derivada de acordo cuja efetividade sequer foi objeto de apreciação pelos jurados.

De lado o argumento prático, é preciso reconhecer que a soberania dos veredictos implica na absoluta compatibilidade da sentença a ser proferida com a decisão de fundo do Colegiado Leigo, sem que se admita o revolvimento da prova pelo Juiz Togado para qualquer ponto de fato que não tenha sido objeto de apreciação pelo Júri.

Como aponta Kátia Duarte de Castro, a soberania dos veredictos "[...] estabelece relação muito próxima com a questão da Democracia e da participação popular na Administração da Justiça"[517]. O respeito à soberania da decisão popular é desdobramento do próprio princípio democrático e essência do Tribunal do Júri. Evidentemente, não há referência inflexível no texto constitucional e a soberania dos veredictos também é passível de controle por meio de

---

[516] Nesse sentido, César Danilo Ribeiro Novais: "[...] é correto o entendimento que admite o acordo de colaboração premiada nos crimes dolosos contra a vida, mas de forma excepcional, em situações nas quais inexista dúvida quanto à eficiência da colaboração, com a observância do princípio da proporcionalidade na vertente da proibição de proteção deficiente, submetendo-o ao Conselho de Sentença, por força da sua competência mínima e da soberania dos veredictos pregadas no texto constitucional". NOVAIS, César Danilo Ribeiro de. *A defesa da vida no Tribunal do Júri*. 2. ed. Cuiabá: Carlini & Caniato, 2018, p. 168.

[517] CASTRO, Kátia Duarte de. *O júri como instrumento de controle social*. Porto Alegre: Sergio Antonio Fabris, 1999, p. 67.

apelação limitada às situações específicas indicadas na lei. Contudo, não se abre espaço para se descurar da impecável correlação entre a imputação e a sentença, a ser orientada pelas respostas dadas pelos Jurados aos quesitos propostos, "[...] permitindo ao juiz-Presidente restringir a observação dos jurados à matéria de fato"[518].

Nesse diapasão, ao se traduzir a eficácia da colaboração em matéria de fato da qual se derivam consequências diretas na extensão do *jus puniendi*, o respeito à soberania e, por via oblíqua, ao próprio princípio democrático conduz a inquebrantável conclusão de que cabe ao Conselho de Sentença deliberar sobre a sua existência ou não, atribuindo-se ao Juiz Presidente apenas a tarefa de aplicar a pena e observar a premiação a que tem direito o colaborador signatário de um acordo reconhecidamente eficaz[519]. Assim, o art. 4º, §11, da Lei n. 12.850/2013[520], deve ser adaptado ao procedimento do Tribunal do Júri já que o exame de eficácia demanda prévia deliberação do Conselho de Sentença.

O quesito, a ser redigido em proposição afirmativa, simples e distinta, para empregar a terminologia legal, não deve mencionar o prêmio pactuado, o qual será simplesmente aplicado pelo Juiz Presidente em caso de resposta positiva, mas apenas quanto à efetividade do acordo, indicando-se a contrapartida assumida pelo colaborador, nos termos da Lei n. 9.807/1999.

Como exemplo, em caso de *delação* premiada, seria adequado o seguinte questionamento: houve colaboração eficaz do acusado [nome do colaborador] a conduzir à identificação dos demais coautores e partícipes da ação criminosa, nos termos do acordo de fls. [indicação do termo de acordo nos autos][521]?

---

[518] CASTRO, Kátia Duarte de. *O júri como instrumento de controle social*. Porto Alegre: Sergio Antonio Fabris, 1999, p. 67.

[519] Já havíamos nos posicionado, mesmo antes do advento da Lei n. 12.850/2013, no sentido da imprescindibilidade de se questionar aos jurados a respeito da efetividade da colaboração em artigo publicado virtualmente na página do Ministério Público do Estado de São Paulo. FRIGGI, Márcio. *Colaboração premiada*. Disponível em: http://www.mpsp.mp.br/portal/page/portal/cao_criminal/doutrinas/doutrinas_autores. Acesso em: 2 set. 2020.

[520] BRASIL. *Lei n. 12.850/2013*. Art. 4º, §11. A sentença apreciará os termos do acordo homologado e sua eficácia.

[521] César Danilo Ribeiro de Novais propõe a decomposição da pergunta em quesitos distintos, diferenciados conforme se aplique a parte material da Lei n. 12.850/2013 ou da Lei n. 9.807/1999. Respeitado o ponto de vista, não vislumbramos necessidade de desdobramento da indagação telada em quesitos distintos, tampouco a necessidade de

Em situações de colaboração premiada para fins de equacionamento probatório de crime doloso contra a vida, as contrapartidas estampadas no art. 13, II e III, da Lei de Proteção a Vítimas, Testemunhas e Réus Colaboradores, como regra, não fazem sentido, indicando-se a referência ao inciso I – hipótese de verdadeira delação – como cenário-chave a albergar a importância da ferramenta em apreço na persecução de delitos dessa espécie. Excepcionalmente, poderia se ponderar acerca da pertinência de colaboração capaz de viabilizar a constrição do proveito do delito, como nas hipóteses de homicídio mercenário, contexto que ajudaria a viabilizar a sua perda efetiva por ocasião da sentença condenatória. A referida contrapartida está estampada no inciso III, da disposição citada. Ainda que a lei disponha apenas acerca do *produto* do crime, há pertinência teleológica e sistemática para incluir a recuperação do *proveito* da infração penal, por interpretação extensiva, como o fez expressamente a Lei n. 12.850/2013.

Na medida em que o acordo de colaboração premiada implica diminuir ou excluir a pena, este último, apenas nas restritas hipóteses em que aplicável o perdão judicial, o posicionamento da indagação acerca da eficácia da contribuição do colaborador é imediatamente após o quesito absolutório genérico, atendendo-se, nesse compasso, à lógica de ordenação indicada no art. 483 do Código de Processo Penal[522].

Importa ainda lembrar que o acordo de colaboração premiada, por ser derivado de um negócio jurídico bilateral, encerra compromissos tanto para o Ministério Público como para o investigado ou acusado e o seu defensor. Por essa razão, ao concluir que a colaboração foi eficaz, o Membro do Ministério Público que atuar na sessão de julgamento do Júri deve postular o seu reconhecimento perante o Conselho de Sentença, cumprindo integralmente a avença celebrada

---

se perguntar aos jurados acerca do prêmio aplicável pelas razões estudadas ao longo deste capítulo. Também não entendemos cabível a aplicação da parte material da Lei de Combate ao Crime Organizado à colaboração premiada que versar sobre delito doloso contra a vida. NOVAIS, César Danilo Ribeiro de. *A defesa da vida no Tribunal do Júri*. 2. ed. Cuiabá: Carlini & Caniato Editorial, 2018, p. 169.

[522] Opinião seguida por César Danilo Ribeiro de Novais. NOVAIS, César Danilo Ribeiro de. *A defesa da vida no Tribunal do Júri*. 2. ed. Cuiabá: Carlini & Caniato Editorial, 2018, p. 169.

Rememore-se que o Ministério Público é regido pelos princípios constitucionais da unidade, da indivisibilidade e da independência funcional[523]. A independência do Promotor de Justiça ou Procurador da República deve ser entendida sob a lupa da unidade institucional, a qual significa que cada Membro da instituição representa o Ministério Público como um todo e são reciprocamente substituíveis em suas atribuições. A atuação é impessoal, constitui um corpo uno[524]. Pouco importa, portanto, qual Membro do *Parquet* assinou o termo de acordo ou qual oficiará na sessão de julgamento no Tribunal do Júri.

Evidentemente, o exame de eficácia por parte do Promotor ou do Procurador não é desdobramento automático da celebração da avença e não existe direito adquirido à premiação. Nesse sentido, pode haver antagonismo entre o órgão acusador e o defensor no que concerne ao reconhecimento da eficácia da colaboração, contexto em que caberá ao Conselho de Sentença decidir qual das teses deverá prevalecer.

Outra questão interessante referente aos efeitos da colaboração premiada no Tribunal do Júri e atrelada à competência do Corpo de Jurados diz respeito às limitações legais à atividade jurisdicional estabelecidas na Lei n. 12.850/2013, notadamente a impossibilidade de se fundamentar a sentença condenatória exclusivamente nas palavras do colaborador[525].

Como consabido, as decisões do Júri Popular não carecem de qualquer motivação e são encaminhadas com base na livre persuasão. Nesse sentido, não é possível identificar se eventual decisão condenatória dos jurados se baseou apenas nas declarações do colaborador. Por certo, o Membro do Ministério Público, em respeito à lei da qual é fiscal, deve se eximir de postular condenação de qualquer acusado se o único elemento de convicção oferecido for esse. Contudo,

---

[523] BRASIL. *Constituição Federal (1988)*. Art. 127. O Ministério Público é instituição permanente, essencial à função jurisdicional do Estado, incumbindo-lhe a defesa da ordem jurídica, do regime democrático e dos interesses sociais e individuais indisponíveis. §1º. São princípios institucionais do Ministério Público a unidade, a indivisibilidade e a independência funcional.
[524] MARTINS JÚNIOR, Wallace Paiva. *Ministério Público*: a Constituição e as leis orgânicas. São Paulo: Atlas, 2015, p. 33.
[525] BRASIL. *Lei n. 12.850/2013*. Art. 4º, §16, III. Nenhuma das seguintes medidas será decretada ou proferida com fundamento apenas nas declarações do colaborador: [...] III – sentença condenatória.

se assim não proceder, caberá ao defensor consignar sua irresignação em ata, de modo a dar ensejo a futuro reconhecimento de nulidade em razão do emprego da prova inválida como argumento de autoridade.

Na medida em que as declarações isoladas do colaborador constituem verdadeiro *nada jurídico*, eventual condenação sem qualquer outro lastro probante certamente deve ensejar a sua anulação e a submissão do réu a novo julgamento.

Além dessa questão, tormentosa é a hipótese em que há rescisão do acordo de colaboração premiada em cenário onde as provas não podem ser reaproveitadas. As possibilidades de rescisão em sentido amplo foram estudadas no item 3.9.6 e a perplexidade surge nas ocasiões em que a prova produzida pelo colaborador deva ser descartada, como nas situações em que a rescisão ocorre na forma de distrato, nas hipóteses em que o acordo não é homologado ou mesmo nas situações em que fracassa a tentativa de avença apesar de instaurado o procedimento preparatório para a colheita preliminar de provas.

Sem dúvida, a partir da premissa lançada acerca da desnecessidade de motivação das decisões do Conselho de Sentença, torna-se impossível o controle da aludida prova tarifada negativa. Se os elementos de convicção produzidos com intervenção do colaborador não podem ser usados em seu desfavor, deverá o Juiz Presidente velar para que não sejam eles sequer apresentados aos Jurados, sob pena de serem eles influenciados por material que não deveriam observar. Nesse aspecto, é adequado asseverar que a prova proibida deve ser incluída no restrito rol de vedações argumentativas impostas ao orador no Tribunal do Júri, a exemplo do art. 478 do Código de Processo Penal[526]. Qualquer referência à prova vedada, como argumento de autoridade, deve ser objeto de registro na ata de julgamento e base para articulação de pedido de reconhecimento de nulidade diante do evidente prejuízo ao colaborador.

A adoção das referidas cautelas tira o lustro de argumentos contrários à adoção da colaboração premiada na persecução de crimes dolosos contra a vida lastreados na ideia de que a submissão

---

[526] BRASIL. *Código de Processo Penal (1941)*. Art. 478. Durante os debates as partes não poderão, sob pena de nulidade, fazer referências: I – à decisão de pronúncia, às decisões posteriores que julgaram admissível a acusação ou à determinação do uso de algemas como argumento de autoridade que beneficiem ou prejudiquem o acusado; II – ao silêncio do acusado ou à ausência de interrogatório por falta de requerimento, em seu prejuízo.

da eficácia da colaboração à apreciação do Colegiado Leigo retiraria a segurança jurídica do acordo e inviabilizaria, na prática, a concretização de importantes acertos de colaboração. À medida que se estabelecem diretrizes claras acerca dos compromissos assumidos, os quais devem ser levados adiante inclusive na sessão de julgamento, além de interpretações capazes de robustecer a rede legal de proteção ao colaborador, aumentam-se as condições para se entabular uma colaboração alinhada ao interesse público e arregimenta-se segurança jurídica ao colaborador, sem que se descure do rito particular do Tribunal do Júri e, especialmente, das suas fundações constitucionais.

Em arremate, mais duas observações se revelam pertinentes: o termo de acordo de colaboração premiada relacionado a crime doloso contra a vida deve contemplar a indenização mínima à vítima sobrevivente ou aos seus familiares e o Ministério Público deve se contrapor, duramente, ao pedido de questionamento de colaboração premiada unilateral levado adiante pelo defensor.

Quanto ao primeiro tópico, recorde-se que o art. 387, IV, do Código de Processo Penal[527] estabelece que o Juiz, ao proferir a sentença condenatória, fixará valor mínimo para a reparação dos danos causados pela infração. Nesse sentido, de todo adequado que do acordo de colaboração premiada conste o montante adequado para recomposição mínima dos prejuízos sofridos pelo ofendido, se sobreviveu, ou por seus familiares, se morto. Relembre-se que se admite estabelecer cláusulas no termo sobre os efeitos extrapenais patrimoniais da condenação. Nessa moldura se enquadra a recomposição mínima, derivada do efeito genérico previsto no art. 91, I, do Código Penal[528]. Do lado oposto, efeitos extrapenais da condenação de ordem pública não estão sujeitos à transação em sede de colaboração, a exemplo da perda do cargo, da função pública ou do mandato eletivo[529], que seria pertinente, por exemplo, nos casos de policiais militares culpados por homicídio doloso.

---

[527] BRASIL. *Código de Processo Penal (1941)*. Art. 387. O juiz, ao proferir sentença condenatória: [...] IV – fixará valor mínimo para reparação dos danos causados pela infração, considerando os prejuízos sofridos pelo ofendido; [...].
[528] BRASIL. *Código Penal (1940)*. Art. 91. São efeitos da condenação: I – tornar certa a obrigação de indenizar o dano causado pelo crime; [...].
[529] BRASIL. *Código Penal (1940)*. Art. 92. São também efeitos da condenação: I – a perda de cargo, função pública ou mandato eletivo: a) quando aplicada pena privativa de liberdade

No que diz respeito ao segundo ponto, foi discutido com a profundidade adequada no capítulo 3.3 que a colaboração premiada, por se tratar de negócio jurídico bilateral, na forma do desenho processual da Lei n. 12.850/2013, deve se calcar em termo de acordo derivado de ajuste entre o Ministério Público ou o Delegado de Polícia e o investigado ou acusado e o seu defensor. A chamada colaboração premiada unilateral se desvia da natureza da ferramenta em debate, dissociando-a da ideia de justiça penal negociada, de modo a criar direito subjetivo inexistente no sistema geral de colaboração brasileiro.

Ao lado das críticas confeccionadas em seção própria, pondere-se que o reconhecimento da colaboração premiada, independentemente da existência de prévio acordo, entregaria ao Juiz a possibilidade de aplicar o prêmio que reputasse adequado ao caso, desvinculado de qualquer convenção. A cena é ainda mais inusitada se contextualizada no procedimento do Tribunal do Júri e esbarraria de forma incontornável na competência do Conselho de Sentença e na soberania das suas decisões. Não se conceberia decisão judicial a aplicar perdão judicial ou mesmo causa de diminuição de pena cuja base de fato não tenha sido objeto de questionamento aos jurados.

Caso o Juiz Presidente opte por elaborar quesito específico sobre a eficácia de eventual colaboração unilateral a requerimento do defensor, desfigurando o instituto da colaboração como negócio jurídico bilateral, deverá o Membro do Ministério Público lançar objeção em ata, no momento em que indagado a respeito, viabilizando a articulação de eventual preliminar em sede de recurso.

4.8 Soberania dos veredictos e negativa de reconhecimento da eficácia da colaboração: implicações recursais

O princípio da soberania dos veredictos deve ser adequadamente compreendido para que se delimite com correção a sua extensão. Nos termos das lições de Kátia Duarte de Castro, a Constituição Federal

---

por tempo igual ou superior a um ano, nos crimes praticados com abuso de poder ou violação de dever para com a Administração Pública; b) quando for aplicada pena privativa de liberdade por tempo superior a 4 (quatro) anos nos demais casos.

de 1988 assegurou o indicado princípio, retomando o estabelecido na Carta Magna de 1946 (art. 141, §28)[530].

Contudo, a ideia de soberania dos veredictos não é incompatível com o duplo grau de jurisdição, cabendo, nesse ponto, exercício de ponderação entre as excogitadas garantias constitucionais para se inferir a exata dimensão do anotado princípio. Conforme explica Hermínio Alberto Marques Porto, a soberania do Júri "[...] deve ser entendida como a 'impossibilidade de os juízes togados se substituírem aos jurados na decisão da causa'"[531].

Justamente para que não ocorra a anotada sobreposição da opinião do Tribunal de Apelação à vontade dos jurados exteriorizada na votação dos quesitos, o Código de Processo Penal limita o recurso de mérito à situação em que a decisão proferida pelo Conselho de Sentença for *manifestamente* contrária à prova dos autos ou, em outras palavras, quando não tiver supedâneo em qualquer versão dos fatos reproduzida em linguagem probatória. Demais disso, o recurso de mérito somente pode ser manejado e apreciado uma vez pela Corte Superior, a qual, se lhe der provimento, determinará a realização de um novo julgamento[532].

A partir das mencionadas limitações à revisão de mérito das decisões do Tribunal do Júri, o sistema processual penal brasileiro compatibilizou a soberania dos veredictos sem suprimir o direito à apelação, certo que os decisórios do Conselho de Jurados, ainda que baseados em prova marginal, devem ser mantidos, "[...] circunstância a demonstrar que, no julgamento de apelação para avaliação do que foi decidido pelos jurados, o entendimento do conceito de soberania dá atenção a seus limites, agora, então sem caráter ampliativo e indevido"[533].

---

[530] CASTRO, Kátia Duarte de. *O júri como instrumento de controle social*. Porto Alegre: Sergio Antonio Fabris Editor, 1999, p. 63.

[531] PORTO, Hermínio Alberto Marques. *Júri*: procedimentos e aspectos do julgamento. Questionários. 10. ed. São Paulo: Saraiva, 2001, p. 33-34.

[532] BRASIL. *Código de Processo Penal (1941)*. Art. 593. Caberá apelação no prazo de 5 (cinco) dias: [...] d) for a decisão dos jurados manifestamente contrária à prova dos autos. [...] §3º Se a apelação se fundar no n. III, d, deste artigo, e o tribunal *ad quem* se convencer de que a decisão dos jurados é manifestamente contrária à prova dos autos, dar-lhe-á provimento para sujeitar o réu a novo julgamento; não se admite, porém, pelo mesmo motivo, segunda apelação.

[533] PORTO, Hermínio Alberto Marques. *Júri*: procedimentos e aspectos do julgamento. Questionários. 10. ed. São Paulo: Saraiva, 2001, p. 33.

O respeito à soberania do Júri é essencial à própria existência da instituição, constituindo-se sua pedra fundamental. Decisões do Tribunal *ad quem* que nitidamente desrespeitam o posicionamento dos jurados, valendo-se de recursos argumentativos para se sobrepor às suas decisões – o que ocorre com frequência maior do que se pode imaginar –, implicam desconstrução do Tribunal do Júri e em ofensa ao próprio princípio democrático no qual a instituição se assenta.

Como lembrou Ary Azevedo Franco, à época do Decreto-Lei n. 167, de 5 de janeiro de 1938, que encerrou a controvérsia acerca da manutenção ou não do Tribunal do Júri no Brasil diante da omissão a seu respeito na Constituição de 1937, havia prescrição, no seu art. 96, que o Tribunal de Apelação, ao apreciar livremente as provas produzidas, se convencer de que a decisão do Júri não encontra apoio nos autos, deveria dar provimento ao apelo para aplicar a pena justa ou absolver o réu conforme o caso. "O que o Decreto-Lei n. 167 fez, regulando a instituição do Júri, foi praticamente abolir o Júri. [...] Da antiga instituição, na regulada pelo Decreto-Lei n. 167, ficou apenas a palavra Júri, eis o que se ouve a cada passo"[534].

Efetivamente, a construção de disposição a conferir competência plena de mérito ao Tribunal de Apelação implica, senão em abolição da justiça popular, sua virtual supressão, como apontou Pedro Aleixo em citação levada adiante por Edgard de Moura Bittencourt em comentário ao art. 96 do Decreto-Lei n. 167/1938[535]. Apesar do registro, importante anotar que o próprio Juiz Bittencourt se posicionava de forma diversa e aplaudia a sistemática adotada pelo diploma em tela. Segundo ele, na medida em que o decreto atribuiu ao Tribunal a possibilidade de correção das decisões do Júri proferidas sem *qualquer apoio nos autos* (literalmente, o Decreto-Lei se vale da expressão *nenhum apoio nos autos*), impede-se que o Conselho de Sentença faça do preto o branco ou do quadrado o redondo. A inovação, segue Edgar de Moura Bittencourt, "[...] não prejudica senão os grandes assassinos nas suas pretensões de se esquivarem da sanção penal"[536].

---

[534] FRANCO, Ary Azevedo. *O júri e a Constituição Federal de 1946*. Rio de Janeiro e São Paulo: Livraria Freitas Bastos, 1950, p. 261.
[535] BITTENCOURT, Edgard de Moura. *A instituição do júri*: anotações aos dispositivos do decreto-lei n. 167, de 5 de janeiro de 1938. São Paulo: Saraiva, 1939, p. 300.
[536] BITTENCOURT, Edgard de Moura. *A instituição do júri*: anotações aos dispositivos do decreto-lei n. 167, de 5 de janeiro de 1938. São Paulo: Saraiva, 1939, p. 303-304.

Contudo, travestido de controle, conferiu-se à Corte de Apelação, em leitura livre dos autos, a possibilidade de se sobrepor à decisão popular no modelo esculpido pelo Decreto-Lei n. 167/1938. A interpretação do conjunto de provas e mesmo da própria lei, *livremente* como apontava o texto normativo, por Juízes técnicos, parece dar de ombros para a essência do Júri que se lastreia justamente na ampla liberdade do cidadão convocado a julgar de decidir acerca da responsabilidade do acusado por crime doloso contra a vida, por íntima convicção e também com assento em suas experiências de vida, do contato com ambientes os quais o magistrado por mais das vezes nunca teve acesso, constituindo-se em instituição efetivamente popular, também em termos político-criminais, para o bem e para o mal.

Evidentemente, não se poderia conceber a soberania dos veredictos como vetor inflexível e, portanto, não sujeito a qualquer mecanismo de controle de mérito. Organização com esse matiz implicaria atribuição de poder absoluto a órgão do Poder Judiciário e, como cediço, o poder absoluto é inclinado ao arbítrio e ao abuso. Firmino Whitaker, ao comentar a regulamentação do Tribunal do Júri do Estado de São Paulo ainda no começo do século XX, apontava que as apelações eram sacadas contra as sentenças definitivas "[...] quando foram preteridas formalidades substanciaes do processo, estiver a sentença em contraposição com o veredictum, ou fôr imposta pena diversa da estabelecida em lei"[537].

Nesse modelo, como se nota, caminha-se para o extremo oposto da regulamentação adotada em 1938, ao se arranjar ordenação em que o Tribunal do Júri, no que tange ao mérito, proferia decisão materialmente imutável. Apenas o reconhecimento de nulidades, o desrespeito da decisão do Conselho de Sentença pelo Juiz Togado ou a injustiça na aplicação da pena eram questões passíveis de devolução à Corte de Apelação.

Não por outra razão, trilhou-se para termo médio na construção do modelo de Júri estabelecido no Código de Processo Penal atual, com a redação que lhe foi dada pela Lei n. 263, de 23 de fevereiro de 1948, recepcionado pelas Constituições que se seguiram à sua vigência. Há possibilidade de controle de mérito pelo Tribunal de

---

[537] WHITAKER, Firmino. *Jury (Estado de S. Paulo)*. 6. ed. São Paulo: Saraiva, 1930, p. 227.

Recursos, contudo, restrito a situações de teratologia ou, em outros termos, em completa dissonância entre o *veredictum* e o material probatório. Desse modo, há de se compreender que apenas a decisão *manifestamente* contrária à prova dos autos deve conduzir à anulação do julgamento "[...] isto é, sem as peias de juiz de ofício, que se habitua a ver as provas com rigor de técnica, chegar à conclusão de que a mesma nenhum apoio encontra na prova [...] o desembargador deve revestir-se da mentalidade de jurado e não exigir que o jurado se revista da mentalidade de desembargador"[538].

Vale frisar: manifestamente significa absolutamente, patentemente, descobertamente contrária à prova dos autos.

À luz dessas diretrizes, a condenação embasada em provas produzidas em decorrência de um acordo de colaboração premiada, proferida soberanamente pelo Conselho de Sentença, só poderá ser rescindida se absolutamente contrária à evidência física identificada nos autos. Ressalve-se, conforme ponderado no capítulo anterior, as diretrizes processuais que asseguram a invalidade da prova em situações pontuais estabelecidas pela Lei n. 12.850/2013. Nesse caso, a prova ilegal não pode subsidiar a decisão do Corpo de Jurados, enquadrando-se o decisório dessa estirpe à ideia de manifestamente contrário ao conjunto de evidências.

É razoável a compreensão, nos passos de Edilson Mougenot Bonfim, no sentido de que o art. 478 do Código de Processo Penal[539], o qual traz vedações de argumentação às partes, é de duvidosa constitucionalidade na medida em que esbarra no próprio princípio democrático ao obstar ao Juízo Natural o amplo e livre conhecimento de todos os registros probatórios dos autos, bem como ao dificultar a conexão argumentativa relacionada ao uso de algemas pelo réu, ao seu silêncio em interrogatório ou às próprias decisões que admitiram a acusação[540]. Respeitosamente, o argumento de que os

---

[538] FRANCO, Ary Azevedo. *O júri e a Constituição Federal de 1946*. Rio de Janeiro; São Paulo: Livraria Freitas Bastos, 1950, p. 267.
[539] BRASIL. *Código de Processo Penal (1941)*. Art. 478. Durante os debates as partes não poderão, sob pena de nulidade, fazer referências: I – à decisão de pronúncia, às decisões posteriores que julgaram admissível a acusação ou à determinação do uso de algemas como argumento de autoridade que beneficiem ou prejudiquem o acusado; II – ao silêncio do acusado ou à ausência de interrogatório por falta de requerimento, em seu prejuízo.
[540] BONFIM, Edilson Mougenot. *Curso de processo penal*. 4. ed. São Paulo: Saraiva, 2009, p. 299-302.

jurados poderiam ser negativamente influenciados por ponderações conectadas às referências citadas é contraditório quando se o contextualiza no ambiente puramente dialético e de franco debate entre as partes no Plenário do Júri.

Contudo, as limitações referentes ao uso da prova produzida em cenário de colaboração premiada, nos termos estudados, estão inseridas em contexto sistêmico diverso, afigurando-se como camadas do sistema de proteção ao colaborador tanto quanto as medidas específicas previstas no art. 5º da Lei de Combate ao Crime Organizado. Por essa razão, ao contrário das questionáveis restrições do art. 478 do Estatuto Processual Penal, o zelo pelas vedações da Lei n. 12.850/2013, inclusive nos debates perante o Conselho de Sentença, robustece a necessária segurança jurídica que deve permear os acordos de colaboração premiada e garante a viabilidade e a efetividade da ferramenta também na persecução dos crimes de competência do Tribunal Popular.

Se anulado o primeiro julgamento porque calcada a decisão exclusivamente nas palavras do colaborador, sem qualquer outro respaldo de provas, seja a decisão condenatória ou absolutória, os jurados estarão livres para apreciar por completo o conjunto de evidências no Júri seguinte. Não é impossível, apesar de muito improvável, que o Conselho de Sentença formado no segundo Júri decida da mesma maneira. Casa se reconheça que o uso da prova inválida, por regra legal, traduz nulidade, não há impedimento para se levantar o mesmo questionamento para obter nova anulação em segundo grau, evitando a fragilização das regras de proteção ao colaborador e compatibilizando a prova tarifada negativa com o procedimento do Tribunal Popular, sem a restrição da apelação de mérito (art. 593, §3º, do Código de Processo Penal). Nessa hipótese, o recurso se fundamenta no art. 593, III, *"a"*, do Estatuto Processual Criminal[541].

A partir da perspectiva em que é vedado o uso da prova limitada pela Lei n. 12.850/2013 como base de argumentação, reduzem-se as possibilidades de decisão calcadas exclusivamente

---

[541] BRASIL. *Código de Processo Penal (1941)*. Art. 593. Caberá apelação no prazo de 5 (cinco) dias: [...] III – das decisões do Tribunal do Júri, quando: [...] a) ocorrer nulidade posterior à pronúncia; [...].

nelas. A prática mostra que os jurados se balizam fortemente nas palavras dos oradores e, no mais das vezes, não decidem à deriva dos argumentos articulados pelas partes. Caso a excepcionalidade ocorra, ao não se identificar qualquer supedâneo para a decisão proferida pelos jurados além das palavras do colaborador, que sequer foram ventiladas pelas partes, haverá a possiblidade de manejo de apelação de mérito e submissão do réu a segundo Júri. Nesse caso, o recurso interposto contra a sentença final poderá ser manejado uma única vez.

CAPÍTULO 5

CONCLUSÕES

1. O sistema penal negocial está inserido no espectro de processo penal funcional em que se pretende imprimir eficiência à persecução criminal sem perder de vista a função de garantia inerente ao processo, compatibilizando-se os direitos e as garantias fundamentais com a diversificação processual.

2. Na chamada era da tecnologia, a complexidade e a velocidade dos processos de interação humana ganharam dimensões antes não pensadas, cenário que também contribuiu para a arregimentação criminosa a demandar do Estado ferramentas específicas e aptas a combater, em especial, a criminalidade organizada, de colarinho branco e o terrorismo.

3. Não obstante a conclusão lançada no item 2, os espaços de consenso, dentre os quais sobreleva importância a colaboração premiada, são aplicáveis a infrações penais de massa e que não encerram a aludida complexidade e dimensão, desde que observadas as regras da legislação específica. Nessa toada, aponta-se que as medidas despenalizadoras da Lei n. 9.099/1995 são compatíveis com o procedimento especial do Tribunal do Júri, observados os seus requisitos próprios.

4. A colaboração premiada é negócio jurídico meio para obtenção de prova e, portanto, as palavras isoladas do colaborador não têm o condão de embasar decisões de fundo. Trata-se de ferramenta de natureza penal e, nesse contexto, diverge dos acordos

de leniência, embora os ajustes de colaboração possam versar sobre efeitos patrimoniais da condenação.

5. A referida natureza jurídica da colaboração premiada sinaliza que não há direito subjetivo a colaborar e a receber o prêmio consequente, de modo que não existe espaço legal para se reconhecer a colaboração premiada unilateral. De outro lado, devem ser incrementados os mecanismos de controle quanto às decisões do órgão de persecução penal no sentido de aceitar ou não a contribuição oferecida pelo investigado ou réu.

6. O acordo de colaboração premiada é personalíssimo e, por essa razão, não há extensão de benefícios a investigado ou a acusado que não for parte da avença.

7. No Brasil, existem diversas leis que tratam da colaboração premiada sob o aspecto material, mas apenas a Lei n. 12.850/2013 cuida do procedimento. Cada diploma legislativo especifica as alterações no direito de punir do Estado e, portanto, a atribuição de prêmios no acordo deve respeitar o tema do diploma de regência. Não houve revogação das leis anteriores pela legislação posterior que aumentou a gama de benefícios, como a Lei de Combate à Lavagem de Dinheiro e, especialmente, a Lei de Combate ao Crime Organizado.

8. Como única fonte legislativa em matéria processual, o procedimento previsto na Lei n. 12.850/2013 regula inteiramente o procedimento da colaboração premiada.

9. A Lei n. 9.807/1999, por não se vincular à tema pontual sob a perspectiva de direito material, é a legislação que traz os prêmios possíveis ao colaborador em contexto de persecução de delitos dolosos contra a vida.

10. Eventual conexão entre o crime doloso contra a vida e um delito que possui regramento próprio quanto à colaboração premiada, em especial a organização criminosa, não altera o panorama de direito material indicado no item acima: os prêmios

possíveis ao colaborador na persecução de delitos de competência do Tribunal do Júri são os estabelecidos na Lei n. 9.807/1999.

11. Existem limites materiais à colaboração premiada no que se refere aos crimes hediondos diante do rigor penal estabelecido na Constituição Federal. Ilícitos dessa natureza não são passíveis de perdão estatal em sentido amplo. Desse modo, não existe espaço para se oferecer imunidade ou perdão judicial ao colaborador responsável por delitos desse jaez.

12. A vida, ao lado da dignidade da pessoa humana e da liberdade, constitui o epicentro do sistema de proteção jurídico penal. Nesse contexto, há ordem de criminalização implícita no que diz respeito aos atentados mais graves contra a vida humana, notadamente, o homicídio doloso.

13. A partir da conclusão lançada no item 12, infere-se que não se admite a concessão de imunidade ou de perdão judicial, em ambiente de consenso entre o órgão de persecução penal e o investigado ou acusado, não apenas quanto ao homicídio que reveste a condição de hediondez, mas em qualquer formato de assassinato, ainda que tentado, privilegiado ou inserido em cena de participação de menor importância. Não se barganha impunidade com o sangue alheio.

14. Não existe a anotada limitação material para a colaboração premiada no que concerne aos atentados menos graves contra a vida, a saber: a participação em suicídio, o infanticídio e o aborto.

15. Não há limitação temporal para que o investigado ou o acusado demonstre interesse em colaborar com o sistema de justiça penal no que se refere ao procedimento do Tribunal do Júri. No entanto, o órgão de persecução penal deve analisar com maior rigor o pedido de colaboração em casos de acusados pronunciados diante do material probatório já amealhado nos autos.

16. Em casos de delação premiada que impliquem réus impronunciados, o acordo de colaboração deve ser distribuído ao

Juízo prolator da referida decisão para homologação. Se admitido o ajuste, deve ser ajuizada nova denúncia com base no material probante formado a partir da colaboração.

17. No procedimento do Tribunal do Júri, os atos processuais devem obedecer à regra do art. 4º, §10-A, da Lei n. 12.850/2013, inclusive a ordem de recusa dos jurados e de debates perante o Conselho de Sentença, sob pena de nulidade do ato.

18. A homologação do acordo de colaboração premiada em casos de crimes dolosos contra a vida, por também encerrar mera decisão declaratória, é do Juiz Togado independentemente da fase processual em que distribuído o ajuste.

19. O Juiz Togado, no procedimento especial do Tribunal do Júri, está submetido às limitações da atividade jurisdicional estabelecidas pela Lei n. 12.850/2013, inclusive por ocasião da decisão de pronúncia.

20. As limitações referidas, lastreadas no princípio da *corroborative evidence* e conectadas à própria natureza jurídica da colaboração premiada, incidem inclusive nas hipóteses de colaboração recíproca cruzada.

21. Compete ao Conselho de Sentença decidir acerca da eficácia da colaboração premiada derivada de um acordo formalizado nos autos, entregando ao Juiz Togado, se afirmativa a resposta, o dever de aplicar o prêmio previamente pactuado em avença homologada.

22. O quesito acerca da eficácia objetiva da colaboração deve ser redigido de forma simples e afirmativa, dispensando-se a indagação acerca do prêmio cabível cuja incidência é desdobramento automático do reconhecimento da contribuição eficaz do colaborador.

23. A indagação mencionada nos itens 21 e 22 deve ser incluída no questionário imediatamente após o quesito absolutório genérico.

24. Independentemente de quem for o órgão de persecução penal signatário do acordo de colaboração premiada homologado, incumbe ao Membro do Ministério Público que atuar no Plenário do Júri honrar com os compromissos assumidos e, ao concluir pela eficácia da contribuição do colaborador, postular perante o Conselho de Sentença a resposta positiva ao quesito correlato.

25. Uma vez que o Corpo de Jurados decide com base em íntima convicção, devem ser adotadas interpretações que assegurem ao colaborador o implemento do sistema de proteção estabelecido na Lei n. 12.850/2013.

26. Para se atender à conclusão lançada no item anterior, o Juiz Presidente deve zelar para que as provas autoincriminatórias produzidas pelo colaborador, nas hipóteses em que existe restrição estabelecida na Lei n. 12.850/2013, não sejam usadas como argumento de autoridade nos debates, sob pena de registro em ata e de eventual reconhecimento de nulidade.

27. O termo de acordo de colaboração premiada, nos casos de crimes dolosos contra a vida, deve contemplar a indenização mínima à vítima sobrevivente ou aos seus familiares, conforme art. 387, IV, do Código de Processo Penal.

28. Como desdobramento do item 27, em que pese a possibilidade de se barganhar os efeitos extrapenais patrimoniais da condenação, não se incluem nos espaços de consenso os efeitos não penais de natureza pública, como a perda de cargo, função ou mandato eletivo.

29. Não se admite o reconhecimento da colaboração premiada unilateral também no procedimento do Tribunal do Júri. Por se tratar de negócio jurídico entre o Estado e o investigado ou o acusado, eventual confissão do investigado ou do réu e a consequente contribuição probatória, desconectada da esfera negocial, deve implicar o reconhecimento de simples atenuante, nos termos do art. 65, III, "d", do Código Penal.

30. Caso haja a confecção de quesito a pedido da defesa para fins de reconhecimento da colaboração unilateral, deverá o órgão acusador proceder a sua impugnação no momento processual pertinente, com registro em ata, viabilizando, se o caso, a dedução de irresignação em recurso para o reconhecimento de nulidade.

31. O Tribunal do Júri é fundamentado no princípio democrático e, portanto, o absoluto respeito ao veredicto dos jurados, lastreado em íntima convicção, é base fundante da instituição. No entanto, é necessário estabelecer mecanismos de controle das decisões populares para se evitar o arbítrio e o abuso de poder.

32. A soberania dos veredictos não é incompatível com o duplo grau de jurisdição e a decisão dos jurados pode ser rescindida quando manifestamente contrária à prova dos autos. As declarações exclusivas do colaborador, sem lastro em qualquer elemento de convicção, por traduzirem verdadeiro *nada jurídico*, não devem embasar uma decisão condenatória. Nesse contexto, é cabível a anulação do julgamento e a submissão do acusado a segundo Júri em caso de condenação nessas condições.

33. Por se tratar de questão formal, passível do reconhecimento de nulidade, o emprego de prova vedada por lei por qualquer das partes, como aquelas restringidas pela Lei n. 12.850/2013, pode levar à anulação da sessão de julgamento com o manejo de apelação baseada no art. 593, III, "a", do Código de Processo Penal.

34. Na excepcionalidade de ser proferida decisão lastreada exclusivamente em prova tarifada negativa estabelecida pela Lei n. 12.850/2013, não usada por qualquer das partes como argumento de autoridade em Plenário, abre-se a possibilidade de rescisão da decisão do Colegiado Leigo com fundamento no art. 593, III, "d", do Código de Processo Penal, este limitado a uma interposição.

REFERÊNCIAS

AIRES, Murilo T.; FERNANDES, Fernando A. A colaboração premiada como instrumento de política criminal: a tensão em relação às garantias fundamentais do réu colaborador. *Revista Brasileira de Direito Processual Penal*, Porto Alegre, v. 3, n. 1, jan.-abr. 2017.

ALBAN, Rafaela; MELLO, Sebástian B. A. A inegociabilidade da prescrição nos acordos de delação premiada. *In*: ESPIÑEIRA, Bruno; CALDEIRA, Felipe (org.). *Delação premiada*. Belo Horizonte: D'Plácido, 2016.

ALBERGARIA, Pedro Soares de. *Plea bargaining*. Coimbra: Almedina, 2007.

ALBUQUERQUE, Paulo Sergio Pinto de. *Comentário do Código de Processo Penal*: à luz da Constituição da República e da Convenção Europeia dos Direitos do Homem. 4. ed. Lisboa: Universidade Católica, 2011.

ALENCAR, Rosmar Antonni Rodrigues Cavalcanti. Limites jurídicos da delação premiada e a necessidade de controle recursal contra sentença homologatória. *Parahyba judiciária*, João Pessoa, v. 11, n. 11, p. 423, 2018. Disponível em: https://www.jfpe.jus.br/images/stories/docs_pdf/biblioteca/artigos_periodicos/RosmarAntonniRodriguesCdeAlencar/Limites_parahyba_judiciaria_n11_2018.pdf. Acesso em: 16 nov. 2020.

ALEXY, Robert. *Teoria dos direitos fundamentais*. Tradução de Virgílio Afonso da Silva. São Paulo: Malheiros, 2011.

ALKON, Cynthia. Plea bargaining as a legal transplant: a good idea for troubled criminal justice systems? *Transnational law and contemporary problems*, v. 19, abr. 2010.

ALSCHULER, Albert W. The defense attorney's role in plea bargaining. *Yale Law Journal*, v. 84, n. 6, maio 1975.

AMARAL, Augusto J.; GLOECKNER, Ricardo J. A delação nos sistemas punitivos contemporâneos. *Revista Brasileira de Ciências Criminais*, São Paulo, ano 25, v. 128, fev. 2017.

AMBOS, Kai. Procedimientos abreviados en el proceso penal alemán y en los proyectos de reforma sudamericanos. *Revista de Derecho Procesal*, Madrid, 1997.

AMODIO, Ennio. I procedimenti speciali nel labirinto della giustizia costituzionale. *Revista Processo Penale e Giustizia*, Roma, 2012.

ANDREUCCI, Ricardo A.; ROTH, Ronaldo J. A colaboração premiada e sua aplicação na persecução penal militar. *Revista da Associação dos Magistrados das Justiças Militares Estaduais* (AMAJME), Florianópolis, v. 19, n. 116, nov.-dez. 2015.

ANGELINI, Roberto. *A negociação das penas no direito italiano* (o chamado *patteggiamento*). Coimbra: Julgar, 2013.

ANSELMO, Márcio A. *Colaboração premiada*. O novo paradigma do processo penal brasileiro. Doutrina e prática. A visão do delegado de polícia. Rio de Janeiro: Mallet, 2016.

ANTUNES, José Luiz. Lei 9.099/1995 – Aplicabilidade do *sursis* processual nos crimes contra a honra. *Boletim do Instituto de Ciências Criminais*, São Paulo, n. 39, mar. 1996.

ARAS, Vladimir. O réu colaborador como testemunha. *In:* SALGADO, Daniel R.; QUEIROZ Ronaldo P. (org.). *A prova no enfrentamento à macrocriminalidade.* 2. ed. Salvador: Juspodivm, 2016.

AVELAR, Leonardo Magalhães; SANCHES, Pedro Henrique Carrente. A figura do whistleblower no direito penal – no Brasil e no mundo. *Revista Consultor Jurídico*, São Paulo, 10 dez. 2019. Disponível em: https://www.conjur.com.br/2019-dez-10/opiniao-figura-whistleblower-direito-penal. Acesso em: 20 abr. 2020.

AVENA, Norberto. *Manual de processo penal.* 3. ed. Rio de Janeiro: Forense; São Paulo: Método, 2015.

ÁVILA, Humberto. *Teoria dos princípios.* 13. ed. São Paulo: Melhoramentos, 2012.

BALTAZAR JÚNIOR, José Paulo. *Crime organizado e proibição de insuficiência.* Porto Alegre: Livraria do Advogado, 2010.

BALTAZAR JÚNIOR, José Paulo. *Crimes federais.* 9. ed. São Paulo: Saraiva, 2014.

BARBOSA, Marco Antonio. Pluralismo jurídico na sociedade da informação. *Direitos fundamentais e justiça*, Porto Alegre, v. 6, jul.-set., 2012.

BARBOSA, Ana Cássia. O "novo" acordo de não persecução penal. *Canal de ciências criminais.* Publicado em 12 mar. 2020. Disponível em: https://canalcienciascriminais.com.br/acordo-nao-persecucao-penal/. Acesso em: 16 nov. 2020.

BARBIERO, Louri Geraldo. Na ação penal privada cabe a suspensão condicional do processo. *Boletim do IBCCrim*, São Paulo, n. 64, mar. 1998.

BARROSO, Luís Roberto. *Interpretação e aplicação da Constituição.* 6. ed. São Paulo: Saraiva, 2004.

BATISTA, Nilo. *Introdução crítica ao direito penal brasileiro.* Rio de Janeiro: Revan, 2015.

BAUMAN, Zygmunt. *Em busca da política.* Tradução de Marcus Penchel. Rio de Janeiro: Jorge Zahar, 2000.

BECCARIA, Cesare. *Dos delitos e das penas.* São Paulo: Martin Claret, 2001.

BECHARA, Fábio R.; SMANIO, Gianpaolo P. Colaboração premiada segundo a teoria geral da prova nacional e estrangeira. *Caderno de Relações Internacionais*, v. 7, n. 13, ago.-dez. 2016.

BECKER, Gary S. Crime and punishment: an economic approach. *Essays in the economics of crime and punishment*, Chicago, 1974. Disponível em: https://www.nber.org/chapters/c3625.pdf. Acesso em: 16 nov. 2020.

BELEZA, Tereza Pizarro; MELO, Helena Pereira. *A mediação penal em Portugal.* Coimbra: Almedina, 2002.

BELTRAME, Priscila Akemi; SAHIONE, Yuri. "Informante do bem" ou *whistleblower*: críticas e necessários ajustes ao projeto. *Boletim do IBCCrim*, São Paulo, ano 27, n. 317, abr. 2019.

BERGMAN, Paul; BERMAN-BARRET, Sara. *The criminal law handbook.* New York: Nolo, 2000.

BERTOLINO, Pedro J. *El debido proceso penal.* La Plata: Platense, 1986.

BEVILÁQUA, Clóvis. *Criminologia e direito.* Bahia: Livraria Magalhães, 1896.

BIANCHINI, Alice; MOLINA, Antonio García-Pablos de; GOMES, Luiz Flávio. *Direito penal*: introdução e princípios fundamentais. v. 1. 2. ed. São Paulo: RT, 2009.

BITENCOURT, Cezar Roberto. *Tratado de direito penal*. v. 2. 12. ed. São Paulo: Saraiva, 2012.

BITENCOURT, Cezar Roberto. *Manual de direito penal* – parte geral. v. 1. São Paulo: Saraiva, 2000.

BITENCOURT, Cezar Roberto. *Novas penas alternativas*. São Paulo: Saraiva, 1999.

BITENCOURT, Cezar Roberto; BUSATO, Paulo César. *Comentários à lei de organização criminosa*. São Paulo: Saraiva, 2014.

BITTENCOURT, Edgard de Moura. *A instituição do júri*: anotações aos dispositivos do decreto-lei n. 167, de 5 de janeiro de 1938. São Paulo: Saraiva, 1939.

BITTAR, Walter Barbosa. A delação como categoria na teoria geral do delito e comparação ante figuras afins. *In*: BITTAR, Walter Barbosa (coord.). *Delação premiada* – direito estrangeiro, doutrina e jurisprudência. Rio de Janeiro: Lumen Juris, 2011.

BITTAR, Walter Barbosa. A delação premiada no Brasil. *In*: BITTAR, Walter Barbosa (coord.). *Direito, doutrina e jurisprudência*. Rio de Janeiro: Lumen Juris, 2011.

BITTAR, Walter Barbosa. *Delação premiada*: direito estrangeiro, doutrina e jurisprudência. Rio de Janeiro: Lumen Juris, 2011.

BOBBIO, Norberto. *Teoria do ordenamento jurídico*. Tradução de Ari Marcelo Solon. São Paulo: Edipro, 2011.

BOHM, Robert M. "Mc Justice": on the McDonaldization of criminal justice. *Justice Quarterly*, v. 23, n. 1, mar. 2006.

BONFIM, Edilson Mougenot. *Curso de processo penal*. 4. ed. São Paulo: Saraiva, 2009.

BONFIM, Edilson Mougenot. *Júri*: do inquérito ao plenário. 4. ed. São Paulo: Saraiva, 2012.

BORRI, Luiz Antonio; SOARES, Rafael Júnior. A readequação dos procedimentos processuais penais em face da colaboração premiada. *Boletim do IBCCrim*, São Paulo, ano 25, n. 296, jul. 2017.

BORRI, Luiz Antonio; SOARES, Rafael Júnior; BITTAR, Walter Barbosa. A questão da natureza jurídica e a possibilidade legal de impugnação do acordo de colaboração premiada pelo delatado. *Boletim do IBCCrim*, São Paulo, ano 27, n. 322, set. 2019.

BORRI, Luiz Antonio. Delação premiada do investigado/acusado preso cautelarmente: quando o Estado se transfigura em criminoso para extorquir a prova do investigado. *Boletim do IBCCrim*, São Paulo, ano 24, n. 285, 2016.

BORRI, Luiz Antonio; SOARES, Rafael Júnior. A legitimidade do terceiro delatado para discutir o acordo de colaboração premiada em face da concessão de benefícios extrapenais. *Boletim do IBCCrim*, São Paulo, ano 27, n. 316, mar. 2019.

BOTTINO, Thiago. Colaboração premiada e incentivos à cooperação no processo penal: uma análise crítica dos acordos firmados na "Operação Lava Jato". *Revista Brasileira de Ciências Criminais*, v. 122, set.-out. 2016.

BRANDALISE, Rodrigo da Silva. *Justiça penal negociada*: negociação de sentença criminal e princípios processuais relevantes. Curitiba: Juruá, 2016.

BRITO, Michelle B. *Delação premiada e decisão penal*: da eficiência à integridade. Belo Horizonte: D'Plácido, 2016.

BRUNO, Aníbal. *Direito penal* – parte especial. t. IV. Rio de Janeiro: Forense, 1966.

BRUNO, Aníbal. *Direito penal*. Rio de Janeiro: PG, 1962.

BUSATO, Paulo César. *Fundamentos para um direito penal democrático*. 4. ed. São Paulo: Atlas, 2013.

CABRAL, Rodrigo Leite Ferreira. Um panorama sobre o acordo de não persecução penal (art. 18 da Resolução 181/17 do CNMP. *In*: CUNHA, Rogério Saches; BARROS, Francisco Dirceu; SOUZA, Renee do Ó; CABRAL, Rodrigo Leite Ferreira (org.). *Acordo de não persecução*. Salvador: Juspodivm, 2017.

CADE. *Combate a cartéis e programa de leniência*. Secretaria de Direito Econômico, Ministério da Justiça. 3. ed. 2009. Disponível em: http://www.cade.gov.br/upload/Cartilha%20Leniencia%20SDE_CADE.pdf. Acesso em: 11 set. 2020.

CAMARGO, Antônio Luís Chaves. *Culpabilidade e reprovação penal*. São Paulo: Sugestões Literárias, 1994.

CANARIS, Claus Wilhelm. *Pensamento sistemático e conceito de sistema na ciência do direito*. Tradução de A. Menezes Cordeiro. 2. ed. Lisboa: Fundação Calouste Gulbenkian, 1996.

CANOTILHO, José Joaquim Gomes; BRANDÃO, Nuno. Colaboração premiada: reflexões críticas sobre os acordos fundantes da Operação Lava Jato. *Revista Brasileira de Ciências Criminais*, São Paulo, ano 25, v. 133, jul. 2017.

CANOTILHO, José Joaquim Gomes. *Direito constitucional e teoria da Constituição*. 7. ed. Coimbra: Almedina, 2003.

CARNEIRO, Andréa Walmsley Soares. O acordo de não persecução penal: constitucionalidade do método negocial no processo penal. *Revista Delictae*, v. 4, n. 7, jul.-dez. 2019.

CARNELUTTI, Francesco. *As misérias do processo penal*. 2. ed. Campinas: Bookseller, 2002.

CARVALHO, Natália Oliveira de. *A delação premiada no Brasil*. Rio de Janeiro: Lumen Juris, 2009.

CARVALHO, Salo de; LIMA, Camile Eltz de. Delação Premiada e Confissão: filtros constitucionais e adequação sistemática. *In*: PINHO, Ana Cláudia Bastos de; GOMES, Marcus Alan de Melo (coord.). *Ciências criminais*: articulações críticas em torno dos 20 anos de Constituição da República. Rio de Janeiro: Lumen Juris, 2009.

CARVALHO, Paulo de Barros. *Direito tributário*. 2. ed. São Paulo: Saraiva, 1999.

CARVALHO, Márcia Dometila Lima de. *Fundamentação constitucional do direito penal*. Porto Alegre: Sergio Antonio Fabris, 1992.

CARVALHO, Aurora Tomazini de. *Curso de teoria geral do direito*: o construtivismo lógico-semântico. 2. ed. São Paulo: Noeses, 2010.

CASTELLS, Manuel. *A era da informação*: economia, sociedade e cultura. Tradução de Roneide Venancio Majer. v. I. 8. ed. São Paulo: Paz e Terra, 2005.

CASTELLS, Manuel. *Redes de indignação e esperança*. Tradução de Carlos Alberto Medeiros. Rio de Janeiro: Zahar, 2013.

CASTRO, Carlos Roberto de Siqueira. *O devido processo legal e a razoabilidade das leis na nova Constituição do Brasil*. Rio de Janeiro: Forense, 1989.

CASTRO, Kátia Duarte de. *O júri como instrumento de controle social*. Porto Alegre: Sergio Antonio Fabris, 1999.

BRASIL. Ministério Público. *Centro de Apoio Criminal do Ministério Público do Estado de São Paulo*. Publicado em 2017. Disponível em: http://www.mpsp.mp.br/portal/page/portal/Criminal/Material_coordenacao/InformativosCAOCrim/CAOCrim_Informativo_12_2017_18_12%20(1).pdf. Acesso em: 16 nov. 2020.

CESCA, Brenno Gimenes. O espaço negocial das partes na colaboração premiada da lei das organizações criminosas e a averiguação de sua legalidade pelo juiz na fase homologatória. *Boletim do IBCCrim*, São Paulo, ano 26, n. 308, jul. 2018.

CHRISTINO, Márcio. *Por dentro do crime*: corrupção, tráfico, PCC. 2. ed. São Paulo: Escrituras, 2004.

CLEAVELAND, Kimberlee A. Criminal procedure project – guilty pleas. Twenty-eight annual review of criminal procedure. *The Georgetown Law Journal*, n. 5, 1999.

CONDE, Francisco Muñoz; BITENCOURT, Cezar Roberto. *Teoria geral do delito*. 2. ed. São Paulo: Saraiva, 2004.

CORREA JÚNIOR, Alceu; SHECAIRA, Sérgio Salomão. *Teoria da pena*: finalidades, direito positivo, jurisprudência e outros estudos de ciência criminal. São Paulo: RT, 2002.

CORREIA, João Conde. Concordância judicial à suspensão condicional do processo: equívocos que persistem. *Revista do Ministério Público*, n. 117. Lisboa, 2007.

COSTA, Leonardo Dantas. *Delação premiada*: a atuação do Estado e a relevância da voluntariedade do colaborador com a justiça. Curitiba: Juruá, 2017.

COSTA ANDRADE, Manuel da. *Bruscamente no verão passado, a reforma do Código de Processo Penal*: observações críticas sobre uma lei que podia e devia ter sido diferente. Coimbra: Coimbra, 2009.

COUTINHO, Jacinto Miranda. Fundamentos à inconstitucionalidade da delação premiada. *Boletim do IBCCrim*, São Paulo, n. 159, p. 07-09, fev. 2006.

COUTINHO, Jacinto Nelson de Miranda. *Plea bargaining* no projeto anticrime: crônica de um desastre anunciado. *Boletim do IBCCrim*, São Paulo, ano 27, n. 317, abr. 2019.

CUNHA, Rogério Sanches. *Pacote Anticrime – Lei n. 13.964/2019*: Comentários às alterações do CP, CPP e LEP. Salvador: Juspodivm, 2020.

DAHM, Georg; SCHAFFSTEIN, Friedrich. *¿Derecho penal liberal o derecho penal autoritario?* Buenos Aires: Ediar, 2011.

DAMASKA, Mirjan. Negotiated justice in international criminal courts. *In*: THAMAN, Stephen C. (ed.). *World plea bargaining*: consensual procedures and the avoidance of the full criminal trial. Durham: Carolina Academic Press, 2010.

DAVID, Décio Franco; TERRA, Luiza B. Sigilo e delação premiada: o tecer das teias da tarântula midiática. *In*: ESPIÑEIRA, Bruno; CALDEIRA, Felipe. (org.) *Delação premiada*. Belo Horizonte: D'Plácido, 2016.

DAVID, Décio Franco. Efeitos extrapenais da colaboração premiada. *Boletim do IBCcrim*, São Paulo, ano 26, n. 313, dez. 2018.

DE FILIPPO, Thiago Baldani Gomes; PASCOLATI JÚNIOR, Ulisses Augusto. A americanização do direito penal pode ser bem-vinda? *Boletim do IBCCrim*, São Paulo, ano 27, n. 318, maio 2019.

DEL CID, Daniel. A homologação dos acordos de colaboração premiada e o comprometimento da (justa) prestação jurisdicional. *Boletim do IBCCrim*, São Paulo, ano 23, n. 275, p. 15-17, nov. 2015.

DELGADO, José Augusto. Improbidade administrativa: algumas controvérsias doutrinárias e jurisprudenciais da Lei de Improbidade Administrativa. *Informativo jurídico da Biblioteca Ministro Oscar Saraiva*, v. 14, n. 1, p. 1-106, jan.-jun. 2002.

DELMANTO, Dante. *Defesas que fiz no júri*. 7. ed. Rio de Janeiro: Renovar, 2008.

DEMERCIAN, Pedro Henrique. A colaboração premiada e a lei das organizações criminosas. *Revista Jurídica ESMP-SP*, v. 9, n.1, p. 53-88, jan.-jun. 2016.

DEMERCIAN, Pedro Henrique. *Teoria e prática dos juizados especiais criminais*. 4. ed. Rio de Janeiro: Forense; São Paulo: Método, 2008.

DEMERCIAN, Pedro Henrique; MALULY, Jorge Assaf. *Curso de processo penal*. 8. ed. São Paulo: Atlas, 2012.

DEZEM, Guilherme Madeira; SOUZA, Luciano Anderson de. *Comentários ao Pacote Anticrime* – Lei n. 13.964/19. São Paulo: RT, 2020 (e-book).

DIAS, Jorge de Figueiredo. *Acordos sobre a sentença em processo penal. O "fim" do Estado de Direito ou um novo "princípio"?* Porto: Conselho Distrital do Porto, 2011.

DIAS, Jorge de Figueiredo. *Direito penal português – parte geral II: as consequências jurídicas do crime*. Lisboa: Aequitas, 1993.

DIDIER JÚNIOR, Fredie; BOMFIM, Daniela. A colaboração premiada como negócio jurídico processual atípico nas demandas de improbidade administrativa. *A&C – Revista de Direito Administrativo & Constitucional*, v. 17, n. 67, p. 105, 2017.

DÍEZ, Luís Alfredo Diego. *Justicia criminal consensuada* (algunos modelos del derecho comparado en los EEUU, Italia y Portugal). Servicio de Publicaciones Universidad de Cadiz, 1999.

DINIZ, Maria Helena. *As lacunas no direito*. 3. ed. São Paulo: Saraiva, 1995.

DINIZ, Maria Helena. *Conflito de normas*. São Paulo: Saraiva, 1987.

DIPP, Gilson. *A "delação" ou colaboração premiada*: uma análise do instituto pela interpretação da lei. Brasília: IDP, 2015. Disponível em: http://www.idp.edu.br/publicacoes/portal-de-ebooks. Acesso em: 17 nov. 2020.

DOTTI, René Ariel. *Curso de direito penal*. 3. ed. São Paulo: RT, 2010.

DOTTI, René Ariel. *Penas restritivas de direitos*: críticas e comentários às penas alternativas: Lei n. 9.714, de 25.11.1998. São Paulo: RT, 1999.

DOTTI, René Ariel; SCANDELARI, Gustavo Britta. Acordo de não persecução penal e de aplicação imediata da pena: o *plea bargain* brasileiro. *Boletim do IBCCrim*, São Paulo, ano 27, n. 317, Edição Especial, abr. 2019.

D'URSO, Luiz F. B. Delação premiada: proibição para quem está preso. *Revista Magister de Direito Penal e Processual Penal*, v. 11, n. 66, p. 64-66, 2015.

ENGISCH, Karl. *Introdução ao pensamento jurídico*. Tradução de J. Baptista Machado. 9. ed. Lisboa: Fundação Calouste Gulbenkian, 1997.

ESSADO, Tiago Cintra. Delação premiada e idoneidade probatória. *Revista Brasileira de Ciências Criminais*, São Paulo, ano 21, v. 101, p. 203-227, 2013.

ESPÍNOLA FILHO, Eduardo. *Código de Processo Penal brasileiro anotado*. 4. ed. v. IV. Rio de Janeiro: Borsi, 1954.

ESTELLITA, Heloisa. A delação premiada para identificação dos demais coautores ou partícipes: algumas reflexões à luz do devido processo legal. *Boletim IBCCrim*, São Paulo, v. 17, n. 202, p. 2-3, set. 2009.

FABRETTI, Humberto Barrionuevo; SILVA, Virgínia Gomes de Barros e. O sistema de justiça negociada em matéria criminal: reflexões sobre a experiência brasileira. *Revista de Direito UFMS*, Campo Grande, v. 4, n. 1, 2018.

FALCÃO JUNIOR, Alfredo C. G. Delação premiada: constitucionalidade e valor probatório. *Custos Legis*, v. 3, 2011.

FEITOZA, Denilson. *Direito processual penal*: teoria, crítica e práxis. 7. ed. Niterói: Impetus, 2010.

FELDENS, Luciano. *A constituição penal*. Porto Alegre: Livraria do Advogado, 2005.

FELDENS, Luciano. *Direitos fundamentais e direito penal*. 2. ed. Porto Alegre: Livraria do Advogado, 2012.

FELDENS, Luciano; STRECK, Lenio Luiz. *Crime e Constituição*: a legitimidade da função investigatória do Ministério Público. 3. ed. Rio de Janeiro: Forense, 2006.

FERNANDES, Antonio Scarance. O equilíbrio entre a eficiência e o garantismo e o crime organizado. *Revista Brasileira de Ciências Criminais*, São Paulo, v. 16, n. 70, p. 229-268, jan.-fev. 2008.

FERNANDES, Antonio Scarance. *Processo penal constitucional*. 7. ed. São Paulo: RT, 2012.

FERNANDES, Fernando. *O processo penal como instrumento de política criminal*. Coimbra: Almedina, 2001.

FERRAJOLI, Luigi. *Direito e razão*: teoria do garantismo penal. 3. ed. São Paulo: RT, 2010.

FERRAJOLI, Luigi. Patteggiamento e crisi della giurisdizione. *Questione Giustizia*, Milano, n. 2, 1989.

FERRAJOLI, Luigi. Emergenza penale e crisi dela giurisdizione. Dei delitti e delle pene. *Revista de Studi Sociali, Storici e Giuridici Sulla Questione Criminale*, Bologna, v. 2, n. 2, maio-ago. 1984.

FERRAZ JUNIOR, Tercio Sampaio. *Introdução ao estudo do direito*. 2. ed. São Paulo: Atlas, 1994.

FERRO, Ana Luiza Almeida. *Crime organizado e organizações criminosas mundiais*. Curitiba: Juruá, 2011.

FERRO, Ana Luiza Almeida; PEREIRA, Flávio Cardoso; GAZZOLA, Gustavo dos Reis. *Criminalidade organizada*: comentários à Lei n. 12.850, de 02 de agosto de 2013. Curitiba: Juruá, 2014.

FIDALGO, Carolina Barros; CANETTI, Rafaela Coutinho. In: SOUZA, Jorge Munhos; QUEIROZ, Ronaldo Pinheiro (org.). *Lei anticorrupção*. Salvador: Juspodivm, 2015.

FIDALGO, Sônia. O processo sumaríssimo na revisão do Código de Processo Penal. *Revista do Centro de Estudos Judiciários*, Lisboa, n. 9, 2008.

FINKELSTEIN, Michael O. A statistical analysis of guilty plea practices in the federal courts. *Harvard Law Review*, v. 89, n. 02, p. 293-315, dez. 1975.

FISHER, George. *Plea bargaining's triumph*. A history of plea bargaining in America. Stanford: Stanford University Press, 2003.

FONSECA, Cibele Benevides Guedes da. *Colaboração premiada*. Belo Horizonte: Del Rey, 2017.

FRANCO, Ary Azevedo. *O júri e a Constituição Federal de 1946*. Rio de Janeiro; São Paulo: Livraria Freitas Bastos, 1950.

FREITAS, Juarez. *A interpretação sistemática do direito*. 2. ed. São Paulo: Malheiros, 1995.

FRIGGI, Márcio. *Crimes multitudinários*: homicídio perpetrado por agentes em multidão. Curitiba: Juruá, 2016.

FRIGGI, Márcio. *Colaboração premiada*. Disponível em: http://www.mpsp.mp.br/portal/page/portal/cao_criminal/doutrinas/doutrinas_autores. Acesso em: 2 set. 2020.

FRIGGI, Márcio; PELLICCIARI, Natalia. Inconstitucionalidade da legalização do aborto no caso de feto com microcefalia. *Revista Jurídica da ESMP-SP*, v. 14, n. 2, p. 48-75, 2018.

GALVÃO, Fernando. *Direito penal*: crimes contra a pessoa. São Paulo: Saraiva, 2013.

GALVÃO, Fernando. *Política criminal*. Belo Horizonte: Mandamentos, 2000.

GARCIA, Emerson. *Proteção internacional dos direitos humanos*. 2. ed. Rio de Janeiro: Lumen Juris, 2009.

GARCIA, Basileu. *Instituições do direito penal*. v. 1. t. I. 7. ed. São Paulo: Max Limonad, 2008.

GARCÍA, Nicolás Rodriguez. *La justicia penal negociada*. Experiencias de derecho comparado. Salamanca: Universidad de Salamanca, 1997.

GARCÍA, Nicolás Rodriguez. *El consenso en el proceso penal español*. José Maria Bosch SL (ed.). Barcelona, 1997.

GOMES, Luiz Flávio. *Suspensão condicional do processo*. São Paulo: RT, 1997.

GOMES, Luiz Flávio. Tendências político-criminais quanto à criminalidade de bagatela. *Revista Brasileira de Ciências Criminais*, São Paulo: RT, n. 12, p. 88-109, dez. 1992.

GOMES, Luiz Flávio; MAZZUOLI, Valerio de Oliveira. *Comentários à Convenção Americana sobre Direitos Humanos*: Pacto de San José da Costa Rica. 3. ed. São Paulo: RT, 2010.

GONÇALVES, Joanisval de Brito. *Atividade de inteligência e legislação correlata*. Niterói: Impetus, 2009.

GONÇALVES, Victor Eduardo Rios; REIS, Alexandre Cebrian Araújo. *Direito processual penal esquematizado*. São Paulo: Saraiva, 2012.

GIDDENS, Anthony. *As consequências da modernidade*. Tradução de Raul Fiker. São Paulo: Unesp, 1991.

GRAU, Eros Roberto. *Ensaio e discurso sobre a interpretação/aplicação do direito*. 3. ed. São Paulo: Malheiros, 2005.

GRECO FILHO, Vicente. *Manual de processo penal*. 6. ed. São Paulo: Saraiva, 1999.

GRECO, Rogério. *Curso de direito penal*. v. 1. 14. ed. Niterói: Impetus, 2012.

GRINOVER, Ada Pellegrini; FERNANDES, Antonio Scarance; GOMES FILHO, Antonio Magalhães; GOMES, Luiz Flávio. *Juizados Especiais Criminais*. Comentários à Lei 9.099, de 26.09.1995. 5. ed. São Paulo: RT, 2005.

GUASTINI, Fernando Celso Gardesani. Princípios constitucionais penais e a pena criminal. *In*: LOPES, Maurício Antonio Ribeiro; LIBERATI, Wilson Donizete (org.). *Direito penal e Constituição*. São Paulo: Malheiros, 2000.

HASSEMER, Winfried. *Fundamentos del derecho penal*. Tradução de Francisco Muñoz Conde e Luis Arroyo Zapatero. Barcelona: Casa Editorial Bosh, 1984.

HASSEMER, Winfried. *Persona, mundo y responsabilidad*: bases para una teoría de la imputación en derecho penal. Tradução de Francisco Munõz Conde e María Del Mar Dias Pita. Santa Fé de Bogotá: Temis, 1999.

HÜNDERFELD, Peter. A pequena criminalidade e o processo penal. *Revista de Direito e Economia*, Coimbra, ano IV, n. 1, 1978.

HUNGRIA, Nelson. *Comentários ao Código Penal*. v. 5. 3. ed. Rio de Janeiro: Forense,1955.

INGENIEROS, José. *O homem medíocre*. Tradução de Lycurgo de Castro Santos. 2. ed. São Paulo: Ícone, 2012.

ITAGIBA, Ivair Nogueira. *Homicídio, exclusão do crime e isenção de pena*. t. I. Rio de Janeiro: IBGE, 1958.

JAKOBS, Günther. *El princípio de culpabilidade*. Tradução de Manuel Cancio Meliá. Derecho penal y criminologia, Bogotá, v. XV, n. 50, may.-ago, 1993.

JAKOBS, Günther. *Fundamentos do direito penal*. Tradução de André Luís Callegari. Colaboração de Lúcia Kalil. São Paulo: RT, 2003.

JARDIM, Afrânio Silva. Acordo de cooperação premiada. Quais são os limites? *Revista Eletrônica de Direito Processual*, Rio de Janeiro, ano 10, v. 17, n. 1, p. 2-6, jan.-jun. 2016.

JESCHECK, Hans-Heinrich. *Tratado de derecho penal*. 4. ed. Tradução de José Luis Manzanares Samaniego. Granada: Comares, 1993.

JESUS, Damásio Evangelista de. *Lei dos Juizados Especiais Criminais anotada*. São Paulo: Saraiva, 2003.

KEEN, Andrew. *How to fix the future*: staying human in the digital age. London: Atlantic Books, 2018.

KELSEN, Hans. *Teoria pura do direito*. Tradução de João Baptista Machado. 8. ed. São Paulo: Martins Fontes, 2011.

KHALED JUNIOR, Salah H. A produção analógica da verdade no processo penal. *Revista Brasileira de Direito Processual Penal*, Porto Alegre, v. 1, p. 166-184, 2015.

KUZIEMKO, Iyana. Does the threat of the death penalty affect plea bargaining in murder cases? Evidence from New York's 1995 reinstatement of capital punishment. *American Law and Economics Review*, v.8, n. 1, 2006.

LANGER, Máximo. From legal transplats to legal translations: the globalization of plea bargaining and the amerizanization thesis in criminal procedure. *In*: THAMAN, Sthephen C. (org.). *World plea bargaining*: consensual procedures and the avoidance of the full criminal trial. Durham: Carolina Academic Press, 2010.

LAUAND, Mariana de Souza Lima. *O valor probatório da colaboração processual*. 2008. Dissertação (Mestrado em Direito) – Faculdade de Direito, Universidade de São Paulo (USP), São Paulo, 2008.

LEITÃO, Christiane V.; LIMA, Martonio M. B. Colaboração premiada e o Estado Democrático de Direito: novos estudos jurídicos? *Revista Novos Estudos Jurídicos*, v. 21, n. 3, p. 780-803, set.-dez. 2016.

LEITE, Inês Ferreira. Arrependido: a colaboração processual do co-arguido na investigação criminal. *In*: PALMA, Maria Fernanda; DIAS, Augusto Silva; MENDES, Paulo Sousa (coord.). *2º Congresso de Investigação Criminal*. Coimbra: Almedina, 2010.

LEMOS JÚNIOR, Arthur Pinto de. *Crime organizado*: uma visão dogmática do concurso de pessoas. Porto Alegre: Verbo Jurídico, 2012.

LENZA, Pedro. *Direito constitucional esquematizado*. 9. ed. São Paulo: Método, 2005.

LESCH, Heiko. *La función de la pena*. Madri: Dykinson, 1999.

LEVENE, Ricardo. *El delito de homicidio*. 2. ed. Buenos Aires: Depalma, 1970.

LEWANDOWSKI, Ricardo. Admissibilidade da suspensão condicional do processo na ação penal privada. São Paulo, *Revista dos Tribunais*, n. 742. 1998.

LIMA, Renato Brasileiro de. *Legislação criminal especial comentada*. 2. ed. Salvador: Juspodivm, 2014.

LLOSA, Mario Vargas. *A civilização do espetáculo*. Tradução de Ivone Benedetti. Rio de Janeiro: Objetiva, 2012.

LOPES JUNIOR, Aury. *Direito processual penal*. 14. ed. São Paulo: Saraiva, 2017.

LOPES JUNIOR, Aury. Questões polêmicas do acordo de não persecução penal. *Consultor Jurídico*. 06-03-2020. Disponível em: https://www.conjur.com.br/2020-mar-06/limite-penal-questoes-polemicas-acordo-nao-persecucao-penal. Acesso em: 17 nov. 2020.

LOSANO, Mario Giuseppe. *Sistema e estrutura no direito*. Tradução de Luca Lamberti. v. 2. São Paulo: Martins Fontes, 2010.

LUISI, Luiz. *Os princípios constitucionais penais*. 2. ed. Porto Alegre: Sergio Antonio Fabris, 2003.

MAGALHÃES, Gustavo Alves. Programa de leniência na legislação concorrencial: críticas penais. *Boletim do IBCCrim*, São Paulo, ano 25, n. 296, jul. 2017.

MAGALHÃES, João Marcelo Rego. Aspectos relevantes da lei anticorrupção empresarial brasileira (Lei n. 12.846/2013). *Revista Controle*, v. XI, n. 2, dez. 2013.

GONÇALVES, Manoel Lopes Maia. *Código de Processo Penal*: anotado e comentado. Coimbra: Almedina, 1998.

MALAN, Diogo. Notas sobre a investigação e prova da criminalidade econômico-financeira organizada. *Revista Brasileira de Direito Processual Penal*, Porto Alegre, v. 2, p. 213-238, 2016.

MALATESTA, Nicola Framarino Dei. *A lógica das provas em matéria criminal*. Tradução de Paolo Capitanio. 2. ed. Campinas: Bookseller, 2001.

MARQUES, José Frederico. *Tratado de direito penal*. v. II. Revisto, atualizado e reformulado por Antônio Cláudio Mariz de Oliveira, Guilherme de Souza Nucci e Sérgio Eduardo Mendonça de Alvarenga. Campinas: Bookseller, 1997.

MARQUES, José Frederico. *A instituição do júri*. Campinas: Bookseller, 1997.

MARQUES, Oswaldo Henrique Duek. *Fundamentos da pena*. 2. ed. São Paulo: Martins Fontes, 2008.

MARQUES, Leonardo Augusto Marinho. O acordo de não persecução: um novo começo de era (?). *Boletim do IBCCrim*, São Paulo, n. 331, v. 28, 2020.

MARRARA, Thiago. Lei Anticorrupção permite que inimigo vire colega. *Consultor Jurídico*, São Paulo, 15 nov. 2013. Disponível em: http://www.conjur.com.br/2013-nov-15/thiago-marrara-lei-anticorrupcao-permite-inimigo-vire-colega. Acesso em: 12 set. 2020.

MARREY, Adriano; FRANCO, Alberto Silva; STOCO, Rui. *Teoria e prática do júri*. 6. ed. São Paulo: RT, 1997.

MARTINS JÚNIOR, Wallace Paiva. *Ministério Público*: a Constituição e as Leis Orgânicas. São Paulo: Atlas, 2015.

MASSON, Cleber; MARÇAL, Vinícius. *Crime organizado*. 2. ed. Rio de Janeiro: Forense; São Paulo: Método, 2016.

MAXIMILIANO, Carlos. *Hermenêutica e aplicação do direito*. 18. ed. Rio de Janeiro: Forense, 1999.

MAZLOUM, Ali; MAZLOUM, Amir. Acordo de não persecução penal é aplicável a processos em curso. *Consultor Jurídico*. Disponível em: https://www.conjur.com.br/2020-fev-07/opiniao-acordo-nao-persecucao-penal-aplicavel-acoes-curso. Acesso em: 17 nov. 2020.

MEDEIROS, Wellington da Silva. *Acordo de não persecução penal*: o Judiciário entre a conveniência e a legalidade democrática. Disponível em: https://www.tjdft.jus.br/institucional/imprensa/artigos-discursos-e-entrevistas/artigos/2019/acordo-de-nao-persecucao-penal-2013-resolucao-cnmp-n-181-2017-o-judiciario-entre-a-conveniencia-e-a-legalidade-democratica. Acesso em: 17 nov. 2020.

MELIÁ, Manuel Cancio; SÁNCHEZ, Jesús María Silva. *Delitos de organización*. Buenos Aires: Editorial B de F, 2008.

MENDES, Gilmar Ferreira; BRANCO, Paulo Gustavo Gonet. *Curso de direito constitucional*. 6. ed. São Paulo: Saraiva, 2011.

MENDES, Soraia R. Editorial dossiê 'Colaboração premiada e justiça criminal negocial': novos e múltiplos olhares. *Revista Brasileira de Direito Processual Penal*, Porto Alegre, v. 3, n.1, p. 31-38, jan.-abr. 2017.

MENDONÇA, Andrey Borges da. A colaboração premiada e a nova Lei do Crime Organizado (Lei 12.850/2013). *Revista Custos Legis*, v. 04, 2013.

MENDRONI, Marcelo Batlouni. *Crime organizado*: aspectos legais e mecanismos gerais. 6. ed. São Paulo: Atlas, 2016.

MIRABETE, Julio Fabbrini. *Juizados especiais criminais*. São Paulo: Atlas, 1998.

MIRABETE, Julio Fabbrini. *Manual de direito penal*. v. 1. 24. ed. São Paulo: Atlas, 2007.

MIRANDA, Acácio; SILVA, Leonardo Henriques da. *Juizados especiais criminais*. São Paulo: Saraiva, 2013.

MITTERMAIER, Carl Joseph Anton. *Tratado da prova em matéria criminal*. Tradução de Herbert Wüntzel Heinrich. Campinas: Bookseller, 1997.

MORAES, Alexandre de. *Direitos humanos fundamentais*. 4. ed. São Paulo: Atlas, 2002.

MORAES, Alexandre Rocha Almeida de. *Direito penal racional*: propostas para a construção de uma teoria da legislação e para uma atuação criminal preventiva. Curitiba: Juruá, 2016.

MORÃO, Helena. Justiça restaurativa e crimes patrimoniais. *In*: PALMA, Maria Fernanda; DIAS, Augusto Silva; MENDES, Paulo Sousa (coord.). *Direito penal económico e financeiro*. Coimbra: Coimbra, 2012.

MORO, Sergio Fernando. Considerações sobre a Operação Mani Pulite. *Revista CEJ*, Brasília, n. 26. p. 56-62, jul.-set. 2004.

MORO, Sergio Fernando. *Crime de lavagem de dinheiro*. São Paulo: Saraiva, 2010.

MOSSIN, Heráclito Antônio. *Júri*: crimes e processo. 3. ed. Rio de Janeiro: Forense, 2009.

MOTA, Marcelo Soares. A cifra negra e o processo de vitimização na criminologia cultural. *Canal Ciências Criminais*. Disponível em: https://canalcienciascriminais.jusbrasil.com.br/artigos/656894914/a-cifra-negra-e-o-processo-de-vitimizacao-na-criminologia-cultural. Acesso em: 17 nov. 2020.

NASSIF, Aramis. *O novo júri brasileiro*. Porto Alegre: Livraria do Advogado, 2008.

NICOLITT, André. *Manual de processo penal*. 3. ed. Rio de Janeiro: Elsevier, 2012.

NOGUEIRA, Carlos Frederico Coelho. *Colaboração premiada e outras questões processuais relevantes do Tribunal do Júri*. Congresso do Júri (2016: Águas de Lindoia, SP). Organização: Escola Superior do Ministério Público do Estado de São Paulo. São Paulo: APMP, 2017.

NOGUEIRA, Márcio Franklin. *Transação penal*. São Paulo: Malheiros, 2003.

NOVAIS, César Danilo Ribeiro de. *A defesa da vida no tribunal do júri*. 2. ed. Cuiabá: Carlini & Caniato Editorial, 2018.

NOVAIS, Jorge Reis. *Direitos fundamentais*: trunfos contra a maioria. Coimbra: Coimbra, 2006.

NUCCI, Guilherme de Souza. *Comentários ao Código Penal*. 10. ed. São Paulo: RT, 2010.

NUCCI, Guilherme de Souza. *Tribunal do Júri*. São Paulo: RT, 2008.

NUCCI, Guilherme de Souza. *Leis penais e processuais penais comentadas*. 8. ed. v. 2. Rio de Janeiro: Forense, 2014.

NUCCI, Guilherme de Souza. *Princípios constitucionais penais e processuais penais*. São Paulo: RT, 2013.

OLIVEIRA, Ana Carolina Carlos de. *Hassemer e o direito penal brasileiro*: direito de intervenção, sanção penal e administrativa. São Paulo: IBCCrim, 2013.

OLIVEIRA, Lucas Pimentel de. *Juizados especiais criminais*. São Paulo: Edipro, 1995.

OLIVEIRA, Olavo. *O delito de matar*. São Paulo: Saraiva, 1962.

ORSI, Omar Gabriel. *Sistema penal y crimen organizado* – estrategias de aprehensión y criminalización del conflicto. Buenos Aires: Del Puerto, 2007.

ORTIZ, Juan Carlos. La delación premiada en España: instrumentos para el fomento de la colaboración con la justicia. *Revista Brasileira de Direito Processual Penal*, Porto Alegre, v. 3, n. 1, p. 39-70, jan.-abr. 2017.

PACELLI, Eugênio. *Curso de processo penal*. 20. ed. São Paulo: Atlas, 2016.

PACELLI, Eugênio. *Processo e hermenêutica na tutela dos direitos fundamentais*. 3. ed. São Paulo: Atlas, 2012.

PACELLI, Eugênio; FISCHER, Douglas. *Comentários ao Código de Processo Penal e sua jurisprudência*. 4. ed. São Paulo: Atlas, 2012.

PALERMO, Pablo Galain. Formas de consenso que permiten la suspensión del proceso penal en Alemania y Portugal. Algunos lineamientos que podrían ser considerados por el legislador nacional, considerando la necesidad de una urgente reforma del proceso penal urugayo. *Revista do Ministério Público*, Lisboa, n. 106, 2010.

PANNAIN, Remo. *I delitti contro la vita e la incolumità individuale*. Torino: Torinese, 1965.

PAOLIZZI, Giovanni. I meccanismi di semplificazione del giudizio di primo grado. *In*: *Questioni nuove di procedura penale*. Padova: Cedam, 1989.

PASCHOAL, Janaína Conceição. *Constituição, criminalização e direito penal mínimo*. São Paulo: RT, 2003.

PAULA, Renato Tavares de. A justiça criminal negocial nos crimes de média gravidade no Brasil. Reforço efetivo de política criminal e incremento funcional da eficiência do processo. *Boletim do IBCCrim*, São Paulo, ano 26, n. 314, jan. 2019.

PEBORGH, Ernesto Van. *Redes*. São Paulo: DVS, 2013.

PEREIRA, Frederico Valdez. *Delação premiada*: legitimidade e procedimento. Curitiba: Juruá, 2016.

PIERANGELLI, José Henrique. *Códigos penais do Brasil*. Bauru: Jalovi, 1980.

PINZÓN, Jesús Bernal. *El homicidio* – comentarios al Codigo Penal colombiano. Bogotá: Temis, 1971.

PIZZARRO DE ALMEIDA, Carlota. A mediação perante os objetivos do direito penal. *In*: PELIKAN, Christa; LÁZARO, Frederico Moyano Marques e João; VILALONGA, José Manuel et al. (coord.). *A introdução da mediação vítima – agressor no ordenamento jurídico português*. Colóquio da Faculdade de Direito da Universidade do Porto. Lisboa: Almedina, 2005.

PIZZI, William; MONTAGNA, Mariangela. The battle to estabilish na adervesarial trial system in Italy. *Michigan Journal of International Law*, Ann Harbor, v. 25, 2004.

PODER 360º. Fachin suspende rescisão da delação de executivos da J&F. Disponível em: https://www.poder360.com.br/justica/fachin-suspende-rescisao-da-delacao-de-executivos-da-jf/. Acesso em: 15 maio 2020.

PONDÉ, Luiz Felipe. *Você é ansioso?* Reflexões contra o medo. São Paulo: Planeta do Brasil, 2020 (*e-book*).

PONTE, Antonio Carlos da. *Crimes eleitorais*. 2. ed. São Paulo: Saraiva, 2016.

PORTO, Hermínio Alberto Marques. *Júri*: procedimentos e aspectos do julgamento. Questionários. 10. ed. São Paulo: Saraiva, 2001.

PRADEL, Jean. *Procédure pénale*. 10. ed. Paris: Cujas, 2000.

PRADO, Luiz Régis. *Direito penal econômico*. 4. ed. São Paulo: RT, 2011.

RANGEL, Paulo. *Tribunal do júri*: visão linguística, histórica, social e jurídica. 5. ed. São Paulo: Atlas, 2015.

RANGEL, Paulo. *Direito processual penal*. 18. ed. Rio de Janeiro: Lumen Juris, 2011.

RESTANI, Diogo Alexandre. *Juizados especiais criminais*. Leme: Jhmizuno, 2019.

RIBEIRO, Natália Pimenta; TOLEDO, Yashmin Crispim Baiocchi de Paula. *Plea bargain* à brasileira: a justiça penal negociada no Projeto de Lei Anticrime e o recrudescimento dos resquícios inquisitórios do sistema criminal. *Boletim do IBCCrim*, São Paulo, ano 27, n. 317, abr. 2019.

RIBEIRO, Sérgio Dayrell. Aspectos controversos da delação premiada. *SynThesis Revista Digital FAPAM*, Pará de Minas, v. 2, n. 2, nov. 2010.

RIEGER, Renata Jardim da Cunha; PINHEIRO, Rafael Camparra. A sociedade de informação e os efeitos da liminar da ADPF n. 130: importância e limites da mídia. *Boletim do IBCCrim*, São Paulo, 16 abr. 2009.

RIVA, Carlo Ruga. *Il premio per la collaborazione processuale*. Milão: Giuffrè, 2002.

ROBALDO, José Carlos de Oliveira. Releitura do direito penal e do processo penal em face da Constituição Federal de 1988. In: PAULA, Marco Aurélio Borges de; MAGRINI, Rachel de Paula (coord.). *Estudos de Direito Público*. Campo Grande: Cepejus, 2009.

RODAS, Sérgio. Acordos de delação premiada da "Lava Jato" violam Constituição e leis penais. *Revista Consultor Jurídico*. Disponível em: https://www.conjur.com.br/2015-out-15/acordos-delacao-lava-jato-violam-constituicao-leis-penais. Acesso em: 17 nov. 2020.

RODRIGUES, João G. A prática da delação e sua funcionalidade em ambiente democrático. *De Jure* – Revista Jurídica do Ministério Público do Estado de Minas Gerais, v. 15, n. 26, p. 77-107, jan.-jun. 2016.

RODRIGUES, Paulo Gustavo. A convicção contextualizada e a verdade negociada no processo penal: desmistificando a confissão como elemento de convencimento pleno do julgador penal. *Revista Brasileira de Direito Processual Penal*, Porto Alegre, v. 3, n. 1, p. 103-130, jan.-abr. 2017.

ROSA, Alexandre Morais da. *A teoria dos jogos aplicada ao processo penal*. 2. ed. Lisboa: Rei dos Livros, 2015.

ROSA, Alexandre Morais da. *Guia compacto do processo penal conforme a teoria dos jogos*. 3. ed. Florianópolis: Empório do Direito, 2016.

ROSA, Gabriel Artur Marra; SANTOS, Benedito Rodrigues dos. *Facebook*. Brasília: Thesaurus, 2013.

ROXIN, Claus. *Derecho penal*: parte general. Tradução de Diego Manuel Luzón Peña. Madrid: Civitas, 1999.

ROXIN, Claus. Introducción a la ley procesal penal alemana de 1877. Tradução de Juan-Luiz Gomez Colomer. *Cuadernos de Política Criminal*, Madrid, n. 16, 1982.

ROXIN, Claus. *Sobre el concepto global para una reforma procesal penal*. Universitas, v. XXIV, n. 4, 1987.

SALOMI, Maíra Beuchamp. *O acordo de leniência e seus reflexos penais*. 2012. Dissertação (Mestrado em Direito) – Faculdade de Direito, Universidade de São Paulo (USP), São Paulo, 2012.

SAMSUNG KNOX. Disponível em: https://www.samsungknox.com. Acesso em: 17 nov. 2020.

SANCTIS, Fausto Martin de. *Crime organizado e lavagem de dinheiro*: destinação de bens apreendidos, delação premiada e responsabilidade social. São Paulo: Saraiva, 2009.

SANTOS, Marcos Paulo Dutra. Colaboração unilateral premiada como consectário lógico das balizas constitucionais do devido processo legal brasileiro. *Revista Brasileira de Direito Processual Penal*, Porto Alegre, v. 3, n. 1, p. 131-166, jan.-abr. 2017.

SARCEDO, Leandro. *Política criminal e crimes econômicos*. São Paulo: Alameda, 2012.

SAVOIA, Francisco Simões Pacheco. *Colaboração premiada e princípio da imparcialidade*. Curitiba: Juruá, 2018.

SCHÜNEMANN, Bernd. Um olhar crítico ao modelo processual penal norte-americano. *In*: SCHÚNEMANN, Bernd; GRECO, Luís (org.). *Estudos de direito penal, direito processual penal e filosofia do direito*. São Paulo: Marcial Pons, 2013.

SCHÜNEMANN, Bernd; GRECO, Luís (coord.). *Estudos de direito penal, direito processual penal e filosofia do direito*. São Paulo: Marcial Pons, 2013.

SHECAIRA, Sérgio Salomão; CORRÊA JUNIOR, Alceu. *Pena e Constituição*. São Paulo: RT, 1995.

SHIMIZU, Bruno. *Solidariedade e gregarismo nas facções criminosas*. São Paulo: IBCCrim, 2010.

SICILIANO, Saverio. *L'omicidio*: studio su un'indagine criminologica compiuta in Danimarca. Padova: CEDAM, 1965.

SILVA, Germano Marques da. Bufos, infiltrados, provocadores e arrependidos. *Revista Direito e Justiça*, Lisboa, v. 8, 1994.

SILVA SÁNCHEZ, Jesús-María. *La expanción del derecho penal*. 3. ed. Madrid: Edisofer, 2011.

SILVA SÁNCHEZ, Jesús-María. *Eficiência e direito penal*. Tradução de Maurício Antonio Ribeiro Lopes. Barueri: Manole, 2004. Coleção Estudos de Direito Penal, v. 11.

SILVA SÁNCHEZ, Jesús-María. *Aproximação ao direito penal contemporâneo*. v. 7. Tradução de Roberto Barbosa Alves. São Paulo: RT, 2011.

SILVA, Anaclara Pedroso Fernandes Valentim da. *O mito do cárcere ressocializador*. Dissertação (Mestrado em Direito Penal) – Pontifícia Universidade Católica de São Paulo (PUC-SP), São Paulo, 2018.

SILVA, Danni Sales. *Justiça penal negociada*. Dissertação (Mestrado em Ciências Jurídico-Criminais) –. Faculdade de Direito da Universidade de Lisboa, Lisboa, 2016.

SILVA, Fernando Muniz. A delação premiada no direito brasileiro. *De Jure*, Belo Horizonte, v. 10, n. 17, p. 121-165, jul.-dez. 2011.

SILVA, José Afonso da. *Curso de direito constitucional positivo*. 15. ed. São Paulo: Malheiros, 1998.

SILVA, Marcelo R. A colaboração premiada como terceira via do direito penal no enfrentamento à corrupção administrativa organizada. *Revista Brasileira de Direito Processual Penal*, Porto Alegre, v. 3, n. 1, p. 285-314, jan.-abr. 2017.

SILVA, Virgílio Afonso da. *Direitos fundamentais*. São Paulo: Malheiros, 2011.

SILVA, Marco Antonio Marques da. Organização da justiça norte-americana: o procedimento penal. *Revista dos Tribunais*, n. 736, São Paulo: RT, 1997.

SILVEIRA, Euclides Custódio da. *Direito penal*: crimes contra a pessoa. São Paulo: RT, 1973.

SOARES, Ricardo Maurício Freire. *Hermenêutica e interpretação jurídica*. São Paulo: Saraiva, 2011.

SOUZA, Diego E. M. L. *O anonimato no processo penal*: proteção a testemunhas e o direito à prova. Belo Horizonte: Arraes, 2012.

SOUZA, Diego J. G. Colaboração premiada: a necessidade de controle dos atos de negociação. *Boletim IBCCrim*, São Paulo, ano 25, n. 290, p. 12-14, jan. 2017.

SOUZA, Motauri Ciocchetti de. *Ministério Público e o princípio da obrigatoriedade*: ação civil pública. São Paulo: Método, 2007.

SOUZA, Renne do Ó; PIEDADE, Antonio Sergio. A colaboração premiada como instrumento de política criminal funcionalista. *Revista Jurídica ESMP-SP*, São Paulo, v. 14, 2018.

SOUZA, Gilson Silva Amâncio. Transação penal e suspensão do processo: discricionariedade do Ministério Público. *Revista dos Tribunais*, São Paulo, v. 752/452.

SOUZA NETTO, José Laurindo de. *Processo penal* – modificações da Lei dos Juizados Especiais Criminais. Curitiba: Juruá, 1999.

STEIN, Ana Carolina Filippon. A colaboração premiada e o "novo(?)" processo penal: há lugar para a imparcialidade do julgador e a presunção de inocência do delatado, em futuro processo? *Boletim do IBCCrim*, São Paulo, ano 26, n. 303, fev. 2018.

STRECK, Lenio Luiz. Do garantismo negativo ao garantismo positivo: a dupla face do princípio da proporcionalidade. *JurisPoiesis*, Rio de Janeiro, 8, n. 7, jan. 2005.

STRECK, Lenio Luiz; FELDENS, Luciano. *Crime e Constituição*. 3. ed. Rio de Janeiro: Forense, 2006.

STRECK, Maria Luiza Schäfer. *Direito penal e Constituição*. Porto Alegre: Livraria do Advogado, 2009.

SUBIN, Harry I.; MIRSKY, Chester L.; WEINSTEIN, Ian. *The criminal process* – prosecution and defense functions. St. Paul, Minnesota: West Group, 1993.

SUXBERGER, Antonio H. G.; GOMES FILHO, Demerval F. Funcionalização e expansão do direito penal: o direito penal negocial. *Revista de Direito Internacional*, Brasília, v. 13, n. 1, p. 377-396, 2016.

SUXBERGER, Antonio H. G.; MELLO, Gabriela S. J. V. A voluntariedade da colaboração premiada e sua relação com a prisão processual do colaborador. *Revista Brasileira de Direito Processual Penal*, Porto Alegre, v. 3, n. 1, p. 189-224, jan.-abr. 2017.

TOLEDO, Francisco de Assis. *Princípios básicos de direito penal*. 5. ed. São Paulo: Saraiva, 1994.

TONINI, Paolo. *Manuale di procedura penale*. Milão: Giuffrè, 2012.

TORNAGHI, Hélio. *Instituições de processo penal*. v. IV. Rio de Janeiro: Forense, 1959.

TORRÃO, Fernando. *A relevância político-criminal da suspensão provisória do processo*. Lisboa: Almedina, 2000.

TORRES, Magarino. *Processo penal do júri no Brasil*. São Paulo: Quórum, 2008.

TORTATO, Moacir Rogério. O papel do juiz na delação premiada. *Revista Jurídica da Universidade de Cuiabá e Escola da Magistratura Mato-Grossense*, Cuiabá, v. 1, n. 1, jul.-dez. 2019.

TOURINHO FILHO, Fernando da Costa. *Processo penal*. v. 2. 27. ed. São Paulo: Saraiva, 2005.

TROVÃO, Edilberto de Campos. *Reflexões de um aprendiz de Promotor de Justiça no Tribunal do Júri.* 2. ed. Curitiba: JM, 2005.

TUCCI, Rogério Lauria. *Direitos e garantias individuais no processo penal brasileiro.* 4. ed. São Paulo: RT, 2011.

TURESSI, Flávio Eduardo. *Bens jurídicos coletivos:* proteção penal, fundamentos e limites constitucionais à luz dos mandados de criminalização. Curitiba: Juruá, 2015.

VASCONCELLOS, Vinicius Gomes de; CAPPARELLI, Bruna. Barganha no processo penal italiano: análise crítica do *patteggiamento* e das alternativas procedimentais na justiça criminal. *Revista Eletrônica de Direito Processual,* v. 15, p. 435-453, jan.-jun. 2015.

VASCONCELLOS, Vinicius Gomes de; MOELLER, Uriel. Acordos no processo penal alemão: descrição do avanço da barganha da informalidade à regulamentação normativa. *Boletin Mexicano de Derecho Comparado,* v. 49, n. 147, p. 13-33, set.-dez. 2016.

VASCONCELLOS, Vinicius Gomes de. *Colaboração premiada no processo penal.* São Paulo: RT, 2017.

VASCONCELLOS, Vinicius Gomes de. *Barganha e justiça criminal negocial:* análise das tendências de expansão dos espaços de consenso no processo penal brasileiro. 2. ed. Belo Horizonte: D'Plácido, 2018.

VASCONCELLOS, Vinicius Gomes de. Não-obrigatoriedade e acordo penal na Resolução n. 181/207 do Conselho Nacional do Ministério Público. *Boletim do IBCCrim,* São Paulo, ano 25, n. 299, out. 2017.

VASCONCELLOS, Vinicius Gomes de; FALAVIGNO, Chiavelli. O processo penal brasileiro e os mecanismos de barganha: o cenário do processo legislativo atual de reformas para a expansão dos espaços de consenso. *Boletim do IBCCrim,* São Paulo, n. 308, ano, 26, jul. 2018.

VERGARA, Pedro. *Fanatismo e homicídio.* Rio de Janeiro: [s. e.], 1953.

WELZEL, Hans. *Derecho penal aleman.* 11. ed. Santiago: Editorial Jurídica de Chile, 1997.

WHITAKER, Firmino. *Jury (Estado de S. Paulo).* 6. ed. São Paulo: Saraiva, 1930.

WOLF, Mauro. *Teoria das comunicações de massa.* Tradução de Karina Jannini. 4. ed. São Paulo: Martins Fontes, 2010.

WOLKMER, Antonio Carlos. *Ideologia, Estado e direito.* 4. ed. São Paulo: RT, 2003.

YACOBUCCI, Guillermo Jorge. *El sentido de los principios penales.* Buenos Aires: Ábaco de Rodolfo Depalma, 1998.

Julgados

BRASIL. Supremo Tribunal Federal. RE 1103435 AgR, Rel. Min. Ricardo Lewandowski, Segunda Turma, j. 17-05-2019, Processo Eletrônico DJe- 124, Divulg 07-06-2019 Public 10-06-2019.

BRASIL. Supremo Tribunal Federal. RHC 124192, Rel. Min. Dias Toffoli, Primeira Turma, j. 10-02-2015, Processo Eletrônico, DJe-065, Divulg 07-04-2015, Public 08-04-2015.

BRASIL. Supremo Tribunal Federal. HC 127.483, Rel. Min. Dias Toffoli, j. 27-8-2015.

BRASIL. *Supremo Tribunal Federal*. Pet 5885 AgR, Rel. Min. Teori Zavascki, Segunda Turma, j. 05-04-2016, Processo Eletrônico, DJe-080, Divulg 25-04-2016, Public 26-04-2016.

BRASIL. *Supremo Tribunal Federal*. Pet 6827 AgR-AgR, Rel. Min. Edson Fachin, Segunda Turma, j. 22-02-2019, Acórdão Eletrônico, DJe-043, Divulg 28-02-2019, Public 01-03-2019.

BRASIL. *Supremo Tribunal Federal*. Inq 3204, Rel. Min. Gilmar Mendes, Segunda Turma, j. 23-06-2015, Acórdão Eletrônico DJe-151, Divulg 31-07-2015, Public 03-08-2015.

BRASIL. *Supremo Tribunal Federal*. Medida Cautelar na ADI n. 6.298/DF, Rel. Min. Luiz Fux.

BRASIL. *Supremo Tribunal Federal*. HC 138207, Rel. Min. Edson Fachin, Segunda Turma, j. 25-04-2017, Processo Eletrônico DJe-141, Divulg 27-06-2017, Public 28-06-2017.

BRASIL. *Supremo Tribunal Federal*. Rcl 30177 AgR, Rel. Min. Cármen Lúcia, Segunda Turma, j. 29-11-2019, Processo Eletrônico DJe-272, Divulg 09-12-2019, Public. 10-12-2019.

BRASIL. *Supremo Tribunal Federal*. HC 129877, Rel. Min. Marco Aurélio, Primeira Turma, j. 18-04-2017, Processo Eletrônico DJe-168, Divulg 31-07-2017, Public 01-08-2017.

BRASIL. *Supremo Tribunal Federal*. Pet 7075, Rel. Min. Edson Fachin, Rel. p/ Acórdão Min. Gilmar Mendes, Segunda Turma, j. 15-08-2017, Acórdão Eletrônico, DJe-229, Divulg 05-10-2017, Public 06-10-2017.

BRASIL. *Supremo Tribunal Federal*. Pet 7074 QO, Rel. Min. Edson Fachin, Tribunal Pleno, j. 29-06-2017, Acórdão Eletrônico DJe-085, Divulg 02-05-2018, Public 03-05-2018.

BRASIL. *Supremo Tribunal Federal*. Pet 5801 Agr-Segundo, Rel. Min. Celso de Mello, Segunda Turma, j. 22-02-2019, Acórdão Eletrônico Dje-043, Divulg. 28-02-2019, Public. 01-03-2019.

BRASIL. *Supremo Tribunal Federal*. Pet 7509, Rel. Min. Edson Fachin, Segunda Turma, j. 03-04-2018, Acórdão Eletrônico DJe-092, Divulg 11-05-2018, Public 14-05-2018.

BRASIL. *Supremo Tribunal Federal*. Inq 4483 QO, Rel. Min. Edson Fachin, Tribunal Pleno, j. 21-09-2017.

BRASIL. *Supremo Tribunal Federal*. Inq 4506, Rel. Min. Marco Aurélio. Rel. p/ Acórdão: Min. Luís Roberto Barroso, Primeira Turma, j. 17-04-2018, Acórdão Eletrônico DJe-183, Divulg 03-09-2018, Public 04-09-2018.

BRASIL. *Supremo Tribunal Federal*. Rcl 27229 AgR-segundo, Rel. Min. Edson Fachin, Segunda Turma, j. 15-06-2018, Processo Eletrônico DJe-127, Divulg 26-06-2018, Public 27-06-2018.

BRASIL. *Supremo Tribunal Federal*. Rcl 24116, Rel. Min. Gilmar Mendes, Segunda Turma, j. 13-12-2016, Processo Eletrônico DJe-028, Divulg 10-02-2017, Public 13-02-2017.

BRASIL. *Supremo Tribunal Federal*. Inq 3983, Rel. Min. Teori Zavascki, Tribunal Pleno, j. 03-03-2016, Acórdão Eletrônico DJe-095, Divulg 11-05-2016, Public 12-05-2016.

BRASIL. *Supremo Tribunal Federal*. Rcl 28903 AgR, Rel. Min. Edson Fachin, Rel. p/ Acórdão: Min. Dias Toffoli, Segunda Turma, j. 23-03-2018, Processo Eletrônico DJe-123, Divulg 20-06-2018, Public 21-06-2018.

BRASIL. *Supremo Tribunal Federal*. Inq 4619 AgR, Rel. Min. Luiz Fux, Primeira Turma, j. 10-09-2018, Acórdão Eletrônico DJe-202, Divulg 24-09-2018, Public 25-09-2018.

BRASIL. *Supremo Tribunal Federal*. HC n. 166.373/DF, Rel. Min. Edson Fachin, DJe 2-10-2019.

BRASIL. *Supremo Tribunal Federal*. AO 2093, Rel. Min. Cármen Lúcia, Segunda Turma, j. 03-09-2019, Acórdão Eletrônico DJe-220, Divulg 09-10-2019, Public 10-10-2019.

BRASIL. *Supremo Tribunal Federal*. AP 470 QO-terceira, Rel. Min. Joaquim Barbosa, Tribunal Pleno, j. 23-10-2008, DJe-079, Divulg 29-04-2009, Public 30-04-2009, Ement Vol 02358-01 PP-00102 RTJ VOL-00211-01 PP-00037.

BRASIL. *Supremo Tribunal Federal*. HC n. 166.373/PR. Inteiro teor do voto do Ministro Alexandre de Moraes. Disponível em: https://static.poder360.com.br/2019/09/voto-Alexandre-de-Moraes-julgamento-condenacoes-Lava-Jato. Acesso em: 21 nov. 2020.

BRASIL. *Supremo Tribunal Federal*. HC n. 127.483/PR, Rel. Min. Dias Toffoli, DJe 25-08-2015. Inteiro teor do acórdão. Disponível em: http://redir.stf.jus.br/paginadorpub/paginador. jsp?docTP=TP&docID=10199666. Acesso em: 21 nov. 2020.

BRASIL. *Supremo Tribunal Federal*. HC 112626 MC/ SP. São Paulo Medida Cautelar no *Habeas Corpus*. Rel. Min. Ricardo Lewandowski, j. 14-03-2012. Processo Eletrônico. DJe-055, Divulg 15-03-2012, Public 16-03-2012.

BRASIL. *Supremo Tribunal Federal*. ADIN n. 5.508/DF. Disponível em: http://redir.stf.jus. br/paginadorpub/paginador.jsp?docTP=TP&docID=751303490 Acesso em: 21 nov. 2020.

BRASIL. *Superior Tribunal de Justiça*. RHC 76.026/RS, Quinta Turma, Rel. Min. Felix Fischer, j. 06-10-2016.

BRASIL. *Supremo Tribunal Federal*. HC n. 127.483/PR. Inteiro teor do acórdão. Disponível em: http://redir.stf.jus.br/paginadorpub/paginador.jsp?docTP=TP&docID=10199666. Acesso em: 21 nov. 2020.

BRASIL. *Superior Tribunal de Justiça*. HC n. 18.003/RS, Rel. Min. Paulo Gallotti, Sexta Turma, j. 24-11-2004, DJe 25-05-2009.

BRASIL. *Superior Tribunal de Justiça*. AP n. 634/RJ, Rel. Min. Felix Fischer, Corte Especial, j. 21-3-2012, DJe 3-04-2012.

BRASIL. *Superior Tribunal de Justiça*. RHC n. 35.724/BA, Rel. Min. Laurita Vaz, Quinta Turma, j. 24-9-2013, DJe 2-10-2013.

Referências normativas
(Associação Brasileira de Normas Técnicas – ABNT)

ABNT NBR 6023: 2018 – Informação e documentação – Referências – elaboração

ABNT NBR 6022:2018 – Informação e documentação – Artigo em publicação periódica técnica e/ou científica – Apresentação

ABNT NBR 6027: 2012 – Informação e documentação – Informação e documentação – Sumário – Apresentação

ABNT NBR 14724: 2011 – Informação e documentação – Trabalhos acadêmicos – Apresentação

ABNT NBR 15287: 2011 – Informação e documentação – Projetos de pesquisa – Apresentação

ABNT NBR 6034: 2005 – Informação e documentação – Índice – Apresentação

ABNT NBR 12225: 2004 – Informação e documentação – Lombada – Apresentação

ABNT NBR 6024: 2003 – Informação e documentação – Numeração progressiva das seções de um documento escrito – Apresentação

ABNT NBR 6028: 2003 – Informação e documentação – Resumo – Apresentação

ABNT NBR 10520: 2002 – Informação e documentação – Citações em documentos – Apresentação

Esta obra foi composta em fonte Palatino Linotype, corpo 10,5
e impressa em papel Offset 75g (miolo) e Supremo 250g (capa)
pela Gráfica Formato, em Belo Horizonte/MG.